魔法講盟

Magic 突破 ｜ 整合 ｜ 聚贏

台灣最大、最專業的
開放式培訓機構

魔法講盟致力於提供知識服務，

所有課程均講求「結果」，

不惜重金引進全球最佳國際級、

專業級成人培訓課程，

打造人人樂用的智慧學習服務平台

教您塑造價值 ·

替您傳遞價值 ·

更助您實現價值！

是您
成功人生
的最佳跳板
！

INSPIRE MAGIC

魔法講盟

兩岸知識服務領航家
開啟智慧變現的斜槓志業

別人有方法，我們有您無法想像的魔法，

別人談如果，我們可以保證讓您有結果，

別人有大樓，我們有替您建構 IP 的大師！

助您將知識變現，創造獨特價值，

知識的落差就是財富的落差，魔法講盟將趨勢和新知融合相乘，

結合培訓界三大顯學： · ·

只為幫助每個人享有財務自由、時間自由和富足的心靈！

Business & You · 區塊鏈 · **WWDB642** · 密室逃脫 · 創業／阿米巴經營

公眾演說 · 講師培訓 · 出書出版 · 自動賺錢機器 · 八大名師 · 無敵談判

網路／社群營銷 · 真永是真讀書會 · 大咖聚 · **MSIR** · 春翫 · 秋研 · 冬臺

創造高倍數斜槓槓桿，讓財富自動流進來！

魔法講盟 專業賦能，
賦予您 **5 大超強利基！**
助您將知識變現，
生命就此翻轉！

Beloning
Becoming

1 輔導弟子與學員們與大咖對接，斜槓創業以被動收入財務自由，打造屬於自己的自動賺錢機器。

2 培育弟子與學員們成為國際級講師，在大、中、小型舞台上公眾演說，實現理想或開課銷講。

3 協助弟子與學員們成為兩岸的暢銷書作家，用自己的書建構專業形象與權威地位。

4 助您找到人生新方向，建構屬於您自己的 π 型人生，實現指數型躍遷，「真永是真」是也。

5 台灣最強區塊鏈培訓體系：國際級證照＋賦能應用＋創新商業模式。

魔法講盟是您成功人生的最佳跳板！邀您共享智慧饗宴
只要做對決定，您的人生從此不一樣！

唯有第一名與第一名合作，才可以發揮更大的影響力，
如果您擁有世界第一・華人第一・亞洲第一・台灣第一的課程，
歡迎您與行銷第一的我們合作。

學會將賺錢系統化，
過著有錢又有閒的自由人

打造自動
賺錢機器
斜槓創業
ES → BI

保證賺大錢！跳晉複業人生！
數位實體雙贏，改寫你的財富未來式！

您的賺錢機器可以是……

讓一切流程自動化、系統化，

在本薪與兼差之餘，還能有其他現金自動流進來！

您的賺錢機器更可以是……

投資大腦，善用費曼式、晴天式學習法，

把知識變現，產生智能型收入，讓您的人生開外掛！

打造自動賺錢機器

全方位課程，滿足您的多元需求！

開啟多重收入模式，打造自動賺錢金流。

教您如何打造系統、為您解鎖創富之秘，推銷是加法、行銷是乘法、贏利模式是次方！讓您花跟別人相同的時間，賺進十倍速的收入！

$ 五日行銷戰鬥營

～三種行銷必勝絕學＋接 建 初 追 轉 完銷系統

- ▶ 2021 期 11/13 六、11/14 日 ▶▶上課地點：新店矽谷
  11/20 六、11/21 日、11/27 六 ▶▶上課地點：中和魔法教室
- ▶ 2022 期 5/14 六、5/15 日 ▶▶上課地點：新店矽谷
  5/21 六、5/22 日、5/28 六 ▶▶上課地點：中和魔法教室

$ MSIR 多元收入培訓

- ▶ 每年 12 月的每個星期二 14:30 ～ 20:30

$ 營銷魔法學

- ▶ 每月的第一個星期二 14:00 ～ 17:30

$ 十倍速自動賺錢系統

- ▶ 每年 2、5、8、11 月的第一個星期二 14:00 ～ 17:30

24 小時全自動幫您贏利，啟動複業人生，創造水庫型收入流！

報名或了解更多、2023 年日程請掃碼查詢或撥打真人客服專線

（02）8245-8318 或上官網　新·絲·路·網·路·書·店　silkbook ● com　www.silkbook.con

保證大幅提升您創業成功的機率增大數十倍以上！

密室逃脫
創業育成

「創業 Seminar」，透過學員分組 Case Study，在教中學、學中做；「創業弟子密訓及接班見習」，學到公司營運的實戰經驗；「我們一起創業吧」，共享平台、人脈、資源、商機，經由創業導師的協助與指引，能充分了解新創公司營運模式，不只教你創業，而是一起創業以保證成功！

★ 經驗與新知相乘　★ 西方與東方相輔　★ 資源與人脈互搭

體驗創業 ➤

沙盤推演 ➤

成功見習 ➤

一年Seminar研究 ⇨ **二年Startup個別指導** ⇨ **三年保證創業成功賺大錢!**

🕐 時間：★為期三年★

每月第三週
— 星期二 15:00 起 ▶ 創業 Seminar
— 星期四 15:00 起 ▶ 創業弟子密訓及企業接班見習
— 星期五晚 ▶ 〈我們一起創業吧〉

$ 費用：★非會員價★ 280,000　　★魔法弟子★免費

公眾演說
A⁺ to A⁺⁺
國際級講師培訓

收人／收錢／收心／收魂

培育弟子與學員們成為國際級講師，
在大、中、小型舞台上公眾演說，
一對多銷講實現理想！

面對瞬時萬變的未來，
您的競爭力在哪裡？
你想展現專業力、擴大影響力，
成為能影響別人生命的講師嗎？
學會以課導客，讓您的影響力、收入翻倍！

我們將透過完整的「公眾演說
班」與「國際級講師培訓班」培訓您，
教您怎麼開口講，更教您如何上台不怯
場，讓您在短時間抓住公眾演說的撇步，好
的演說有公式可以套用，就算你是素人，也能站在
群眾面前自信滿滿地侃侃而談。透過完整的講師訓練系統
培養開課、授課、招生等管理能力，系統化課程與實務演練，把
您當成世界級講師來培訓，讓您完全脫胎換骨成為一名超級演說
家，晉級 A 咖中的 A 咖！

為您揭開成為紅牌講師的終極之秘！
不用再羨慕別人多金又受歡迎了！

從現在開始，替人生創造更多的斜槓，擁有不一樣的精彩！

國際級講師　Speaker

兩岸授課　Teaching

提供舞台　Stage

實戰指導　Coach

演說技巧　Technique

雙重保證，讓你花同樣的時間卻產生數倍以上的效果！

保證 成為專業級講師

「公眾演說班」培訓您鍛鍊出自在表達的「演說力」，把客戶的人、心、魂，錢都收進來。「講師培訓班」教您成為講師必備的開課、招生絕學，與以「課」導「客」的成交撇步！一邊分享知識、經驗、技巧，助您有效提升業績；另一方面讓個人、公司、品牌、產品快速打開知名度，以擴大影響半徑並創造更多合作機會！

| ★ 公眾演說班 | 2021 年 9/4 六、9/5 日、9/25 六、9/26 日
2022 年 9/17 六、9/18 日、9/24 六、9/25 日 |
| ★ 講師培訓班 | 2021 年 12/11 六、12/12 日、12/18 六
2022 年 12/10 六、12/11 日、12/17 六 |

保證 有舞台

在「公眾演說班」與「講師培訓班」的雙重培訓下，獲得系統化專業指導後，一定不能錯過「八大名師暨華人百強講師評選 PK 大賽」，成績及格進入決賽且績優者，將獲頒「亞洲百強講師」尊榮；參加總決賽的選手，可與魔法講盟合作，將安排至兩岸授課，賺取講師超高收入，擁有舞台發揮和教學收入的實際結果，是您成為授證講師最佳的跳板！決賽前三名更可登上亞洲八大名師＆世界華人八大明師的國際舞台，一躍成為國際級大師！

★ 八大名師暨華人百強 講師評選 PK 大賽	2021 場 3/23 二 2022 場 3/8 二
★ 亞洲八大名師大會	2021 場 6/19 六、6/20 日 2022 場 6/18 六、6/19 日
★ 世界八大明師大會	2021 場 7/24 六、7/25 日 上課地點：新店矽谷

報名或了解更多、2022、2023 年日程請掃碼查詢或
撥打真人客服專線 (02) 8245-8318 或上官網 silkbook●com www.silkbook.com

史上最強 寫書&出版實務班

全國最強 4 天培訓班，
見證人人出書的奇蹟。

素人崛起，從出書開始！
讓您借書揚名，建立個人品牌，
晉升專業人士，
帶來源源不絕的財富。

由出版界傳奇締造者、超級暢銷書作家王晴天及多位知名出版社社長聯合主持，親自傳授您寫書、出書、打造暢銷書佈局人生的不敗秘辛！教您如何企劃一本書、如何撰寫一本書、如何出版一本書、如何行銷一本書。

- 理論知識
- 實戰教學
- 個別指導諮詢
- 保證出書

- **P** 企劃
- **P** 出版
- **W** 寫作
- **M** 行銷

當名片式微，
出書取代名片才是王道！！

《改變人生的首要方
法～出一本書》▶▶▶

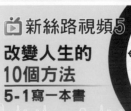
📷 新絲路視頻5
改變人生的
10個方法
5-1寫一本書

想成為某領域的權威或名人？出書就是正解！

透過「出書」，能迅速提升影響力，建立「專家形象」。在競爭激烈的現代，「出書」是建立「專家形象」的最快捷徑。

國內首創出版一條龍式的統包課程：從發想一本書的內容到發行行銷，不談理論，直接從實務經驗累積專業能力！鑽石級的專業講師，傳授寫書、出版的相關課題，還有陣容堅強的輔導團隊，以及坊間絕無僅有的出書保證，上完四天的課程，絕對讓您對出書有全新的體悟，並保證您能順利出書！

書的面子與裡子，全部教給你！

★出版社不說的暢銷作家方程式★

P
說服出版社
的神企劃

W
加速寫作的
方程式

P
增加優勢的
出版眉角

M
衝上排行榜
的行銷術

暢銷書都是這麼煉成的！

保證出書！您還在等什麼？

寫書&出版實務班

2021 場 8/14 六、8/15 日、8/21 六、10/23 六
2022 場 8/13 六、8/14 日、8/20 六、10/29 六

報名或了解更多、2023 年日程請掃碼查詢 或撥打真人客服專線
(02) 8245-8318 或上官網 silkbook●com 新·絲·路·網·路·書·店 www.silkbook.com

全球華人圈最偉大的高端演講
Knowledge Feast Lecture
真理指引の知識服務

真永是真・真讀書會

~真讀書會來了!!解你的知識焦慮症!

　　原來你參加的讀書會都是假的!?
在這個訊息爆炸，人們的吸收能力遠不及知識產生速度的年代，你是否苦於書海浩瀚如煙，常常不知從哪裡入手？王晴天大師以其三十年的人生體驗與感悟，帶您一次讀通、讀透上千本書籍，透過「真永是真・真讀書會」解決您「沒時間讀書」、「讀完就忘」、「抓不到重點」的困擾。在大師的引導下，上千本書的知識點全都融入到每一場演講裡，讓您不僅能「獲取知識」，更「引發思考」，進而「做出改變」；如果您想體驗有別於導讀會形式的讀書會，歡迎來參加**「真永是真・真讀書會」**，真智慧也！

真永是真，讓您獲得不斷前進的原動力，
找到人生的方向並建構π型人生！

華人圈最高端的講演式讀書會

真永是真・真讀書會

助你破除思維盲點、讓知識成為力量，提升自我軟實力！

邀您一同追求真理 · 分享智慧 · 慧聚財富！

🕐 **時間** ▶ **2021** 亞洲八大場 06/19（六）**13:00 ～ 16:00**
　　　　 2021 專場 11/06（六）**13:30 ～ 21:00**
　　　　 2022 專場 11/05（六）**13:30 ～ 21:00**
　　　　 2023 專場 11/04（六）**13:30 ～ 21:00**

📍 **地點** ▶ 新店台北矽谷國際會議中心
　　　　（新北市新店區北新路三段 223 號捷運 🚇 大坪林站）

報名或了解更多、2024 年以後日程請掃碼查詢或撥打真人客服專線
(02) 8245-8318 或上官網 新·絲·路·網·路·書·店 silkbook●com www.silkbook.com

> ❝ 一次取得永久參與「真永是真」頂級知識饗宴貴賓級禮遇，為
> 您開啟終身學習之旅，明智開悟，更能活用知識、活出見識！❞

★持有「**真永是真VVIP無限卡**」
者可永久參加真永是真高端演講相關
活動，享受尊榮級禮遇並入座
VIP 貴賓席。

保證永久有效

掃碼購買
立即擁有 ▶

國際級證照 ＋ 賦能應用 ＋ 創新商業模式

2020 年「斜槓」一詞非常火紅，邁入 2021 年之後您是否有想過要斜槓哪個項目呢？區塊鏈絕對是首選，在 2021 年比特幣頻頻創歷史新高，各個國家發展的趨勢、企業應用都是朝向區塊鏈，LinkedIn 研究 2021 年最搶手技術人才排行，「區塊鏈」空降榜首，區塊鏈人才更是在人力市場中稀缺的資源。

魔法講盟 為因應市場需求早在 2017 年即開辦區塊鏈國際證照班，培養區塊鏈人才已達數千位，對接的資源也已觸及台灣、大陸、馬來西亞、新加坡、香港等國家。是唯一在台灣上課就可以取得中國大陸與東盟官方認證的機構，取得證照後就可以至中國大陸及亞洲各地授課＆接案，並可大幅增強自己的競爭力與大半徑的人脈圈！

由國際級專家教練主持，即學・即賺・即領證！

區塊鏈國際證照班

2021年 4/17（六）、4/18（日） ▶ 9:00 起

📍 地點：中和魔法教室

01 我們一起創業吧！ 🏠

為什麼有的人創業成功賺大錢，有的人創業賠掉畢生積蓄還負債累累？你知道創業是有步驟、有方法、有公式、可借力嗎？創業絕對不是有錢、有技術、有市場等就可以成功的，「我們一起創業吧」課程將深度剖析創業的秘密，結合區塊鏈改變產業的趨勢，為各行業賦能，提前布局與準備，帶領你朝向創業成功之路邁進，實地體驗區塊鏈相關操作及落地應用面，創造無限商機！

★每月第三、四週星期五晚 ▶ 18:00~20:30 　📍 地點：中和魔法教室

區塊鏈為史上最新興的產業，對於講師的需求量目前是很大的，加上區塊鏈賦能傳統企業的案例隨著新冠肺炎疫情而爆增，對於區塊鏈培訓相關的講師需求大增。魔法講盟擁有兩岸培訓市場，對於大陸區塊鏈的市場更是無法想像的大，只要你擁有區塊鏈相關證照及專業，魔法講盟將提供你國際講師舞台，讓你區塊鏈講師的專業發光發熱，更有實質可觀的收入。

03　區塊鏈技術班

　　目前擁有區塊鏈開發技術的專業人員，平均年薪都破百萬，在中國許多企業更高達兩三百萬台幣的年薪，目前全世界發展區塊鏈最火的就是中國大陸了，區塊鏈專利最多的國家也是中國，魔法講盟與中國火鏈科技合作，特聘中國前騰訊的技術人員來授課，將打造您成為區塊鏈程式開發的專業人才，讓你在市場上擁有絕對超強的競爭力。

04　區塊鏈顧問班

　　區塊鏈賦能傳統企業目前已經有許多成功的案例，目前最缺乏的就是導入區塊鏈前後時的顧問！顧問是一個職稱，對某些範疇知識有專業程度的認識，他們可以提供顧問服務，例如法律顧問、政治顧問、投資顧問、國策顧問、地產顧問等。魔法講盟即可培養您成為區塊鏈顧問。

05　數字資產規畫班

　　世界目前因應老年化的到來，資產配置規劃尤為重要，傳統的規劃都必須有沉重的稅賦問題，工欲善其事，必先利其器，由於數字貨幣世代的到來，透過數字貨幣規劃將資產安全、免稅（目前）、便利的將資產轉移至下一代或他處將是未來趨勢。

自媒體營銷術
——魔法影音行銷班

讓您用影片吸引全球注目，
一支手機，創造百萬收入！

近年，社交網絡已徹底融入我們的日常之中，相信沒有人不知道 Facebook、YouTube、Instagram……等社交網絡。

社群媒體的崛起，無疑加速了影音行銷的發展，不只是其互動頻率遠遠超過文字與圖像的傳播，更縮短了人與人之間的距離。全球瘋「影音」，精彩的影片正是快速打造個人舞台最好的方式。

- 動態的東西比靜態的更容易吸引目標受眾的眼球。
- 比起自己閱讀，聆聽更方便理解內容。
- 使用畫面上或聲音上的變化和配合，影片更能抓住目標受眾的心情。

行動流量強勢崛起，影片行銷當道，
現在就拿起手機拍影片，打造個人 IP，
跟上影音浪潮，從被動觀看到積極行動，
用影片行銷讓您更上層樓！超乎預期！

一支手機，就讓全世界看到您！

兩岸金融數字貨幣分析師

林子豪——著

數字貨幣的

9種

暴利秘辛

ow the Blockchain and
Crypto Currency
eated Money Revolution.

國家圖書館出版品預行編目資料

數字貨幣的9種暴利秘辛／林子豪 著.. -- 初版. --
新北市：創見文化出版，采舍國際有限公司發行
2021.10 面；公分--（MAGIC POWER；14）
ISBN 978-986-271-917-6（平裝）

1.電子貨幣　2.電子商務　3.投資

563.146　　　　　　　　　　　　110014142

數字貨幣的9種暴利秘辛

本書採減碳印製流程，碳足跡追蹤，並使用優質中性紙（Acid &Alkali Free）通過綠色碳中和印刷認證，最符環保要求。

作者／林子豪

出版者／ 魔法講盟 委託創見文化出版發行

總顧問／王寶玲　　　　　　　　文字編輯／Emma
總編輯／歐綾纖　　　　　　　　美術設計／蔡瑪麗

台灣出版中心／新北市中和區中山路2段366巷10號10樓
電話／（02）2248-7896　　　　傳真／（02）2248-7758
ISBN／978-986-271-917-6
出版日期／2021年10月初版

全球華文市場總代理／采舍國際有限公司
地址／新北市中和區中山路2段366巷10號3樓
電話／（02）8245-8786　　　　傳真／（02）8245-8718

全系列書系特約展示門市
新絲路網路書店
地址／新北市中和區中山路2段366巷10號10樓
電話／（02）8245-9896
網址／www.silkbook.com

本書於兩岸之行銷（營銷）活動悉由采舍國際公司圖書行銷部規畫執行。

線上總代理 ■ 全球華文聯合出版平台 www.book4u.com.tw
主題討論區 ■ http://www.silkbook.com/bookclub　　　● 新絲路讀書會
紙本書平台 ■ http://www.silkbook.com　　　　　　　● 新絲路網路書店
電子書平台 ■ http://www.book4u.com.tw　　　　　　● 華文電子書中心

華文自資出版平台　全球最大的華文自費出版集團
www.book4u.com.tw　專業客製化自助出版・發行通路全國最強！
elsa@mail.book4u.com.tw
iris@mail.book4u.com.tw

蓄勢待發的後起之秀

在我眾多弟子當中，子豪屬非常認真的，我舉辦的所有課程，他都會全程參與；他的口才也非常好，善於演說，因而讓我對他印象十分深刻。我一直都很願意提攜後輩，給予他們舞台發揮，在得知子豪對數字貨幣、挖礦頗有研究之時，我非常興奮；因為多年前，我也曾靠投資比特幣的挖礦機進行挖礦，賺了很多錢，我非常認同且看好這種商業模式。

今年數字貨幣牛市，比特幣和乙太幣爆漲，讓挖礦產業再次崛起，而我所幸能趁勢再參與這樣的商機，又能與自己的弟子合作，實在倍感欣慰。雖然挖礦方面的技術我並不懂，但子豪有著獨特的專業分析和見解，所以我很放心交給他；目前子豪也做得頗有規模，身為師父，我很替他感到高興。

之前子豪上完我的保證出書出版班課程後，就興起出書的念頭並與我提議、討論，因而有《神扯！虛擬貨幣的 7 種暴利煉金術》誕生，與我所出版的《區塊鏈》一書不大相同，是更貼近實戰教學和傳播正確觀念的書，教導各位讀者如何靠投資數字貨幣和挖礦獲利，非常有價值。

而今，我也很榮幸能再幫他出版第二本著作，我聽過子豪的演說，所以我對於子豪及他們團隊的專業性，具有高度的認可，相信這本書一定能夠打破以往你對於數字貨幣的認知，也再次感謝支持我的弟子林子豪的讀者們，期盼此書能帶給你們很多啟發！

亞洲八大名師首席暨區塊鏈教父

王晴天

數字貨幣是人生財富道路的捷徑

　　早在 2017 年就得知數字貨幣，但我對這個領域非常陌生，像無頭蒼蠅般，始終不敢跨出第一步，害怕選錯了時機點進場，成為大家常說的韭菜，任人宰割。所幸在因緣際會下與 Tiger 老師結識，讓我對數字貨幣有通盤的了解。

　　Tiger 老師是個很有耐心的人，講解得相當透徹、仔細，不管是判斷方向還是獲利機率，都評估得很準確。除了比特幣、乙太幣外，老師也跟我分享其他不錯的幣種，分析各幣種的原理及該注意的風險，讓我自己學會判斷是否能夠投資，我也因而對數字貨幣這塊領域，漸漸得心應手起來，由衷感謝老師。

　　我對於新鮮事物的理解能力很慢，但在 Tiger 老師的耐心教導下，我從原本對數字貨幣陌生、甚至對自己的理解能力感到懷疑，到現在竟也能進行簡單的投資操作，在第一次投資的幾個月內，本金就翻了數倍，現在想起仍覺得不可思議。

　　Tiger 老師從不吝嗇分享各種工具及下單技巧，他的第一本著作我也有看過，內容都很好理解，現在他又推出第二本，這本內容也相當豐富且易於了解，在此推薦給跟我一樣對數字貨幣有興趣，但又害怕其風險的朋友們，相信我說的，你一定要讀完這本書。

　　所有的機會都是在初期大多數人還不知道的時候，而你卻搶先參與了，這才叫做機會，因此你絕對不能錯過，書中除了教會你參與時心態該

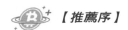

如何擺正外，還教你如何辨別詐騙的數字貨幣，讓你省去在這個領域摸索可能耗費的時間和金錢。相信在未來的某一天，你一定會感謝我曾推薦這本書給你，成為跟我一樣在數字貨幣、區塊鏈領域獲益的人！

再次恭喜老師又出了一本數字貨幣寶典，裡面也有跟各位探討近年區塊鏈技術的進展和變化，能看到本書的人都是有福氣的人。相信大家都可以在 Tiger 老師的帶領下日進斗金，實現財富自由的夢想；我也相信區塊鏈技術未來肯定能改變這個世界，而且絕對是驚人的改變！

在此祝福 Tiger 老師新書大賣，帶領更多的人真正認識區塊鏈應用與數字貨幣的投資技巧。

亞洲新生代知名演員

黃宏軒

最夯的投資商機，
非數字貨幣莫屬了！

　　講到數字貨幣就不得不說到亞洲最帥的區塊鏈大師──林子豪 Tiger。

　　想到和 Tiger 結緣的過程非常有趣，多年前在一位朋友的介紹下有一面之緣，一直到 2017 年底時，滑 FB 猛然滑到他出書的 Po 文，而且還是跟數字貨幣賺錢相關的書，在好奇心驅使下，我主動與他聯繫，也因而開啟了我對數字貨幣投資賺錢的興趣，不得不說 Tiger 對於區塊鏈與數字貨幣領域的專業度，很強！

　　一般人對數字貨幣的投資都是從網路上的資訊得知，分析的相當片面，但 Tiger 在分享怎麼投資配置數字貨幣時，他會與你深入研究且探討該幣種的技術面、應用面及市場狀況（書上有寫），就好比買股票，你不能接收到利多消息，就不顧一切的投入資金，而是要確實理解這塊產業，該公司的營運狀況及有無市場需求，再挹注資金入股才對。

　　2021 年牛市，我也有幸參與到 Tiger 分享的幾支幣種，各個也在穩健升值中，心中相當感謝，現在想想 Tiger 實在是不簡單，早在四年前就已開始布局，並教授大家怎麼了解且研究這個大多人不懂的產業，感到佩服！

　　如果你也想跟上且了解目前最夯的投資項目，那你一定要把這本數字貨幣攻略本看完，閱讀完後你所習得的觀念、心態，猶如練了如來神掌

般，只要一招就足以在幣圈橫著走，更行走於區塊鏈江湖上！

在此，大力推薦此書，不會讓你失望。

光之音頌缽心靈療癒創辦人

賴瑾懿

★推薦序★

數字貨幣真的能改變世界！

　　我和 Tiger 因課程講座而結識、開始合作，每當我舉辦 NLP 課程時，都會恰巧遇到 Tiger 在隔壁教室開設區塊鏈課程。有次我們同在備課時的空檔，好不容易有機會聊聊彼此精通的領域，我才真正深入理解區塊鏈這個技術，才明白為何能夠改變當今的人類社會，而且早已在我們生活之中。且讓我萬萬沒想到的是，原來乙太坊有如此多應用與商業模式，內心有稍微感到震驚，怪不得乙太坊能漲了 20 倍。

　　其實我在八年前開始做教育事業的時候，就有接觸過區塊鏈的知識，因為專攻教育產業，所以必須要多了解各式不同的領域，但一直沒有實操且認真理解過區塊鏈。在跟 Tiger 聊天的過程中，他有一個理想讓我非常感動，他希望把區塊鏈正確的觀念和應用帶給台灣每個人，因為過去幾年有太多假項目和資金盤，各個都宣稱自己是去中心化的項目，實則不然，每個其實都是中心化的，因而讓區塊鏈、數字貨幣被汙名化，造成許多人聞幣色變。

　　還有一點讓我相當感觸，那就是我們做教育的理念非常一致，都是希望可以點亮台灣每個家庭，區塊鏈不是只有數字貨幣這個項目而已，它其實有非常多應用，且相當貼近我們的生活，只是亞太地區還沒有這麼盛行，歐美地區早已非常普及。

　　只要留心相關新聞及資訊，你會發現近年有許多大企業、政府、央行等，都紛紛進入區塊鏈的領域，這代表著區塊鏈將席捲全球。所以，我

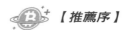

也才和 Tiger 合辦教育課程，希望能把這些工具、方法告訴大家，幫助每個人透過教育學習，提升自己的生活品質，創造多元化的被動收入。

因此，這本幣圈武林秘笈你一定要拜讀，淺顯易懂，除了參與乙太坊的商業模式應用賺取收入，同時跟著 Tiger 老師選的數字貨幣投資，該進的時候進，該出的時候出，在牛市期間定能穩定獲利，真的很不可思議，現在這樣正派的老師不多了，所以我真心推薦。

鼎鋒教育培訓執行長

林俊廷

跟隨才能得到精隨！

　　大家好，我是陳威樺，非常榮幸可以為子豪老師寫推薦序。

　　我原本只是一個名不見經傳的工程師，在 2017 年跟隨世界大師學習，領域包含銷售、行銷、投資、理財、演講、出書。其中我注意到一個前所未有的巨大商機，就是趨勢的商機。

　　所謂趨勢的商機，就是我們可以從未來可能發生的事情之中，得到我們想要的利益。簡單舉例，好比電動車是未來的趨勢，如果我們投資特斯拉或鴻海的股票，待電動車的市場更成熟了，股票的價值變高，我們就可以從中受益。

　　再舉個例子，2020 年新冠疫情爆發，全世界的生活模式都為之改變，許多人足不出戶，線上購物與學習在一瞬之間變成未來趨勢，眾多產業紛紛把內容線上化，就是為了讓大眾在家也可能消費、學習課程，而其中我最看好的便是區塊鏈產業。

　　區塊鏈產業是未來不可抵擋的趨勢，它具有無法形容的爆發力，舉個例子，比特幣在 2020 年 3 月一顆最低價為 5,000 多美元，到了 2021 年 3 月一顆竟漲到 50,000 多美元；乙太幣則是從一顆新台幣 5,000 多元，漲到一顆新台幣 50,000 多元。真的非常神奇，重點是這個市場才剛開始，未來還有巨大的成長空間。

　　數字貨幣雖然讓許多人翻身致富，但也有許多人成為詐騙集團的待宰羔羊，因為當人們得到一筆前所未有的財富後，往往不知道如何去使用

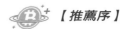

它。就像中樂透頭獎的得主，往往在五年後又回到原本的生活，有的甚至更慘，因為他們不知道正確投資理財的方法。

所以我要向各位特別推薦子豪老師的書，我認識子豪老師的時間並不長，可是當我第一次見到子豪老師、第一次聽到子豪老師演講，就覺得這個老師很特別。他非常的專業，而且非常認真，也相當有責任感，我經常看到他講課講到晚上 12 點多，教室都沒什麼人了，他還是很用心地為剩下的學員講解，學員提問的時候，他也不厭其煩的回答，這點非常難得。

我自己也有加入子豪老師的團隊，每月都有不少可觀的被動收益入帳，十分有幸能遇到這麼優秀的老師。當年我跟隨我的老師學會演講跟出書，現在我跟隨子豪老師學會投資理財，因此，我誠摯地推薦各位，一定要將本書買回去認真研讀，我相信對你的人生肯定有所啟發。

社群營銷權威

陳威樺

★作者序★

天上不會無緣無故掉餡餅，
機會要自己去發掘！

　　各位讀者大家好，我叫林子豪，以前的朋友常叫我虎牙，虎牙是以前我在模范棒棒堂的藝名，現在大家則叫我 Tiger 居多，非常開心你會有興趣閱讀此書，這是我的第二本著作。

　　數字貨幣與區塊鏈誕生至今十二個年頭，每年都有許多話題與應用落地推出，更衍生出許多投資機會。2017 年我的第一本著作出版至今，區塊鏈產業又產生了許多變化，因而讓我萌生出版第二本書的念頭。

　　此書傳承著第一本著作的理念，主要想幫助剛踏入區塊鏈的初學者、新手們，讓他們從最基礎的歷史觀念和事件來認識區塊鏈，再針對日漸成熟的技術應用與獲利模式進行深入探討，用最淺顯易懂的詞彙，幫助你快速了解區塊鏈與數字貨幣的知識與風險程度，讓你在這個領域能少走一些冤枉路，提升獲利的機會。

　　而如果你是即將或已經開始投資數字貨幣或區塊鏈產業的朋友，那我希望你是因為確實理解自己買的東西是什麼、為何有價值，才投入這塊市場，而不是被利多所吸引，要不然很容易在這個領域迷失方向，追漲殺跌，成為不合格的幣圈投資者。在任何金融市場裡，不是你割別人韭菜就是別人割你韭菜，意即不是別人賺你錢就是你賺別人錢，非常現實殘酷，若沒有一些基礎觀念，還可能投資到詐騙項目，血本無歸。

　　我接觸幣圈已有六、七年的時間，最早從 2013 年被詐騙開始，

2016 年開始接觸挖礦與炒幣，2018 年開始做數字貨幣研究和市場分析，在兩岸三地擔任區塊鏈專業培訓老師至今，接觸過各種幣圈的人事物與項目，也算有點經驗。在這個領域也獲利超過價值 50 萬美元以上，跟幣圈大佬比起來，我的收益或許只能算是九牛一毛，但至少我的資產隨著比特幣、乙太幣逐年增長，仍穩定成長中，這已是相當感謝的事情。

我始終深信一句話就是越努力越幸運，所以我比別人努力，花更多時間鑽研如何在這個領域尋得機會，我也幫助過許多年輕後輩，藉由幣圈讓他們的身價在一年內破百萬和千萬，我覺得很開心，也覺得非常欣慰，因為我現在的成功同樣受到許多貴人的幫助。當你成功了，你更要去幫助其他人，這樣才能持續成功，而不是曇花一現，因為每個人都是一路上跌跌撞撞吸取經驗，堅持在正確的路上才有今天的結果。

這些經歷，使我體認到讓更多人了解區塊鏈及不被詐騙的知識，比在這個領域賺多少錢來得重要，在投資領域裡能少賠錢就是賺錢，且要想投資永遠不賠錢更是難上加難，所以知識無比重要，想學如何投資數字貨幣，請先學會如何分辨真假，了解其價值，不將它視為投機，如此才能立於不敗之地。

再來就是心態要調正，你必須非常有耐心，在幣圈牛熊市的轉換隨時都可能發生，比特幣已經給我們人生三次翻轉的機會，若你今年也錯過了，下次就是 2024 至 2025 年了，我有在書中解釋為什麼，所以希望你在閱讀完此書後也能功力大增，在今年到明年這段時間，還能抓住牛市的尾巴，讓自己的資產增值，到下次牛市能有更多的籌碼翻轉人生，加油！

作者

林子豪 Tiger

Block 1　數字貨幣可以讓你懷疑人生！

Block 2　區塊鏈下的比特幣

著名數字貨幣介紹與分析

Block 3

挖礦 & 礦池 & 交易平台

Block 4

Block 5 暢聊「ICO」與「搬磚」

Block 6 DApp 煉金術

Block 7

數字貨幣探討！

Epilogue 後記

BLOCK
1

數字貨幣可以讓
你懷疑人生！

How the Blockchain
and Crypto Currency
created Money Revolution.

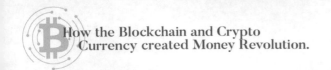
1-1　數字貨幣讓我賺到一桶金

　　比特幣於 2009 年誕生，但我一直到 27 歲（2014 年）才真正接觸到比特幣，實在是相見恨晚。之前就對數字貨幣這個名詞很好奇，你可以直接在便利商店購買，也可以自己經由電腦挖礦取得，我那時還想這到底是什麼神秘的東西？竟有如此魔力，讓人趨之若鶩。因此，我開始研究它的神奇之處，試著了解整個數字貨幣的生態，但沒想到我也一頭栽進去，被它深深吸引住……

　　歐美地區很多國家八年前就宣布比特幣為合法流通的貨幣或資產，還有很多名人看好，幫它背書；但之後恰巧碰上比特幣泡沫化，讓大眾開始認為數字貨幣是高風險的金融產品，不能再碰，當初有人一夜致富，也聽聞有人慘賠到傾家蕩產。

　　比特幣在 2013 年 12 月時，從一顆 30,000 元新台幣的高點忽然下跌，這一跌還足足跌了一年，到 2014 年底更跌至一顆不到新台幣 6,000 元。比特幣崩盤後，新聞媒體大肆報導負面消息，呼籲社會大眾千萬別碰，其風險很高；但我卻不這麼認為，覺得比特幣（區塊鏈）未來仍有很大的前景，它的價值不會只有這樣而已。

　　一個新事物誕生的時候，一定會需要一些時間讓世人接受它、習慣它，並且使用它，所以，就算比特幣幾度崩盤，我始終看好它會再上漲回來，只是時間問題而已。但這劇烈的價格震盪，還真不是一般人所能承受

的，如果你想參與，心臟要非常大顆才行，因為比特幣（數字貨幣）的漲跌可比股票 High 多了。

講到這一定會有很多人想問，既然我相信比特幣會再漲回來，那我當時有沒有買呢？答案是沒有。雖然我相信它會再漲起來，但時間多久我不知道，而且數字貨幣並非只有比特幣一種，還有其他幣種可以投資；更何況時間也是成本，我不可能在那癡等，就為了等它漲回來。基於上述種種考量，我開始尋找、研究，看是否有其他像比特幣一樣，能漲這麼多倍的潛力幣，但也不敢隨便進場，特意為此做足好多功課。

我在網路上看到國外有許多成功案例，他們都是在比特幣剛發行還很便宜時，因好奇所以隨便亂買，然後便忘記自己有買過比特幣這件事，一直到比特幣價格突然暴漲，看到新聞報導，才想到之前有買，然後趁勢全部賣掉，賺進一大筆錢，因而買了好幾棟房子，我覺得超誇張，真的是一夜致富。

但因為我當時第一次接觸數字貨幣，沒什麼信心，純粹抱著好玩的心態，也根本不懂挖礦（後面章節會詳細介紹），只知道可以直接在便利商店購買，便買了一些試試看，當作是另一種投資，就這樣放著不去管它，看看四年後，是不是也會有類似的事情發生在我身上。

我那時並不想買比特幣，反倒想看看其他幣有沒有辦法像比特幣一樣，瞬間翻倍，沒有的話也沒關係，只是買個希望，就跟我們去買樂透一樣，看有沒有機會中獎。但我不敢想會不會有數萬倍的成長，只要有個 5 倍、10 倍就很高興了。

所以，大概在 2014 年 11 月的時候，我選擇了一個名叫「達世幣（Dashcoin）」的數字貨幣，覺得它好像蠻有潛力的（後面章節我會和大家分析為什麼我會這麼覺得），我記得那時一顆好像是 1.5 美元，折合

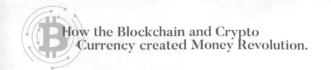

新台幣約 45 元，我投了近 15 萬元，買入 3,300 顆達世幣。

那時候買幣，只要先到全家便利店買比特幣，然後再把台灣交易平台上的比特幣，轉移至國外的交易平台，用比特幣來換達世幣或其他幣種就可以了（後面我會教大家怎麼操作）。買完後心想反正現在價格低，應該不會再跌到哪裡去吧？之後若急用錢我再賣掉，平常就當定存放著。剛買完的前幾個月，老看著它漲漲跌跌，心裡很忐忑、不踏實，有時跌到低於 1 美元，有時又漲到 2 美元；後來才漸漸習慣，久而久之就沒有再特別去理它了，偶爾想到才看！

之後，我打算出去見見世面，拓展人脈、累積經驗，在因緣際會下，前往中國大陸發展，成為金融產品的銷售業務和講師，還在台灣考取了中國人力資源部頒發的理財規劃師和營銷師的證照，在充實忙碌的生活下，就沒再特別關注數字貨幣的市場動態了。

免費的歐洲和中國之旅

直到 2016 年 3 月再次關注時，發現達世幣已漲至一顆 5.5 美元（當初買的時候是 1.5 美元），我才持有一年半的時間，就已經漲了 4 美元，等於漲了近 4 倍！我當下其實有點心癢，因為我原本投入的 15 萬已變成 50 萬左右，覺得自己應該押對寶了，心中暗暗竊喜，而且我認為它鐵定會繼續漲。於是我決定犒賞一下自己，賣掉一半的達世幣，獲利約 30 萬元，去了趟心心念念的比利時旅行；且因為這一筆意外收入，這趟旅程等於是免費之旅，根本不用再額外花錢。

回國後，我意識到數字貨幣是真的可以關注、研究的，絕對能從裡面賺到不少錢。以金融市場的角度來說，沒有任何一項金融性商品，可以

在這麼短的時間內有如此高的漲幅，就算是房地產也不可能這麼誇張。台北大安區的房價十年也才漲 2.5 倍，但我買幣不過一年半的時間，就足足賺了 4 倍，這到底是一個什麼樣的概念？暴發戶的概念嗎？誇張到下巴會掉下來。

所以，2016 年我就一直在中國大陸各處旅行，途中還有人邀請我去演講，分享有關投資數字貨幣的心得；9 月去馬來西亞度假半個月，然後年底又去了一趟保加利亞，實在是很精彩的一年！

靠達世幣賺了一桶金

達世幣（Dashcoin）在 2016 年 10 月的時候，又漲到 12 美元，折合新台幣約 360 元，一共漲了 12 倍，那時我就幾乎全賣了，只留了 100 顆左右，前前後後大概賺了 100 萬元。而達世幣在 2017 年 9 月又漲到 390 美元，一顆大約近 12,000 元新台幣，如果從我當初購買的 1.5 美元持有到現在，那就是漲了 260 倍！沒錯，你沒看錯，就是 260 倍，不是我在誇張，只不過二年半的時間，這說長不長、說短不短的時間，幸好我還留了 100 顆沒賣，就放著繼續倍增吧！

達世幣的漲幅，讓我不禁開始懷疑人生，因為我當初可是買了 3,300 顆，如果我都沒有賣的話，那我現在就可以在台北買一間房子了，我的天啊！現在想想還是覺得很不可思議，可人都是犯賤的，只要獲利超出心理預期時，就很容易心癢難耐。

但我也沒後悔，因為未來絕對有機會能賺更多！有了這次的經驗，我開始把部分獲益轉投資到其他幣種，讓它慢慢增值；當然，投資前要先分析每種貨幣未來的走向，還要研究數字貨幣其他的產業鏈如何投資，因為

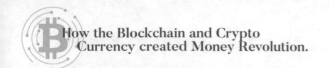
自從比特幣誕生後，就多了各種新產業及新玩法。所以，除了買賣幣外，我也開始研究挖礦、搬磚、ICO、DApp等項目，這些又跟炒幣有何差異呢？我相信你也很想知道，但不用著急，後面章節我會詳細介紹。

1-2 一切的邂逅源於挖礦

　　我因為投資數字貨幣賺了一點獲利，所以開始認真研究數字貨幣的生態和其他產業鏈，包括大家最陌生的領域——挖礦。

　　我是商科畢業的，但挖礦需要一定的電腦軟硬體知識，這對我來說是完全陌生的領域，且網路上挖礦的資訊和教學少之又少，大部分都是國外的英文影片和中國大陸的影片，對於完全沒有工科底子的人來說，就算看了也只能略懂，根本無法馬上著手。而且挖礦最基本的要先從挑選零件和顯示卡開始，然後將這些東西組裝起來；也就是說，你想挖礦也不簡單，不僅硬體知識要有，還要懂得設定參數，選擇對的挖礦程式，最後要連上礦池網站才算完成。

　　通常一種熱門的幣會有好幾個，甚至十個以上的礦池網站可以選擇，而每個礦池的挖礦方式和手續費又都不一樣，看起來可能很簡單，但初學者絕對會一頭霧水，如果沒有老手親自來教，鐵定會走很多冤枉路，而且還很有可能摸不著路，根本挖不了礦。

　　於是，我開始思考身邊有沒有對電腦很在行的朋友，先從他們那裡學習一些基本知識，再來研究挖礦。腦中突然靈光一閃，想到三、四年前認識一位宅男朋友「彬彬」他不僅很會打電動，參加過國、內外的比賽，對電腦也很在行，之前還請他幫忙修過電腦，問他應該不會錯。我當下立刻打電話給他，一陣寒暄後，便直接切入主題。

我問他：「你有沒有聽過挖礦？」

結果他竟然回我：「我正在挖啊。」

我說：「你別開玩笑，是用電腦挖數字貨幣那種喔！不是用挖土機挖土。」

他說：「對啊！我挖很久了……」

聽到這句話我眼睛一亮，馬上詢問他家的地址，不管三七二十一就衝去找他拜師學藝，還自備束脩，買了茶 X 王給他敬茶，果然不要小看身邊的「宅男」！

他說他從 2014 年開始研究挖礦，不過沒有認真投入，起先就一台電腦慢慢挖，我問他的時候大概也才六台電腦在挖。他第一次挖的便是比特幣，但其實當時一般規格的電腦已經挖不太到，所以他改變挖礦的幣種，沒想到竟然就是我第一次投資的「達世幣」，也太巧了吧！我問他為什麼當初不直接買幣，而是選擇挖礦？

他說他覺得挖礦比較好，可以穩定收益，不像買幣後還要提心吊膽，而且什麼 K 線技術分析、看市場走勢他都不懂，還不如這樣天天挖、囤幣比較簡單，沒錢的時候就變賣一點當生活費，如果數字貨幣突然增值，那他的資產就跟著增值，完全不會有額外的虧損。

聽完後，我深深覺得我們的理念非常相近，這樣就等於有一台幫你賺錢的機器，分分秒秒在幫你印鈔票，而且印出來的鈔票還可能增值好幾倍以上；跟我之前接觸過的投資項目相比，挖礦收益真的比較穩定，我也相信這在未來肯定是銳不可當的趨勢。那天我們徹夜長談好久，只要理解整個挖礦的流程，後面就簡單了，事實證明也果真如此。

他說挖礦最大的困難點在於組裝機器和找場地，然後再設法控制電費。他一直是用自己家裡的六台機器在挖，之前也想要搞大一點，做到規

模化，但場地就是個問題，可又不知道該如何找資金和資源，只好作罷。我聽完便想，這兩年在中國大陸和台灣之間奔走，也認識了一些不錯的朋友，其中好像就有適合的企業主和客戶，他們可能會對這塊大餅有興趣。

　　此次見面，促成我和彬彬合作的機緣，過程中遇到許多非常支持我們的長輩和客戶，也遇到很多貴人幫助我們，提供資源和場地，投資我們做股東，讓我們慢慢把事業做大。現在，我們在台灣已有六間中小型規模的礦場，中國大陸那邊也有，且持續擴大中；我們的目標是先做出台灣最好的挖礦品牌，再進軍中國大陸市場，不僅深耕台灣，更拓展至海外！

夥伴小檔案：陳建彬

◢ Ice 彬彬教練。
◢ 電競達人。
◢ 程式套利數位貨幣專家。
◢ 區塊鏈協會副理事長。
◢ 多家數字貨幣礦場股東兼挖礦達人，靠挖礦數字貨幣賺取非工資收入，被各大新聞媒體採訪報導。
◢ 《神扯！虛擬貨幣 7 種暴利鍊金術》共同作者。

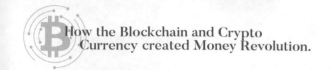
1-3　挖礦能做長久嗎？

　　從 2016 年 10 月開始，我和彬彬就非常看好乙太坊（Ethereum）未來的發展，所以那時便已著手開挖乙太坊區塊鏈上的代幣乙太幣，目前帳上已累計約 900 多顆了。當時一台礦機一個月大概可以挖 30 顆左右，一顆約 13 美元，但才經過一年多的時間，2017 年牛市便漲 30 倍之多，價格升至 380 多美元。

　　乙太幣不斷被新聞媒體報導，幾乎全世界的人都在瘋狂搶挖；將 2016 年和 2017 年相比較，若以同樣規格的礦機挖乙太幣，一個月產出的量大概只剩 0.8 顆左右，時序僅過了一年就差了 38 倍，乙太幣實在是太搶手了。

　　但我們一點也不擔心，因為我們除了乙太幣之外，也有研究其他後勢看漲的貨幣。任何一種數字貨幣，一定都是前期比較好挖，而我們先前能選對乙太幣，在蟄伏期就搶先開挖，之後一定也可以，我們相信自己一定能再次看準趨勢，挖出下一種乙太幣，因為每種幣都一定會有增值的可能性。

　　我從 2014 年開始研究、觀察數字貨幣至今，總思考著為何數字貨幣的價值能持續成長？其實各個幣種之間都有著一定的共通點，只要滿足幾個條件，未來漲個數十倍，甚至數百倍都絕對有可能，而且已經有很多幣都做到了，只是還沒完全浮出檯面，後面章節我會教大家如何分析。

在數字貨幣的世界裡，最不缺的就是神話，不是只有比特幣才能致富，藉其他幣種致富的大有人在。至今數字貨幣已讓全世界誕生數不清的百萬、千萬富翁，而且幾乎都很年輕，這真的讓我體會到，趨勢在變、時代在變，成就一個人速度也會越來越快，差別僅在於你能否看出先機。俗話說：「小成功靠個人，大成功靠團隊，小財富靠累積，大財富靠時機。」思想導致態度；態度導致言語；言語導致行動；行動導致個性；個性導致命運，人生真的是這樣，我有深刻的體會。

我們之所以會選擇投入挖礦產業，是因為我們仔細分析後，認為這是一個長久且能永續發展的產業，潛在利潤非常可觀，而且我覺得現今最缺的就是穩健型的投資報酬商品，所以這真的可以幫助到很多人。挖礦產業最早是從 2009 年挖比特幣開始，當時幾乎沒有人在挖，用一般規格的電腦一天就能挖出數千顆比特幣，直到比特幣有了第一筆交易後，才慢慢開始有團隊組裝專業的電腦進行挖礦。

可嚴格來說，挖礦業一直到 2010 年才算真正興起，至今發展了十一年，隨著技術越來越成熟，世上瘋挖礦的人也越來越多。但真正靠挖礦長期獲利者，其實還算少數，因為大眾對數字貨幣的接受度還不普及，大部分聽到區塊鏈都還是覺得很陌生，聽了也不見得能理解，且剛開始能挖的幣種較少，所以通常都會選擇挖比特幣，當時也普遍認為比特幣的幣價漲幅較穩定。

但自從比特幣經歷了數次暴跌後，讓很多礦工覺得看不到未來，前景不大看好，便逐漸放棄挖礦，開始變賣機器，形成一股「礦難（又稱礦災）」。這都是可理解的，因為沒人會做虧本生意，但事後證明，那時堅持下來的礦工，他們之後可都賺翻了，後面我會再向大家介紹為什麼比特幣會暴跌與急漲。

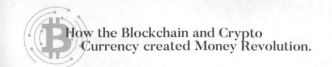
　　所以說，若想靠挖礦賺大錢，那你必須長期經營才行，而且如果切入的時機點正確，又選到新興之秀，初期抓準機會大量開採，也不大會有人來跟你搶，只要未來上漲了，就是一筆可觀的收益，荷包滿滿。

　　數字貨幣的市場正蓬勃發展著，以比特幣來說，目前的數量還能挖到2140年，還有一百多年的時間，未來也會有其他更多可挖取的幣種產生，如果越來越多人認識這個產業，礦工便得以繼續開採、持續獲益。所以，想開始當礦工的朋友們，我認為現在是一個很好的時機點，但還是必須作好長期備戰的心理準備，後面我將繼續和大家分享投資的理念，以及為何要選擇挖礦。

1-4 弄懂人生兩大遺憾和收入象限

　　首先，要讓大家了解投資這種東西是很主觀的，每個人說得都不一定是對的，就連我的話你也不見得要完全相信；所以，你一定要學會如何自行判斷對與錯，我只能與你分享自身的經歷和看法，最後下決定的人還是你自己，不管做什麼投資都是盈虧自負，要賠得起，千萬別事後怨懟。

　　投資前先問問自己，投資的目的是為了什麼？廢話，當然是為了賺錢啊！那你有想過要賺多少錢嗎？你了解投資背後的風險和自身承擔的能力有多少嗎？大部分的人之所以賠錢，就是因為他沒有搞清楚到底什麼是正確的投資。

　　以我對投資的看法，我們最大的成本就是時間，其次才是金錢，姑且不論要花勞力和腦力經營的創業型投資或傳直銷，先單純以投入金錢等待收益的投資類型來作探討。

　　每個人的人生都是有限的，如果僅以工作收入來說，賺取的金錢更是有限，只要給我一張紙和一枝筆，我就能算出你一輩子能賺多少錢，而且還是有做才有錢，沒做就沒錢。可是我們不可能一輩子都在工作，無法工作的那天總會到來，但我們工作就是為了賺錢過活，不能工作的話，我們又該如何養活自己，甚至是家庭呢？所以，如果你一輩子都不學習投資，那生活就永遠無法改變。

　　陶晶瑩曾說：「人生最大的冒險就是從不冒險。」除非你出生在富

庶家庭，或有個可以照顧你一輩子的另一半，他特別有錢，可以讓你衣食無缺，而且你還要確保自己永遠不會被別人取代，但這機率可說是微乎其微。所以對我來說，若想在有限的人生裡，賺到足夠的錢，過上豐衣足食的生活，也就是所謂的財務自由，就一定得學會正確投資，它能讓我們在將來不工作的情況下，也有足夠的收入生活。

 ## 人生兩大遺憾

有句話說：「想法產生感覺，感覺產生行動，行動創造結果。」這句話我一直牢記在心，時刻提醒著自己，如果心中有任何好的想法或感覺，就趕快去行動，因為時間有限，千萬別浪費任何可能的機會。

所有行動勢必都會有結果，但只有主動付出行動，才有可能產生出自己想要的結果，沒行動便不會有好的結果；一種行動一種結果，我們每年、每月、每天累積的小結果，都會造就未來的大結果。我們現在過的生活，便是我們過去的想法和行動所誕生出的結果，如果不滿意現在的生活，那就是不滿意過去的想法；如果你希望五年後的自己跟現在不一樣，那就不要讓自己留下人生兩大遺憾。

第一種是一輩子只知道辛苦奮鬥，雖然存了很多錢，但把身體搞壞，只能在病榻上度過下半餘生，或過於年邁，無精力、體力體驗這個世界，這就叫做「有錢沒命花」。

第二種則是今朝有酒今朝醉，有多少花多少，從不儲蓄理財，年老後也無力再工作，必須靠社會救濟金過活，而這叫「有命沒錢花」。

這兩種結果無疑都是我們不樂見的，沒錢雖然可以再賺，但時間過去就是過去了，不會再回來。這也是為什麼成功的商人，他們永遠都在想

如何用最短的時間，創造系統來錢滾錢，為自己賺取一輩子都花不完的財富；即便沒有工作，他們還是越花越有錢。有錢最大的好處便在於，我們不用浪費精力去擔心沒有錢的日子，所以沒錢是結果，不是原因。

時間不只大於金錢，更大於鑽石，它可是一去不復返，不會再回來的！可是你又只能用時間來換取金錢，但其實除了用時間來換金錢外，你可以用錢生出更多錢，然後再試圖用錢爭取更多的時間。你可能聽的一知半解，我的意思是，如果你這輩子都不學會理財與投資，那你大半輩子的時間，都會活在以消耗生命換取金錢的日子裡，而我們人生在世，能享受生活的機會本就不多，一般都只能從生活中找尋一些小確幸；且隨著年齡日益增長，上有老下有小，若停止工作，收入就會立即停止，可支出卻持續進行著，甚至是擴大，這是每個人都不想要的結果。

所以，我們要趁著還有體力和空閒時間時，盡快學習如何投資，正確的投資就是在為自己買未來能享受的時間，而買到的時間才能去換取更多的錢；這就是窮者越窮，富者越富的根本道理，儘管不求榮華富貴，也要想辦法讓人生不再為錢煩惱，才能將人生活得更精彩。

財務自由 vs. 財富自由

收入通常分成三種類型：意外之財、工資收入及非工資收入。而只有非工資收入（指不需要靠勞力和時間換取的收入）才能讓我們自由，也就是所謂的「財務自由」。只要我們的非工資收入大於每月總支出，就無須再從工作收入支付個人每個月所需的固定開銷；所以弄清楚自己的支出習慣和必要支出是很重要的，因此，我們更要懂得妥善記帳。

舉例，我一個月固定的必要開銷為 30,000 元，所以只要我的非工資

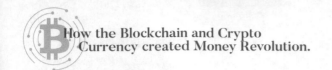

收入大於 30,000 元，就代表我不需要找一份固定的工作，更不用每天通勤擠公車、捷運，只為了打卡上班，我有更多的時間去享受生活或賺取其他收入！

　　而所謂的「財富自由」，則通常是指非工資收入大於每月總支出 40 倍以上，如果我每月固定開銷是 30,000 元，那我的非工資收入若大於 30,000 元的 40 倍（30,000×40 ＝ 1,200,000），就代表我除了不用工作外，還有多餘的閒置資金，也就是有更多閒錢能夠運用，達成夢想。

　　一般來說，非工資收入可分為：房地產租金；股利分紅；利息收入，或其他租金收入。而創造非工資收入前，我們必須先想辦法賺取手中多餘的現金，才有辦法投資非工資收入，且現今投資的選擇又非常多樣化，我們一定要先分清楚哪些投資只會產生一次性收入？哪些投資才是非工資收入？所以，我才一直向大家強調，非工資收入遠比一次性投資收入來得重要。

1-5 投資種類分析

　　投資賺錢有很多種方法，下面向大家介紹我對各種投資項目的分析及看法，你們可以思考看看自己適合哪一種？每個人適合的投資模式都不一樣，視自己的喜好和能力而定，而這能力當然是指你手中能運用的閒置資金。

① 樂透彩券

　　中獎機率低，屬投機行為，時間和金錢成本高，也許一輩子都不會中大獎，小賭怡情為佳。

② 股票

　　不管是國、內外的股票，各種資訊面都要懂得分析，還要具備一定的敏銳度，懂得及時抽身或進場。缺點是容易被大戶控制住盤面，導致散戶被套牢，而且短線盯盤很辛苦，不僅傷神又傷身，投資前一定要花較多時間做功課。

③ 定存

　　我認為這是給資訊最落後的人所選擇的投資方式，不管是國內還是國外，沒有一個地區的定存型商品年利率，能承受得住通貨膨脹，所以我

認為這是一種買心安的理財方式。

④ 基金

有非常多種類，股票基金、債券基金、貨幣基金、指數基金、貴金屬基金，還有保本型基金……等等，但儘管種類繁多，其實也只是基金公司透過募資的方式，將我們的錢拿去做各種運用、投資，然後再把部分獲利分給客戶；如果虧損的話，就由客戶自行承擔。

雖有分保守型、積極型和保本型，但投資的時間成本相對較長，且投報率也不穩定，所以我不大建議購買基金。

⑤ 房地產

這是目前最穩定且最保值的投資方式，但依現在的行情和政策措施來說，若要進場投資房地產，短期獲利的機率非常低。且最重要的是，你的口袋要夠深，要花時間了解地區行情、議價，還可能要先花一筆錢裝潢，等待回收的時間成本也高，一般老百姓很難參與其中。

⑥ 外匯、期貨、台指選擇權

保證金交易，T ＋ 0（T 是 Trade，即交易的意思），可當天買入、賣出，二十四小時雙向交易，六日休市，講白話點就是買漲或買跌，做多或做空，賭它下一分鐘、下一小時或下數小時是漲還是跌，賭對就賺錢，還可以槓桿交易押大倍數，依本金多寡可押至 0.01 至 5,000 倍。

此交易量大，不容易被大戶控制，困難點在於操作技術和克制人性的貪婪，且需要花時間盯盤。賺錢的當下記得要忍住，千萬別貪心，倘若賠錢就要趕緊設立停損點出場，千萬不要存有僥倖心態，這種投資跟再接

再厲絕對成反比，你挹注的資金越多，就可能賠更多，別認為多撒錢就多賺錢，結果欲哭無淚。

　　所以，若想要在保證金交易市場上獲利，自身的敏銳度和操盤技術是最重要的，而且最好選擇大的平台交易商，比較不會被動手腳，建議想投資此類的朋友要從根本扎根，先在模擬倉反覆不斷操練。

　　但千萬別陷入誘惑之中，我個人認為保證金交易也屬投機性質，之前我有位朋友就聽信跟單程式，先放了 30 萬進去，前兩個月很順利就達到 100％績效，他先把 30 萬的本金領回，留下 30 萬獲利在裡面繼續滾，結果第三個月的行情大到連程式都無法判定，那筆錢就在短時間內全部賠光了。

　　雖然 30 萬本金保住了，但白白浪費三個月的時間，什麼都沒有得到，所以實質上來說還是虧損，因為時間才是最寶貴的資產！除非你能見好就收，獲利後不再隨意進場。可我們都知道，人性往往是貪婪的，這也是為什麼在金融市場裡會十賭九輸；因此，自己學會下單才最保險。

　　至於外匯的投資模式，技術層面佔比較重，要自行多觀察，千萬別隨便相信自動下單軟體、跟單程式或代操團隊；真正厲害的操盤手絕對是躲起來的，自己都賺不夠了，怎麼可能還會用代操、跟單的方式分大家賺呢？

　　而且，即便真的有程式很厲害，那也都是短期的，不可能長久，我接觸金融圈至今，還沒有看過哪種全自動交易軟體可以持續獲利超過一年以上，很多玩個兩、三個月就出狀況。更何況現在要做假交易太容易了，甚至還能修改過去的績效，什麼第三方歷史記錄的網站，這些其實都是跟券商套好，將績效營造得很好，吸引眾人跟單，之後再讓你爆倉，賺笨蛋的本金，想想其實真的很無良。

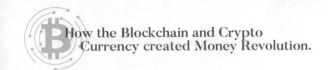

至於外匯，我偶爾也會玩，有時看行情不錯就短進短出，每個月能替自己加薪 5 至 10％。但如果你常常看到有人在社群上發文，炫耀自己外匯獲利多少，千萬別因此心動，那大部分都是包裝出來的假績效，吸引你一起投入。雖然我也會投資外匯，但我認為此種投資模式並不算非工資收入，只是比較輕鬆一點的收入，也需要另外投入時間和精神去換取獲利，且如果賭大一點，一次下好幾倍的資金來操作，那就屬於投機行為了，跟樂透概念一樣，不算非工資收入。

⑦ P2P 網路借貸

近年世界各地很流行 P2P 網路借貸，台灣也漸漸開始有人操作，有些平台甚至做得還不錯，據了解有年投報 6 至 12％的商品，還能將房產登記在名下做抵押，這樣即便出了狀況，你也能將房產快速脫手，達到保本的保障。而且這完全合法，還必須開發票報稅，是個不錯的穩定型非工資收入，但缺點就是門檻過高，若以最低限額 100,000 元起投，一個月才賺 1,000 元。所以，你至少得投資 1,000 萬，每月才有 1％的 100,000 元非工資收入來改善生活，但能投資如此份額的人並不多，還請自行斟酌。

⑧ 加盟

傳統產業加盟的種類五花八門，小則十幾萬，大則上百萬、千萬都有，需看準趨勢、研究未來可能竄起的產業，不然現在很多產業都已接近飽和。舉例便利商店、手搖飲料店，若想真的賺到錢，相當困難，頂多持平，因為還有人力、水電、店租……等成本要算進去；所以，能靠加盟穩定獲利的實屬少數。

像近年很流行加盟夾娃娃機店，一條路上可以看到很多店面相繼開設，但一昧的跟風，後續的效應可想而知，至於最後哪間店能存活下來呢？我們拭目以待。如果要靠加盟獲取非工資收入，請多方面考量清楚，三思而後行。

⑨ 新創企業原始股份

原始股也是非工資收入之一，但不是每個人都有機會參與並入手優質的原始股。一般很輕易就能參與的原始股，大多往往是虛假的，因此我們要擦亮自己的眼睛，審慎評估。

⑩ 龐氏騙局、資金盤

此種模式從 1919 年出現至今，始終非常流行，每年每月都會推出新的資金項目，且各個都包裝得很精緻，一個比一個真，弄得十分高尚；這也是為什麼明明一堆人投資虧錢，卻還是不斷有新的模式、新的騙局出來圈錢，而且這在中國更是瘋狂到一個不可思議的境界。

傳統的投資模式已無法滿足現今市場上的買家，所以騙子開始處心積慮地設局，替買家規劃一個大餅，吸引他們投資。騙子只要先買下一間空殼公司，請幾位電腦工程師設計好後台程式和規則，然後再找幾名老外當臨演站台，最後花點錢打廣告就大功告成了！

黑心的騙子要弄個假交易平台、假券商、假網站很容易，沒有投資經驗者只要中了他們的圈套，很容易血本無歸、傾家蕩產，不肖人士就是看準市場上永遠是傻子的錢最多，所以每年才一直有這麼多的新買家被吸引，跳入這個圈子。其實初步判定的方法很簡單，只要這間公司有組織制度，又有高額返利的項目，那十之八九是假的，因為他們的目的便是要你

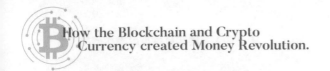

拉更多人參與，吸取更多笨蛋的錢。

而所謂的資金盤，是指運用直銷倍增原理，以滾動或靜態的資金流通形式，拆東牆補西牆，用後面加入會員的會費，支付給前面會員，以直銷的形式來賺取利益。

市面上大約可分為拆分盤、返利盤、互助盤、假數字貨幣盤、消費返利盤，但幾乎沒有一個項目能撐過一年，不過很奇妙的是，即便很多人知道這是假的，卻還是積極投入，只為了賭它前期能獲利，堅信自己不是那最衰尾的人。

雖然前期有機會賺到錢，但往往還是虧損較獲利來得多，只有幕後老闆才是賺最多的人；因此，若真要選擇此類投資，基於良心，請不要隨意拉人，自己玩玩就好，千萬別毀了別人的人生。因為其風險很高，幕後老闆隨時都有可能關網，一旦關了就回不來了。而其加入的手法通常都是拿現金給上線，進行所謂的「對沖」，上線再用虛擬點數幫你註冊網路帳號，你買到的就是幾組帳號密碼，等到裡面有點數後，就登入申請提取現金。

後面我會跟大家介紹如何分辨真假，而數字貨幣盤又有哪些類型和模式？即便要進場，我們也要知道自己選擇的遊戲是什麼，不然怎麼結束的都不知道。

⑪ IPO 未上市股票

首次公開發行股票（Initial Public Offerings，簡稱 IPO），指企業透過證券交易所首次公開向投資人發行股票，募集企業發展所需資金的過程；很多公司都會透過類似的方式來籌措資金，以拓展公司業務。

但現在市面上大部分公司所發行的 IPO 項目都是為了圈錢，就算不

是要圈錢，上市後成功上漲的也屬極少數；且倘若真的上市了，也不一定有交易量，大家都會急於拋售，因此價格很難拉升，所以切勿隨意嘗試。

投資項目總類千百種，不勝枚舉，上述所論的項目都是我實際接觸過的項目，因而提供些許觀點讓你參考。世上當然不乏在各領域投資成功的人，但我們要思考的是，自己是不是也能跟那些人一樣投資成功，而不是盲目的跟從。我目前是透過投資數字貨幣，靠長期持有和挖礦來賺取非工資收入，其中不需要太多的專業知識，又可以在短時間內成功獲利，然後再到其他領域內進行小小的投資，賺取額外收入。

且現在已有越來越多人選擇透過這樣的方法獲利，那不就代表這個領域和模式，其實很適合每個人參與和了解嗎？只是大多數的人對於數字貨幣仍抱著存疑的態度，道聽途說的人遠高於真正了解的人，導致大家接收到錯誤的資訊，嚴重誤導那些有意進場、正在觀望的人。

因此，我才會萌生撰寫此書的念頭，我想要告訴大家最正確的觀念，向大家傳達數字貨幣不僅非常值得研究，更是未來的趨勢！

今年又逢數字貨幣牛市，相較於前次 2017 年的牛市，漲幅更為可觀，所以書中探討內容大多會以 2017 年和今年比較，交互討論，相信只要用對方法，大家都能跟我一樣資產倍增，在數字貨幣市場上成功獲利。

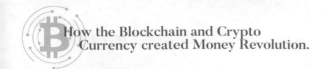

1-6 辨別黑心託管商，做好資產配置

　　隨著數字貨幣持續發燒，各大新聞媒體及報章雜誌不斷報導，因而讓越來越多人嗅到商機，開始加入、想分食挖礦這塊大餅。但台灣挖礦產業並不普及，九成的人都還是搞不懂什麼是數字貨幣，更遑論挖礦，又因為資訊不對稱，且普通人的技術資訊十分不足，進而讓很多黑心託管商趁著新聞媒體的炒作，胡亂弄個場地，再隨便找位懂電腦挖礦的工程師作為幌子，就開始收錢託管挖礦，欺騙不懂的投資者。

　　有些人還把設備價格提高兩倍，或是每個月收取 8,000 至 10,000 元高額電費和託管費的都有，甚至輕易承諾每月挖到的貨幣數量，誇下各種保證獲利、保本方案，未來會發放公司營利分紅、集中算力分紅、公司上市 IPO 分紅；各種莫名、不負責任的模式無奇不有，因為他們根本不管投資者能否賺到錢。

　　他們目的只有賺到這波時機暴利，但之後卻不一定能達到當初承諾的收益，可是這樣就很容易出狀況、產生糾紛；因此建議對挖礦有興趣的朋友，不管是買礦機還是租礦機，都要貨比三家多比較，別被不肖人士的話術沖昏了頭。

　　而我想要做的，便是遏止這樣的行為，將秘密全告訴大家，不再產生受害者，像我們團隊所設立的礦場，都是以客戶立場來設想，歡迎大家向我諮詢，所有資訊都透明公開！

清楚自己投資喜好，做好資產配置

俗話說：「青菜蘿蔔各有所好。」我所分享的數字貨幣知識和投資管道，只是眾多投資中的一種方式。因為我透過這種方式輕鬆獲利了，所以把自身經驗寫成書與大家分享，讓眾讀者們參考，最重要的是希望能幫助每個人了解這個領域；即便不參與也要學會如何分辨詐騙和黑心礦商，更有機會幫助到你認識的人，不會輕易受騙上當。

每個人都要找到適合自己的投資理財模式，但一定要記住，穩定獲利比一次性獲利來得更重要！有些人之所以沉迷於賭博，就是因為喜歡上快進快出，一次定生死的模式，但這類的人之後便無法輕易跳脫、離場了，因為他的胃口早已被養大，對其他投資項目索然無味；也有些人會選每個月都能高返利的投資項目，若無法快速回本就不考慮，但這種項目的壽命通常不長，而且最後結算時往往是虧損的，各位可以試著自行去觀察。

我必須再次強調，我教各位的並不是一夕暴富的方法，而是正確的資產配置觀念，在金融投資的領域裡，有人賺錢，就一定會有人賠錢，錢不可能無緣無故變多。大家都同處於一個大池子裡，差別只在於誰先享受誰後享受，能持續獲利的，都是守紀律的人；而不會理財、缺乏觀念者，便是被有心人不斷地剝削剝皮，也永遠無法享受成果，只能成為刀俎下的魚肉，任人宰割。

我認為要真正財務自由或財富自由，就一定要有持續性的非工資收入，否則當你不再進場投資或停止不再工作時，收入就停止了，但支出肯定一直存在；因此，無論你喜歡何種類型的投資，還是要把穩定獲利牢記在心，遵守紀律、切勿貪婪，別異想天開，否則反而更慘，永遠達不到財務自由。

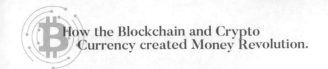 **未來期許**

　　從開始接觸數字貨幣至今，我發現台灣有近九成的人不懂什麼是數字貨幣，但其實這是一個很好的投資標的，只是被有心人士拿來包裝成龐式騙局或被媒體唱衰誤導，因而讓大眾產生刻板印象，認為數字貨幣就是詐騙，甚至認為已經消失。

　　一個可以幫助很多人創造持續性非工資收入的財富趨勢，其資訊竟然如此封閉，所以我想貢獻我所學到的知識和體驗到的經歷，讓更多人認識它，這東西是越多人認可才越有價值，數字貨幣的市場還有一段很長的路要走，未來能為我們的生活帶來無限便利。

　　透過本書，除了教導大家學習如何靠投資數字貨幣來穩定獲利，還要能夠分辨市場上假的數字貨幣項目，讓真正的數字貨幣市場和區塊鏈應用兩者得以蓬勃發展。每當新的事物產生，新的機會也因應而生，所以我們應該打開自己的格局，更打開自己對世界的視野，從世界看台灣，而不是從台灣看世界;站在世界的角度去了解趨勢是什麼，才有辦法深入其中，及時參與到趨勢之中，我衷心希望每位讀者都能認識這未來的財富。

區塊鏈下的
比特幣

*How the Blockchain
and Crypto Currency
created Money Revolution.*

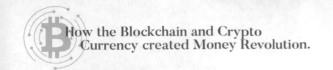

2-1 大家說的「區塊鏈」是什麼？

　　要解釋區塊鏈（Blockchain），每個人的解讀都不盡相同，它可以用很學術、很專業的名詞解釋，也可以一言以蔽之，但這樣一般人就不容易理解，聽了也會覺得那跟我有什麼關係？這就是為什麼一般人不會花時間去了解這項技術的原因。

　　我盡量以白話的方式解釋，好讓大家能清楚了解整個概念，而不是用學術的角度去探討，若要完整解釋這項技術是可以長篇大論的，甚至可以寫成一篇論文來告訴你。但我的初衷就是要讓一般人都能確實了解，並將它視為一個可接觸的投資標的，所以我會盡我所能簡單、清楚地分享給大家。

　　區塊鏈，最大的核心就是提供「安全儲存」和「廣泛分發交易記錄」，它是一種去中心化的資料庫，也可以說是一種公共記錄的機制，還能分布式加密。現今，科技文明產生的所有資料、訊息都會被記錄下來，包括我們的食衣住行育樂及新聞、報章雜誌、網路資訊等眾多的大數據，一般由FB、Google、Amazon……等記錄著我們全世界人們的數據，這些公司就是一種儲存資訊的中心；而區塊鏈改變了原先儲存資訊的方式，它更安全、更快速、更便捷，也就是所謂的「去中心化（Decentralization）」。

　　以記錄資訊的觀點來說，這項技術將全世界連接網路的電腦視為一個中心，把所有資訊儲存在每一台電腦裡，而且持續同步，讓每台電腦都

成為中心資料庫，任何人都無法竄改已經存取的資料，等於是一個把全世界的轉帳記錄都清楚記錄下來的帳本。除非你擁有超高科技，能同時破解世上擁有這些資料的電腦，且同時做出竄改，你才有機會改寫歷史，但這根本是天方夜譚。

之前有國外駭客破解第 X 銀行的 ATM 程式碼，導致 ATM 自動吐鈔，盜領了 7,000 萬；他們之所以會成功，便是因為駭客只需要破解銀行的中央電腦，就可以竊取個資及帳戶餘額。而其他企業也是如此，只要公司有內鬼，擁有權限就能偷偷竄改資料，例如最常聽見的會計做假帳，盜領公司財產；或是政府部門的資料庫裡，記錄著整個國家人口的資訊，只要是內部高層，就可以偷偷動手腳，竄改資料。

但現在有了區塊鏈的技術，就能改變未來記錄的方式，誰都無法竄改，也沒有中心的問題，因為人人皆是中心，不會因為中心的主電腦發生故障，就導致全網癱瘓。

因此，區塊鏈能大大節省掉很多的人力成本和動力成本，待未來技術發展得更為成熟，所有食衣住行、金融服務、供應鏈管理，文化娛樂、社會公益、智慧 IP 與版權、教育學習等眾多領域都會徹底顛覆，任何需要人力處理的工作和中間商都將慢慢被市場淘汰，轉變為一個全自動化的時代。

以貨幣交易的觀點來說，人類最初是用以物易物的方式開始交易，再進化到貝殼、元寶、銀票、鈔票、信用卡、電子貨幣。而進入到電子貨幣的時代，就必須解決雙重支付的問題，在現實世界中，我把錢給了你，我的錢少了，你的錢多了，一增一減不會有任何問題；在虛擬世界來說，我付錢就等於是把檔案傳給你，可是我的檔案還在，因為實際上，我是複製一份檔案給你，變成兩份。

　　但數字化的貨幣和錢，不允許這樣複製，市場機制會因此被打壞，不然幹麻需要交易呢？所以，一個不隸屬任何國家銀行體系的貨幣系統，一定要能解決這樣的問題，於是中本聰就發明了區塊鏈與比特幣，以此來改變人類原先支付的依賴性與習慣，不受到監管，又能安全儲存，無法竄改，這就是區塊鏈所帶來的改變。

　　以下用圖示來進行說明，讓大家更容易理解區塊鏈的概念。

 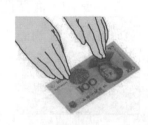 

　　我借錢給你，結果你把錢弄丟了，就想跟我賴帳，那我要找誰說呢？

　　所以我只好去找村長，因為村長那裡有本帳本，裡面記錄著村子裡每一筆錢，誰都別想賴皮。

這種經由村長統一記帳的作法，就是中心化的概念。

但如果我把錢借給你之後，我又讓村子裡所有人都知道，那這樣大家都有了記錄。

這樣就是去中心化。

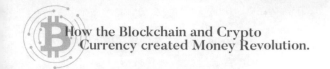

　　而村長德高望重，帶領我們村子發展到今天實屬不易，所以我們給他絕對的權利，讓他掌握所有人的帳本，我們把錢存在村長那裡，就是大多數人對中心化的一種信任。

　　但最近村民漸漸覺得以前的做法不太對，全在反應交給村長保管會有幾個問題。

　　①村長年事已高，萬一有個三長兩短，這樣大家的帳本怎麼辦？

②村裡最近有小偷，村長的帳本被偷了怎麼辦？

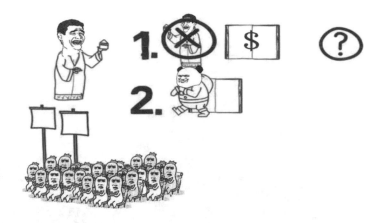

③村長愛財如命，每次找他記帳，都要收取手續費，而且一年比一年高，該怎麼辦？

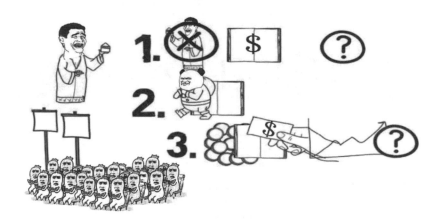

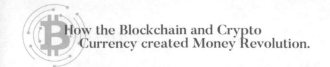
④村長會不會擅自把我們的錢借給別人？萬一大家同時急著要用錢，他拿不出來怎麼辦？

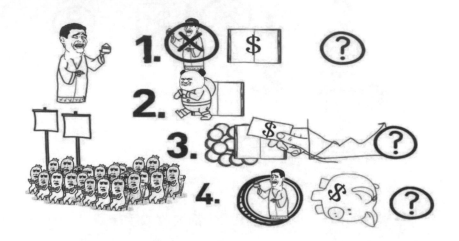

⑤村長掌握了我們所有人的資料，萬一他把我們賣了怎麼辦？

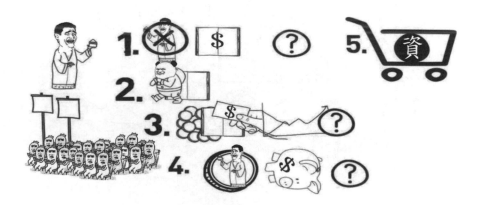

⑥村長動作很慢，每次轉錢都要花上好幾天。

⑦如果有一天村長生病了，我們找不到人又該怎麼辦？

上述這些情況，就是中心化最大的問題，所以村民聚集在一起商討這件事情。

　　大家開了個會，每個人都發一本帳本，只要彼此有任何轉帳或其他
交易行為，就透過大聲公告知全村的人，然後各自在帳本上記下每筆交易
記錄，這就是去中心化的概念。

　　這樣一來，如果哪天村長的帳本搞丟了怎麼辦呢？沒關係，因為小
王、老李、趙哥他們都有備份帳本。

又如果小偷把帳本偷走了怎麼辦呢？也沒關係，不用擔心。

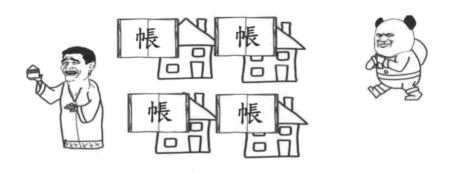

除非他能一次偷走全村的帳本，不然那帳本的記錄絕對都是安全的。

就算換了一百任村長，家家戶戶都還是有帳本，錢是屬於各自的，那這帳本屬於誰的呢？它屬於整個村子的。

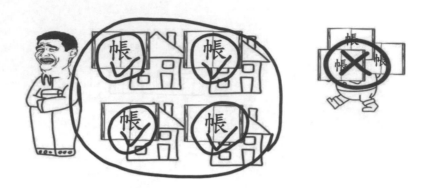

　　看到這裡，大家可以想像一下，帳本上記錄下來的每一頁，其實就是現在大家所說的「區塊」，這本帳本就是所謂的「區塊鏈」。

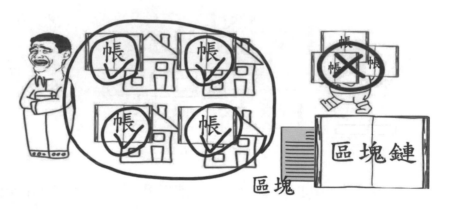

　　而礦工的工作，就是把每一頁的交易記錄，轉化為交易代碼，假設將A5%#B*8C2$ 記錄在區塊鏈上，以方便我們記帳，而我們會給他一些小小的報酬，例如比特幣。

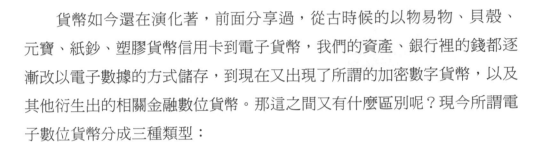

2-2 數字貨幣有哪些種類？

　　貨幣如今還在演化著，前面分享過，從古時候的以物易物、貝殼、元寶、紙鈔、塑膠貨幣信用卡到電子貨幣，我們的資產、銀行裡的錢都逐漸改以電子數據的方式儲存，到現在又出現了所謂的加密數字貨幣，以及其他衍生出的相關金融數位貨幣。那這之間又有什麼區別呢？現今所謂電子數位貨幣分成三種類型：

① 中心化貨幣（國家發行）

　　儲存於各國家銀行電子數據庫或第三方金融公司的數據庫中。雙向交易，可由法定貨幣轉換為電子現金，將現金存進銀行帳戶，在網路上使用，直接用於電子支付，並可以從 ATM 提領現金出來。例如：QQ 帳戶、微信支付、Paypal 等等。

▶ 上圖依序為微信支付、QQ錢包、支付寶的手機介面圖。

② 中心化貨幣（企業公司發行）

　　指流通於公司內部的相關體系與服務使用，或在遊戲世界裡使用。
基本上為單向交易，只能由法定貨幣兌換，但無法再兌換為法定貨幣。

　　例如騰訊幣、線上遊戲中的貨幣、Skype 點數、PlayStation 點數、Xbox 點數。

▶ 上圖依序為 Skype 點數、QQ 幣、PlayStation 點數及線上遊戲貨幣和騰訊幣。

③ 去中心化貨幣

　　由區塊鏈技術所發明的貨幣，經加密後儲存於雲端，帳本和交易流程全部公開，且背後無任何公司、財團或政府控管，任何人都可自由買賣、轉換交易，內容無法竄改，即便是發行人也無法更改協議。

　　史上第一個去中心化的數字貨幣代表就是「比特幣」，雙向交易，可以由法定貨幣換取，也能換回法定貨幣。

▶ 上圖為比特幣電子錢包於手機及電腦上的介面示意圖。

 我該如何取得數字貨幣？

　　取得數字貨幣的方法通常有兩種，一種是透過「挖礦」，也就是用電腦 CPU 或 GPU 的運算能力，來解讀每顆數字貨幣的區塊和節點，講白話點就是解數學題，先解答出來或貢獻度最多的人可得到獎勵，也就是獲得一顆數字貨幣。但數學題的難度會越來越複雜、越來越困難，直至最後所有貨幣被解出來為止，例如比特幣被設計至 2140 年全部解讀完畢，而每四年可以被挖出的數量都會減半一次，因此總數量為 2,100 萬顆。針對挖礦，後面章節將為大家詳細介紹，並不是所有的數字貨幣都可以經由挖礦取得喔！

　　第二種則是透過全世界的交易平台用法定貨幣購買，台灣有兩個交易平台分別跟全家及萊爾富合作，消費者可以直接臨櫃購買比特幣和乙太幣，只要在網路下單，再至商店櫃台結帳即完成購買，而且還能索取發票。你之後只要再將買到的比特幣或乙太幣轉到其他國家的交易平台，就可以

換取其他想要購買的數字貨幣，例如我之前所購買的達世幣。但你必須先在交易平台完成註冊並實名認證，才能在便利商店購買，後面章節會有操作教學。

 ## 為什麼要投入？

全世界因經濟不景氣、通貨膨脹，或是政局動盪不安，導致多樣金融商品的投資報酬被壓縮，造成許多人對未來和個人財產感到十分不安，紛紛轉向投資黃金和比特幣這類避險資產，像金正恩搞飛彈、川普當選、希臘破產、英國脫歐、中國監管交易平台，各種國際經濟局勢都會影響整個金融市場的震盪。

中本聰於 2009 年 1 月 3 日在網路上發表了創世區塊，挖出世界上第一批 50 顆比特幣，且在發表這篇文章時，旁邊還加上一段話：「財政大臣正處於實施第二輪銀行緊急援助的邊緣。」這句話正是英國泰晤士報當天的頭版標題，藉此表達對貨幣體制的不滿，極具諷刺意味。

從 2009 至今，全世界很多國家都進入負利時代，貨幣和物質生產的關係越來越不重要，政府可以決定印多少錢，國家成為控制貨幣最主要的力量，各國拼命印錢，金融體系進入浮動匯率時期，國與國之間的關係，成為世界金融體系最大的問題。

這也是為什麼台灣人的年收入始終無法增加，物價又一直上漲的原因。當全世界的人越來越無法相信政府和銀行的時候，各國股票、基金、期貨、外匯、房地產……等投資者，他們寧可把錢轉換成黃金、比特幣或同等類型的保值、升值商品。而資產配置中的避險工具又以比特幣最廣為人知，所以大家才逐漸接受去中心化的新事物，不再選擇相信中心化的政

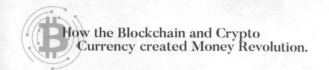
府和銀行，認定比特幣為資產。

隨著全世界慢慢接受比特幣，這股避險熱潮將持續上升，且不僅僅是比特幣，其他的數字貨幣也絕對會成為未來升值最快的金融商品。

2-3 數字貨幣的巨人：比特幣

　　「比特幣」是由英文 Bitcoin 英譯過來的簡稱，交易平台代碼為 BTC，是現在討論度最高的金融性產品，那你知道比特幣到底是如何運作的嗎？看看下圖。

挖礦	錢包	購物	驗證
比特幣經由編碼程式，透過解碼的方式產生，稱為「挖礦 Mining」。礦工們的電腦在比特幣的網絡中解讀複雜、困難的數學方程式。如果成功解出，那礦工就可以獲得一枚比特幣，以一長串的數字及字母呈現，稱為「位址」。	礦工將比特幣存在虛擬的電子錢包當中，而電子錢包再將位址存在硬碟或網路空間之中。電子錢包可以儲存多個比特幣位址，而每一個位址都代表著一枚比特幣。	假設某位比特幣持有者想使用比特幣購買一個馬芬蛋糕，那賣家就要把他的比特幣位址發送給買家，然後買家再將比特幣發送到對方的位址上，這樣就完成了比特幣間的交易。	比特幣的礦工們皆可驗證這些交易，將它們存在一個公共的帳本上，使其不可回撤，作為驗過這些交易的回報，負責驗證的礦工們將獲得定數定額的比特幣。

　　比特幣簡單來說，就是由加密數據組合而成的電子貨幣，它無法被竄改及破解，只能透過挖礦運算解題或在交易平台上用等值的法定貨幣換取，沒有任何公司、財團或政府在支配，全部由大眾的支持率來決定它的價值，但因為總量有所限制，無法持續擴增，所以有人大膽預測，比特幣未來將成為最貴的網路黃金。

　　比特幣是一種去中心化、全球通用、不需第三方機構或個人，基於區

塊鏈技術下的虛擬加密貨幣，由中本聰（Satoshi Nakamoto）創立，但中本聰為化名，其真實身分至今無人知曉，全透過網路運作。2000 年，中本聰透過電子郵件發出一篇關於數字貨幣的論文，設想了比特幣的未來。在 2009 年 1 月 3 日，基於無國界的對等網路，用共識主動性開源軟體發明創立了比特幣，在全球各地皆可流通，任何人皆可參與，透過電腦運算來發行（俗稱的挖礦），也可以直接到交易平台按照當時價格購買，比特幣總協議數量上限為 2,100 萬顆，避免產生通貨膨脹的問題。

比特幣透過私鑰作為數位簽章，允許個人直接支付給他人，即使遠在地球另一邊，也不需經過第三方機構，如銀行、金融中心、證券商等，從而避免了信任、高手續費、繁瑣流程及監管等問題。

而中本聰可能是個人，也可能是團隊代號，其發明的比特幣，就是為了讓此種「錢」能夠去中心化，即使在沒人擔保的情況下也可以使用，因為中本聰認為，如果貨幣在有人擔保的情況下才能使用的話，那它的價值就始終依附在政府或銀行上面。所以，為了讓所有人可以自由地持有貨幣，因而構想、創造出比特幣，它不被任何人監管控制，可以匿名交易，還能跨境支付、快速到帳，不會被銀行抽取手續費，只需透過網路連結全世界，轉錢就像發送 E-mail 一樣簡單。

我甚至可以先在台灣買好比特幣儲存在手機的雲端錢包，只要到任何接受比特幣的國家，就可以直接用雲端錢包裡的比特幣支付所有花費，非常方便，不用特地去換匯；而且若使用實體黃金或鈔票，出國會受到諸多限制，無法攜帶太多在身上。像日本已宣布比特幣合法，境內有三十萬家商店接受以比特幣支付，所以如果你有比特幣的話，買張機票隨時可以出發至日本旅遊。

且作為記帳系統，比特幣不依賴中央及銀行等金融機構發行或維護

交易，而是由區塊鏈完成，用數位加密演算法，全網抵禦 51％算力攻擊，以保證交易安全，交易記錄被所有連結網路的電腦記錄維護，每筆交易的有效性都必須經過區塊鏈檢驗確認。

作為記帳單位，比特幣的最小單位是 0.00000001 比特幣，稱為「1 聰」，如有必要，也可以修改協議將其分割為更小的單位，以保證其流通方便。比特幣每產出 21 萬個區塊將減半一次，週期大約四年，最近一次減半在 2020 年 5 月 10 日，即代表至 2140 年時，將不再有新的比特幣產生，最終流通的比特幣總數約為 2,100 萬顆。

目前開採出的比特幣約 1,800 多萬顆，而鏈上數據顯示大約有 200 萬顆在交易所流通。現距離比特幣挖礦開採結束的 2140 年，還有一百多年的時間，也就是說我們這輩子都與數字貨幣有著密切的關係。

而比特幣身為數字貨幣之母，不管是名氣、市值還是交易量皆屬世界之最，全世界的交易平台都可以進行買賣，且世界知名的大型挖礦廠也主要開挖比特幣，價值被礦工們保護著，屬於主流數字貨幣之一。

比特幣出生至今翻了數百萬倍，像神話般的存在，儘管你我前面錯過了，現在開始持有也不算晚；在 2140 年前，比特幣的數量會越來越稀少，因此每年都會升值，囤幣等於是在收藏一件古董，放越久越有收益，國、內外有眾多分析師統計，比特幣可望再成長，長期持有的勢必都是贏家。

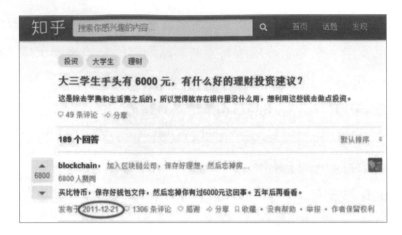

之前比特幣價格不高時還很好取得，但大家卻不懂得掌握趨勢、將機會抓住，如今比黃金更高價時才後悔莫及。上圖便是網路真實案例，在 2011 年時比特幣價格為 1 美元，上面案例有 6,000 元人民幣，以當時匯率折合新台幣約 30,000 元；若選擇換 1,000 顆比特幣的話，那今年總價值就高達 10 億新台幣！且比特幣真的很方便，看看下方表格就能明瞭。

比特幣與其他三大支付工具比較

		現金	信用卡	Apple Pay	比特幣
安全性	材質	紙鈔、硬幣	塑膠卡片	以手機App綁定信用卡	以網頁、App、二維條碼操作
	幣值	穩定	穩定	穩定	波動大
	防偽度	高	高	高	最高
	防盜度	普通	普通	高	最高（去中心化無法竄改）
手續費用	一般消費	X	商家支付信用卡2~5%；消費者無	同信用卡	商家支付1%顧客被收取新台幣100~200元不等
	跨國消費	兌換外幣買賣匯差1~5%	海外手續費1.5%	同信用卡	同上，使用者消費金額越大越省錢
匯款速度	零售支付	次快	需簽名	最快	最慢，須等網路確認，大約10分鐘
	跨國匯款	最慢	X	X	最快，平均10分鐘
背書單位	發行機構	中央銀行	中央銀行和其他金融機構	中央銀行和其他金融機構及蘋果公司	無組織，由全球分散的網路節點認證

數字貨幣小檔案

* 比特幣官網：https://bitcoin.org/en/
* 區塊瀏覽器：https://blockchain.info/
* 比特幣論壇：https://www.reddit.com/r/Bitcoin/
* 比特幣推特：https://twitter.com/bitcoin
* 比特幣官方臉書：https://www.facebook.com/bitcoins/
* 貨幣算法：SHA-256（POW），可挖礦。
* 起源日：2009 年 1 月迄今，十二年。
* 總市值：目前約 7,000 至 1 兆美元，第一名。
* 總量：2,100 萬顆，每四年減半。目前產出 1,800 多萬顆。

比特幣會不會突然消失不見

很多人會擔心，我買比特幣這個看不見的東西，沒有實體硬幣或鈔票可以實際掌握，很沒有安全感，心裡感覺不踏實，會不會一瞬間就不見？網站會不會突然關閉？其實會有這樣的疑慮是很正常的，這代表絕大多數的人都曾被虛假的事物騙過，因而產生負面印象。但只要你真正明白、理解數字貨幣後，你會發現它其實一點都不虛擬，它貨真價實存在著，是存於網路中一組不可竄改的數據。

而且比特幣也可以分離儲存（冷錢包），你可以將它儲存於自己的電腦或隨身碟裡，並加上密碼（私鑰），在不連網的情況下，比特幣將永久保存在你身上。只要將電腦或隨身碟妥善保管好，那誰都偷不走；等真的急於用錢時，你再將電腦或隨身碟連上網路，輸入密碼還原後，就可以支付給收受比特幣的店家，或是轉到交易平台上賣掉兌換為現金。

　　所以，比特幣絕對不會有網站關閉，貨幣就不見的問題，非常安全，只要你不賣掉，它就會一直跟著你，你可以完全放心。但如果你選擇用離線的方式儲存的話，硬碟就一定要保管好，而且密碼也絕對不能忘記，不然就真的消失了，就像放在錢包裡的鈔票，你的錢包掉了，錢也就不見了！

　　因此，我會建議你儲存在第三方的雲端錢包網站，只要有網路的地方，隨時都可以取款。所以，只有虛假項目的數字貨幣才不安全，其貨幣只是網站裡的數字，根本不是數字貨幣，只要資金鏈斷裂或是網站關閉，那你的幣就真的消失了，後面章節我會教大家怎麼分辨數字貨幣的真假。

比特幣會泡沫嗎？

　　比特幣時至今日已有十二年，全世界現有一百多個國家，約超過百萬種商品都可接受比特幣支付。它從原本的一文不值到現在身價翻數百萬倍，已超越所有的金融性商品，包括黃金、鑽石、房地產。

　　在 2010 年的時候，1 美元就能買到 1,300 顆比特幣，但到了 2013 年竟對調過來，變成 1 顆比特幣能換 1,300 美元，現在更達到 37,000 美元，創造許多不可思議的爆富神話，因而吸引越來越多人投身其中。雖然在此過程中，比特幣被媒體、名人唱衰，但它每次都能王者歸來，越挫越勇，市值及價格不斷往上飆漲。

　　可儘管比特幣屹立不搖地存活著，且持續上漲，但它始終不被看好，仍有不少媒體不斷給予負面評價，還有媒體和學者將比特幣稱為「龐氏騙局」、巨大「泡沫」，連知名教授郎咸平也極度排斥地說：「如果你給我比特幣，我是不會要的。」

2011 年 6 月 20 日，富比士寫道：「比特幣已死。」

So, That's the End of Bitcoin Then - Forbes
www.forbes.com/sites/timworstall/2011/.../so-thats-the-end-of-bitcoin-then/ ▼ 翻译此页
2011年6月20日 - Or at least, this looks like it's the end of Bitcoin. The Bitcoin community faced another crisis on Sunday afternoon as the price of the currency on ...

2016 年 4 月 23 日，華爾街見聞寫到：「比特幣：生於 2009，亡於 2016？」

比特币：生于2009，亡于2016？ - 华尔街见闻
https://wallstreetcn.com/articles/235330 ▼
2016年4月23日 - 2013年底比特币引发市场狂热价格一度超越黄金，如今，几乎已经无人问津。近来关于比特币已死的声音不绝于耳，"现在已经几乎没有交易，没有人 ...

2017 年 5 月 5 日，美國投資刊物《The Daily Reckoning》寫道：「比特幣之死。」

The Death of Bitcoin - The Daily Reckoning
https://dailyreckoning.com/the-death-of-bitcoin/ ▼ 翻译此页
2017年5月5日 - This is a story you won't find in the mainstream. And if you or any loved ones are playing around with Bitcoin accounts, this is your fair ...

很多人總認為比特幣有一天會被政府給禁掉或泡沫破掉，使它的價值歸零；但比特幣真的是一個泡沫，真的能被禁止嗎？而你是否也是那群悲觀者之一呢？

如果我們將時間拉到 2013 年來看，當時比特幣或許真的如學者所說，形成泡沫破滅的景象，但如果你換個角度，從今天去看，那情況就大不一樣了。

2009 到 2013 年間，比特幣從 0.5 元新台幣上漲到 40,000 元新台

幣，突然一夕崩盤，暴跌 85％至 4,500 元新台幣，當時看起來還真是個經典的「自由落體式」泡沫破滅；換作是我，我也同樣會心驚，但你知道嗎？暴跌後沒多久發生了一件很有趣的事情。

　　比特幣的價格竟然在 5,000 元新台幣左右找到了支撐點，即便泡沫破掉，它的市值仍維持在數十億美元。你可能不懂我在說什麼，一般來說，一項金融性商品如果產生泡沫，一旦它的泡沫破滅，價值會瞬間歸零，但比特幣卻沒有！即使比特幣遭受許多負面消息的衝擊，市值因而蒸發 85％，但它在市場上仍具有強大的吸引力，不斷被交易買入，這不就說明了比特幣資產在市場上具有真正的價值嗎？

　　每當人們開始購入一些資產，通常都會期望其價格能快速上漲，然後再迅速賣掉、找人接盤，都並非是為了資產原始的價值而投資；就像房地產泡沫化一樣，投資客買房子不是為了自住，也不是為了租給別人住，而是為了在房價快速上漲後，能短時間賣掉獲利，所以才會產生泡沫。

　　當然，有些數字貨幣真的存有泡沫化的問題，特別是 ICO（Initial Coin Offering，首次數字貨幣公開募資），後面我會和大家討論 ICO 這個項目，在此就先不詳述。在 2017 年 9 月 4 日的時候，中國宣布暫停 ICO，政府要介入監管，因此許多 ICO 項目所發行的數字貨幣被要求下架或暫停交易，造成持有者恐慌，急於拋售；且又有人趁機借題發揮，唱衰比特幣要死了，以致於幾乎所有數字貨幣都全線大跌。

　　當時比特幣跌幅 16％，但 9 月 7 日的時候，又馬上回升，甚至超過下跌前的價位，其他數字貨幣也幾乎是一樣的情況，而這突發事件，再次印證了比特幣的價值與地位，證明它並不是真正的泡沫！

　　我認為，泡沫其實可分為兩種，一種是破滅型泡沫（Collapsed Bubble），另一種則是擠出型泡沫（Extruded Bubble），讓我來為大家

分別介紹這兩種泡沫。

① 破滅型泡沫（Collapsed Bubble）

　　歷史上有件很有名的泡沫事件，稱為鬱金香泡沫事件。在 1559 年，瑞士科學家康拉德‧格斯納（Conrad Gesner）在巴伐利亞南部旅行，他在奧格斯堡一位外交官的花園裡看到一朵奇特的花。

　　這朵花名叫鬱金香，源自波斯語的「dulband」，是「頭巾」的意思。格斯納被這種花吸引住，很感興趣，便問外交官這朵花的來歷，原來花來自鄂圖曼帝國的君士坦丁堡。

　　此種鬱金香非常脆弱且罕見，只有富人才負擔得起進口的費用，在當時算是一種奢侈品，於是格斯納決定將鬱金香傳回歐洲。

　　鬱金香到了歐洲之後，廣受大眾喜愛，爭先購買，隨著需求量的增加，導致鬱金香的價格不斷攀升，人們很快就將買入鬱金香視為一種投資，特別是在當時海運極為發達的荷蘭。

　　因此，沒有人再像過去那樣把鬱金香視為奢侈品，反而變成一種炒作，買入一段時間後，便以更高的價格賣出。漸漸地，人們開始放棄工作，全職交易鬱金香，一心只想賺到大錢，且他們將賺到的財富歸功於智慧，並非運氣。但在 1637 年，原先售價為 1,668 荷蘭盾的鬱金香卻突然暴跌，到 1642 年更僅剩下 37.5 荷蘭盾，足足下降了 97.7％，到後面直接歸零，價格再也沒有起來過了。

　　這就是歷史上第一個且最著名的經典破滅型泡沫案例，光一朵鬱金香就能持續熱潮多年，完全超越了常人的邏輯和理性思考，歷史價格更是令學者震驚。

　　《群體流行和狂熱回憶錄》中有一篇故事記載到：1636 年，Semper

Augustus 品種的鬱金香一朵賣到了十二英畝的土地；但其實這還不是泡沫的巔峰，在 1989 年《政治經濟學雜誌》上刊登的的學術研究記載，1637 年 Semper Augustus 品種的鬱金香價格竟又提升，當時一朵鬱金香的價值等於當地十幢房子，以此為頂峰。

所以，當大多數的媒體和學者以破滅型泡沫的視角看待比特幣，一而再、再而三地宣告比特幣死亡，比特幣卻又不斷爬起的時候，我想大家可能都忽視泡沫破掉後價值歸零這件事，比特幣雖然急遽下跌，但並沒有發生歸零的情況。

② 擠出型泡沫（Extruded Bubble）

至於擠出型泡沫，歷史上也有非常多下述這樣的案例。在 1997 年 5 月，Amazon 以 1.3 美元的股價上市，到美國網路股泡沫化之前，Amazon 的股價一度上漲至 113 美元；而泡沫破滅後，股價瞬間蒸發 94%，僅剩下 5.97 美元。

但事件發生後，同樣發生了一件有趣的事情——Amazon 又悄悄地攀升。而當時大多數的人都犯了這樣的錯誤，認為購入網路股票是愚蠢且毫無價值的投資，就好比現在很多學者抨擊比特幣一樣。

所以，當你看到同樣的事情發生在比特幣上時，請你先不要去理會其他人作出什麼分析和評斷，而是試著自己去想想，比較一下 Amazon 和鬱金香事件：

「為什麼市場仍在買入這個眾人聲稱沒有價值的資產呢？」
「比特幣的泡沫和鬱金香泡沫是一樣的嗎？」

你會發現，真正有價值的資產，它在泡沫過後，都會回歸資產本身的價值，並在下一次的浪潮中捲土重來，達到新的高峰。就好比 Amazon 的股價，即便在網路泡沫化下跌至 5.97 美元，但之後仍陸續上漲回來，不斷攀升，現在更衝到逾 3,000 美元，原先那個 131 美元的波峰，跟現在相比就好比一道小浪花般。

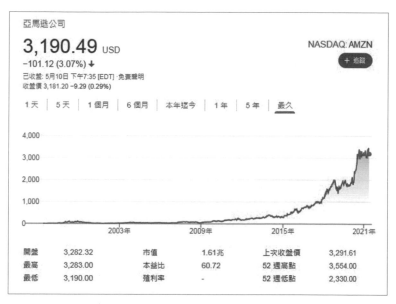

▶ Amazon 歷年走勢圖。

這就是擠出型泡沫，在非理性的行情結束後，擠出水分讓價格回歸價值，也將那些看不清市場的人擠出去；等到下一波趨勢來臨的時候，大部分的人都已被擠出離場了。

同樣，比特幣在 2013 年的 1,200 美元，不管是現在還是未來，都只會是一個小波浪。反觀研究，歷史總有著驚人的相似面，在貨幣、資本、金融的發展史上，每當有一種創新出現，無論它帶來的是正面還是負面的影響，都會造成財富的重新分配，造就一批新的富人。

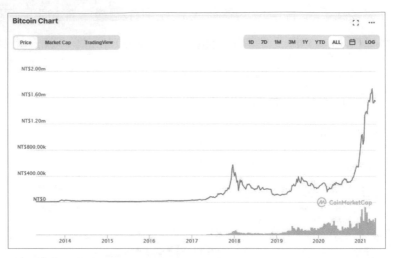

▶比特幣歷年走勢圖。

　　例如，荷蘭發明的股份制，成就了輝煌一時的東印度公司；銀行業的興起，造就了義大利的美第齊銀行家族；對國債的貨幣發行和控制，成就了壟斷世界的羅斯柴爾德家族。

　　如今，比特幣和其他數字貨幣的出現，也顛覆了人們對於貨幣的理解，帶來巨大的金融變革，大多數的新興行業都會有初期的爆發期，產生暴利也不足為奇。曾經也有分析師提出一個猜想，如果未來比特幣成為網路世界類似黃金的基準貨幣，也就是說如果要發行紙鈔，就必須有等價的比特幣才能印鈔，且如果比特幣真的取代黃金現在的地位，按目前全球央行 12 兆美元黃金儲備量換算下來，一顆比特幣未來的價值可能高達 57 萬美元，約新台幣 1,700 萬元，十分驚人。

　　綜觀比特幣這十二年的歷史，它不斷地成長，先踏入這塊領域的人，早已創造出大量的財富；很多人仍存疑觀望的時候，不知有多少人的資產不斷增值。比特幣神話不斷地發生、輪轉，就讓我們拭目以待吧。

比特幣真的合法嗎？

目前各個國家對於數字貨幣的看法和監管程度都不相同，有些國家是從禁止轉為開放；有些國家直接開放；有些國家是半開放的模糊地帶；有些則是連管都不管。但隨著數字貨幣的熱度持續發燒，大部分國家都漸漸妥協、接受開放，甚至想研究出自己的數字貨幣。

許多政府開始意識到比特幣的利益和潛力，因而將它和其他數字貨幣整合到國家經濟中，不再企圖用限制性政策和誇張的稅收來管束那些使用者。以下列出的國家都限制使用比特幣，但如果比特幣不斷在世界獲得矚目，我想這些國家最終可能也會改變他們對比特幣和數字貨幣的立場。

① 越南：全面嚴管

越南的國家銀行在 2014 年 2 月發布一項聲明，警告國民不要使用比特幣，禁止信貸機構處理加密貨幣，聲明如下：「所有允許用戶匿名交易的交易所，不可被利用於洗錢、出售毒品、隱瞞稅款、交換和支付非法活動等。」2016 年 12 月時越南政府也曾表示將鞏固加密貨幣的安全性法規，因為規定略顯「不足」。

2017 年 8 月態度稍稍鬆綁，越南政府批准了一項全新的計畫，將針對如何管理以比特幣為代表的數字貨幣進行評估，並在此基礎上研議、訂定一套法律框架，比特幣有望成為越南的合法貨幣。

不料兩個月後劇情卻急轉直下，2017 年 10 月越南政府頒布禁令，宣布數字貨幣為非法的，全面禁止發行、供應及使用比特幣或其他類似的數字貨幣。因為在新興金融科技（Fintech）相關技術快速發展下，這些新興交易手法，往往能越過官方監督，更不受傳統的國界限制，對越南

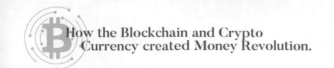

政府來說，容易形成黑錢與洗錢問題，若不及時管制防堵，可能危及國家貨幣財政安全。

② 冰島：模糊定義

冰島對於比特幣的合法性不太明確。根據冰島中央銀行於 2014 年 3 月發表的聲明，比特幣可能違反冰島外匯法，因為該法規定冰島的法定貨幣不得離開該國，外幣亦不得在國內流動使用。

但比特幣挖礦在國內卻是合法的，所以比特幣不能透過外匯購買，必須在冰島挖礦得到，實在讓人有些不明不白。

聲明如下：「我國沒有授權從冰島的金融機構購買外幣，或以數字貨幣交易為基礎進行跨境轉帳。僅憑上述原因，數字貨幣交易在冰島受到限制。」

③ 玻利維亞：非法

2014 年 5 月，玻利維亞中央銀行正式禁止任何非政府發行和監管的貨幣，並特別點出比特幣及其他幾種加密的數字貨幣和任何不屬於該地區的貨幣。

聲明如下：「使用任何不是經由政府授權實體發行和控制的貨幣是非法的。」

④ 厄瓜多：全面禁止，但計畫自行研擬一套數字貨幣

厄瓜多國會在 2014 年修正國家貨幣法，禁止任何加密的數字貨幣，但政府卻預計自行發行數字貨幣在國內流通。厄瓜多在經歷 1999 年金融危機後，於 2000 年開始採用美元做為官方貨幣，無對外發行本國貨幣，

因此許多分析師猜測，厄瓜多發行數字貨幣是為了脫離對美元的依賴，新貨幣將與美元併行使用。

厄瓜多目前尚未替未來的數字貨幣命名，但不會是跟比特幣一樣的數字貨幣，在國家內部流動性資產的考量下，其發行量將依需求而定。

⑤ 吉爾吉斯：非法

在吉爾吉斯，使用比特幣付款是非法的，雖然沒有法律明文禁止人民購買、銷售和使用。但 2014 年 8 月，吉爾吉斯共和國的國家銀行曾發表聲明，指出使用比特幣和其他加密數字貨幣作為付款方式是非法的，因該國唯一的法定貨幣是國家發行的吉爾吉斯索姆。

聲明如下：「根據吉爾吉斯共和國的立法，我國境內的唯一法定貨幣是吉爾吉斯索姆。使用『數字貨幣』，特別是在吉爾吉斯共和國作為付款手段，將違反我國法律。」

⑥ 孟加拉：非法

比特幣在孟加拉是非法的，使用任何類型的加密貨幣進行交易將被拘捕入獄，刑期最長可達十二年。

2014 年 9 月，孟加拉銀行發布了關於使用比特幣的聲明，並警告將依法懲處。銀行官員表示，根據國家現行的反洗錢法，任何被判定使用比特幣或任何其他加密貨幣的人都可能被判入獄十二年，中央銀行還要求公民不要「傳播相關訊息」。

聲明如下：「比特幣不是任何國家的法定貨幣，所有透過比特幣或任何其他加密貨幣的交易都可依法懲處。」

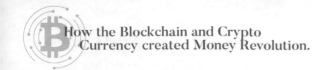
除上述明確表態的國家外，其他國家對於數字貨幣的開放狀況又是如何呢？我做了以下整理，供大家參考。

阿根廷	可視為錢流通，但不是法定貨幣。
澳大利亞	沒有法律禁止，提倡有競爭性的貨幣。2017 年 7 月 1 日宣布比特幣為合法貨幣。
比利時	認為沒有干預比特幣的必要。
波士尼亞	在比特幣的使用上沒有明文規定，不違法。
巴西	2014 年巴西央行表明對比特幣不予以規範。
保加利亞	比特幣按法律規定，研討支付系統和支付服務，未來考慮合法監管。
加拿大	比特幣在加拿大有反洗錢和反恐融資監管法律，合法進行監管。全世界第一台比特幣提款機誕生地。
智利	對比特幣沒有特別的使用規定。
中國	可以私人持有或交易比特幣，但銀行等金融機構不允許持有或交易。而在 2017 年 9 月，中國政府開始監管禁止 ICO，並發出聲明：「代幣發行融資中所使用的代幣或數字貨幣不由貨幣當局發行……不具有與貨幣等同的法律地位，不能也不應作為貨幣在市場上流通使用。」 中國政府打擊數字貨幣動作不斷，2021 年發布《關於防範數字貨幣交易炒作風險的公告》，明確官方整治數字貨幣的態度，包括要求網路平台不得為數字貨幣相關業務提供經營場所、商業展示、宣傳等服務，鄭重警告金融機構不得直接或間接為客戶提供數字貨幣相關服務。 中國歷史最悠久的加密貨幣交易所比特幣中國（BTCC）也宣布退出中國比特幣市場。
哥倫比亞	沒有明確的使用或禁止規定。
克羅埃西亞	2013 年 12 月 6 日，克羅埃西亞國家銀行進行了一次會議，討論數字貨幣的流通，表明比特幣是違法的。
芬蘭	針對包括比特幣在內的任一數字貨幣課徵稅金，若經正當繳稅屬合法。

法國	可經由數字貨幣的專業人士操作、兌換，進行稅收。
德國	聯邦金融監管局於 2013 年 12 月 19 日宣布，比特幣是具有法律約束力的金融工具，屬正當支付媒介，為合法貨幣。
希臘	沒有具體的立法。
香港	香港立法會目前沒有立法監管比特幣和其他數字貨幣，但有其他的法律制裁比特幣的違法行為，如詐欺和洗黑錢。
印度	對比特幣沒有監管規定。
印度尼西亞	聲明比特幣和其他數字貨幣不是法定貨幣或合法的支付工具，但無立法監管。
愛爾蘭	對比特幣沒有監管規定。
以色列	沒有任何監管比特幣的法律。
義大利	對個人使用比特幣沒有立法規定。
日本	2017 年 4 月 1 日，日本正式承認比特幣和其他數字貨幣為可流通的貨幣，但以比特幣為大宗。
約旦	約旦政府發出警告，抑制比特幣的使用和其他類似的系統，但無立法。
黎巴嫩	黎巴嫩政府發出警告，抑制比特幣和其他類似系統的使用，但無立法。
馬來西亞	沒有任何官方聲明，自由開放。
紐西蘭	紐西蘭儲備銀行指出：「非銀行金融機構不需要我們批准任何的儲存或轉讓價值（如「比特幣」），只要不涉及影響市面上所流通的發行貨幣（紙幣和硬幣）。」
荷蘭	比特幣等數字貨幣不屬於金融監管法案的範圍。
尼加拉瓜	允許比特幣在國內使用。
挪威	挪威稅收政府發表一份聲明，表示有將比特幣視為資本產權與稅收相關的打算。
巴基斯坦	目前還沒有規定。根據巴基斯坦國家銀行指出，比特幣是不受監管的。

菲律賓	已定義比特幣為合法的支付方式，且央行還強調比特幣匯款的潛在好處。
波蘭	目前未受到法律監管。
葡萄牙	沒有具體的法律規定。
俄羅斯	俄羅斯央行提議將比特幣定為虛擬商品，並對其進行徵稅。
新加坡	接受比特幣。
南非	數字貨幣沒有法律監管。
韓國	韓國已正式將比特幣的轉帳合法化，並針對比特幣交易平台和交易所訂定監管框架。
西班牙	比特幣交易受到同等的法律看待。
瑞典	對比特幣進行徵稅。
瑞士	比特幣在瑞士企業受到反洗錢法規約束，在某些情況下可能需要取得銀行執照才可使用。
泰國	2013 年泰國銀行宣布比特幣為非法貨幣，但一些比特幣公司能夠獲得營業執照，用比特幣來購買或出售商品和服務。目前泰國已逐漸開放民眾使用。
土耳其	沒有正式規定。
英國	英國央行以數字貨幣背後的技術概念（區塊鏈）來對其進行監管，並研擬新方式來刺激經濟。此外，英國並未對比特幣進行大量監管，也沒有要求貫徹 KYC（用戶審核）、AML（反洗錢法）原則。
美國	由於實施聯邦制，各州對比特幣的態度都有所不同。但早在 2013 年，美國財政部金融犯罪執法系統（Fincen）曾明確指出不能因為數字貨幣不是真實的貨幣，其相關主體就能逃脫貨幣轉移服務法的監管。
埃及	無立法，但央行支持數字貨幣交易所成立。
澳門	沒有正式規定。
台灣	遵照洗錢防制法，可自由交易。

比特幣和數字貨幣誕生至今，還有很長的路要走，不斷地在成長，

其經濟規模已能影響到部分國家的法定貨幣；在成長過程中，一定是先驅者們的收益最大，從世界的角度來看，台灣的腳步確實比較落後。

但也因為如此，我相信數字貨幣能讓每個人都有翻身的機會，若比特幣市值達到 2 兆美元（目前約 7,000 億美元），各國央行一定會介入購買持有，屆時比特幣的價格一顆可望飆漲至 10 萬美元；隨著趨勢不斷擴展，我相信這一天很快就會到來。

比特幣的誕生歷史及相關報導

- ➡ 2009 年 1 月 3 日，中本聰開創比特幣對等網路開源用戶群節點和雜湊函式系統，從對等網路和它的第一個區塊開始執行，挖取了最初的 50 顆比特幣。

- ➡ 2010 年 5 月 22 日，第一筆使用比特幣購買實體物品的公開交易。比特幣論壇裡，有一網友拉斯洛・漢耶茲（Laszlo Hanyecz）說他花費了 10,000 顆比特幣購買兩片披薩。之後他被比特幣玩家稱「史上最悲慘吃貨」，花費 3 億美元（以 2021 年幣價計算）吃了全世界最貴的披薩。比特幣資深用戶們甚至為了紀念這一天，將其命名為「比特披薩節」，

每到這個節日，比特幣資深用戶都會買披薩來慶祝。拉斯洛・漢耶茲（Laszlo Hanyecz）曾被採訪，記者問及是否會後悔用比特幣買披薩，他聲稱從不後悔，且覺得披薩很好吃。

BUSINESS INSIDER UK　　　　　TECH

On May 22, 2010, a developer bought two pizzas using 10,000 units of a then-little-known digital currency called bitcoin.

Today, 10,000 bitcoins are worth more than $20 million (£15.4 million).

Bitcoin is going nuclear. Its price is tearing upward, with each bitcoin worth $2,128 (£1,638) — a little shy of its all-time-high of $2,185 (£1,682) reached earlier Monday morning.

Laszlo Hanyecz bought these pizzas for 10,000 bitcoins on May 22, 2010. Laszlo Hanyecz

➲ 2011 年 2 月 9 日，比特幣價格首次突破 1 美元。

➲ 2012 年 10 月，BitPay 發布聲明，表示全球超過 1,000 名賣家透過他們的支付系統來接收比特幣的付款。

➲ 2013 年 10 月，世界第一台比特幣提款機在加拿大溫哥華問世，由 Robocoin 公司所推出，使用者可以將比特幣兌換為加元提取，每天最高上限為 3,000 加元；另一方面，使用者亦可以透過存入現金購得比特幣。

➲ 2014 年，全球比特幣交易平台龍頭 Mt. Gox 停止運作，用戶存入的 75 萬顆比特幣和 Mt. Gox 所持有的 10 萬顆比特幣，均被駭客利用系統漏洞竊取，價值將近新台幣 5 億元。位在日本東京的「Mt. Gox」公司總部除向東京地方法院聲請破產保護外，執行長卡伯列也公開出面道歉。

➲ 2014 年 3 月，知名銀行 Flexcoin 遭駭客盜領洗劫，被迫關門，共 896 顆比特幣被洗劫一空，市價約 60 萬美元。不過 Flexcoin 亦指出，用戶存於離線空間「冷錢包」（cold wallet）的比特幣並未遭受攻擊，尚安然無恙。

➲ 2014 年 3 月 8 日，南韓首台比特幣 ATM 在首爾一家咖啡廳亮相。

➲ 2014 年 3 月 15 日，香港首台比特幣 ATM 授權放置在一家咖啡廳使用，位於旺角彌敦道的總統商業中心。

➲ 2014 年 4 月 15 日，中國首台比特幣 ATM 放置在上海張江高科技園區的一家名為「IC 咖啡」的咖啡店內，而上海《第一財經日報》的記者於 2014 年 4 月 14 日率先體驗這台比特幣 ATM，完成此機器在中國大陸的第一筆比特幣交易。

➲ 2014 年 5 月，台灣台北東區首台比特幣 ATM 被授權放置於台北市大安區敦化南路一段 151 號的闊喜窩義式冰淇淋使用。

- 2014 年 7 月，香港 ANX 推出全球首張比特幣簽帳金融卡。

- 2014 年 7 月 13 日，ANX 發布全球首張比特幣簽帳金融卡，一卡在手，通行全球。

- 2014 年 7 月 15 日，荷蘭有五千家企業，一萬家電商接受比特幣。

- 2014 年 7 月 17 日，日本最大的電商樂天集團接受比特幣。

- 2014 年 7 月 18 日，比特幣地位確定，Google 開始支援其匯率換算。

- 2014 年 8 月 6 日，Visa 高層主管對外宣布：「我們將支援比特幣支付。」

- 2014 年 9 月，台灣 BitoEX 幣託將購買比特幣的系統導入全家便利商店，約三千間。

- 2014 年 9 月 24 日，Paypal 與三大比特幣支付平台達成合作關係。

- 2016 年 5 月 2 日澳大利亞企業家克雷格史蒂芬懷特（Craig Steven Wright）向媒體公開承認自己就是比特幣發明人中本聰。但無法拿出直接證據證明自己是本人，數天後在媒體的輿論下，承認自己拿不出證據，因此，中本聰身世至今還是個謎。經比對調查，中本聰本身擁有 100 萬顆比特幣。

- 2017 年 3 月，比特幣的價格首次超過一盎司黃金。

- 2017 年 5 月 4 日，比特幣價格首次突破 1,500 美元，市值達 250 億美元以上。

- 2017 年 5 月 15 日，由於其他數字貨幣快速崛起，比特幣市值佔有率首次低於一半。

- 2017 年 5 月 20 日，比特幣價格首次突破 2,000 美元，市值達 328 億美元，但市佔率下跌到 45%。

➲ 2017 年 7 月 21 日，比特幣開始啟用 Segwit2X。

➲ 2017 年 8 月 1 日，停止使用 Segwit，因採取擴大區塊容量方案的硬分叉，產生比特現金（Bitcoin Cash/BCC/BCH）。

➲ 2017 年 8 月 13 日，比特幣價格首次達到 4,000 美元。

➲ 2017 年 8 月 15 日，比特幣市值逾 718 億美元，首次超過 PayPal（716 億美元），更甩開著名社交網路公司 Twitter 一大截（118 億美元）。

➲ 2018 年 1 月，比特幣已經開採八成，由於 2018 年加密貨幣市場崩潰，導致比特幣價格下跌至 16,448 美元。

➲ 2018 年 11 月 16 日，比特現金迎來一輪硬分叉，分 Bitcoin ABC 和 Bitcoin SV，比特幣跌落至 4,800 美元。

➲ 2020 年 5 月，比特幣第三次減半，當時比特幣價格為 8,821 美元。

➲ 2020 年 9 月 26 日，PayPal 宣布將支持比特幣等數字貨幣的買賣和購物服務。（PayPal 全球有 2.77 億活躍用戶，其中 2.55 億為消費者帳戶，2,200 萬個為商用帳戶）

➲ 2021 年 4 月 10 日，比特幣達到歷史最高點 6.48 萬美元

　　而中國近來加強管控比特幣交易，投資者因而減少，致使日本和南韓的散戶接力，紛紛投向比特幣，成為近期比特幣價格上升的動力之一。

　　比特幣價格亦不斷大漲，創歷史新高記錄，根據 CNBC 調查，近半數受訪者預估，比特幣可能上看 10 萬美元，折合新台幣約 300 萬元。下方將現實中挖礦取得的黃金與比特幣比較，供各位讀者參考。

比 較	黃 金	比 特 幣
現存數量	15 萬噸（也有預測高達 250 萬噸）	已開採出 1,600 萬顆比特幣
價格上漲率	1.6％，每十年上漲 0.3％	未來三年每年大約 5 倍，四年每年漲 3 倍，然後逐漸降低
開礦難度	科技使開採難度降低，但仍受實際開採區域而定	算法決定，礦工越多，難度越大
社會看法如何	環境和人道主義擔憂	耗電量高
鑑別真假	針對個體較難	很容易核實
妥善保管	需要實際保存措施，但不需要特別的技術	需要虛擬安全措施和安全技術
交易方便度	很難，需要交易方聯繫，或託付給值得信任的第三方	使用網路即可
交易手續費	檢測、換算的手續費高昂	很便宜，每筆交易只需幾毛錢
交易速度	取決於交易模式的選擇，或快或慢	10 分鐘至 1 小時
小額交易	不可行	可以
風險	可透過核反應堆中的其他材料提煉黃金，目前看來可行，外來可能成為獲取黃金的新手段	51％的攻擊是有可能發生的，但基本上不太可能，比特幣協議可視情況進行升級，保護其不受攻擊
持有人身分	銀行和政府可追查大單交易，查出黃金擁有人	每個擁有比特幣帳戶的用戶，有權決定是否公開自己身分
大眾接受度	數以億計的人	目前至少有達千萬至億人
是否被接受為可支付手段	如果有也很少	已有越來越多商人願意接受
是否容易獲得	容易透過銀行、珠寶商獲得	可自行透過網上交易或挖礦取得
價格波動	波動很大，扣除物價上漲因素，在過去四十年中，金價在 200 美元和 2,000 美元之間波動，目前金價為每盎司 1,300 美元	波動很大，目前價格約 5,000 至 7,000 美元
價值來源	稀有性，加值和有限的實用性	稀有度與其他貨幣形式相比，比特幣更便於轉移價值，而且可以使用假名
歷史	曾被視為貴重金屬，且數千年來被視為一種資產儲存手段	比特幣已有十二年歷史

2-4 數字貨幣暴利煉金術

數字貨幣現今已是一個很龐大的產業鏈，影響的經濟規模不容小覷，各國政府都為這革命性的金融商品感到棘手，想控制也控制不了；而發明人中本聰也非常偉大，他發明了這個改變世界的貨幣系統後，就交給後面支持他理念的人來延續和管理，整個人就憑空消失了。

我想此舉應該是為了遵循比特幣完全去中心化的意志，而刻意將身分隱蔽，代表連他都無法干涉比特幣未來的發展；發明後便選擇退出，很難有人能做到他這樣不求功名的，這也代表他在一開始發明就想好這樣的策略。但中本聰最初持有的 100 萬顆比特幣，至今都沒有動靜過，這現象也引起諸多揣測。

無論如何，比特幣創造至今，確實改變了人們對貨幣的觀念和使用方式，經統計，比特幣至少有一億名以上的用戶，且持續增加當中，讓各國政府設法進行監管，以利共存。所以，下面想跟大家討論因比特幣而誕生的暴利鍊金術。

① 研發礦機廠商

原先研發晶片、賣顯示卡、賣零件和專用主機板的廠商，都因比特幣產生全世界大量的挖礦需求，而趁機海撈不少。在供不應求的情況下，商品常常缺貨，導致部分店家開始亂喊價，致使單純想打遊戲的玩家也買

不到顯示卡。因此，現在很多廠商開始推出專門挖礦的礦機或專業顯示卡以分眾販售，因為日後肯定會有更多能進行挖礦的數字貨幣誕生，所以這個產業將持續擴大，購買顯示卡廠商的股票，我想都能賺個 2 至 3 倍。

且隨著各國對於比特幣認知的強化，開始了解到挖礦有著很龐大的經濟價值，各國為不讓中國專美於前（比特幣前幾大礦場位於中國），俄羅斯、日本、越南、韓國、委內瑞拉等，也都有籌備建置比特幣礦場，分食這塊大餅，由此可見比特幣巨大的影響力。

② 挖礦託管業

成立挖礦廠需花費的成本相當驚人，地點也很難尋找，每個開設礦場的人，都在想辦法找場地和降低電費，以達到最大的收益。普通人若想參與挖礦，自行買零件回家組裝挖取，成本高又不切實際，因而讓商人嗅到市場上的商機，開始架設礦場，出租算力或出售機台給想挖礦的人，藉此分攤成本。

此行業自 2013 年因比特幣風靡一時，但後來比特幣大跌，導致許多礦場不堪負荷，先後倒閉；當時能存活下來的礦場，現在肯定皆因比特幣價格回升，賺得滿盆缽。世界各地都有許多靠經營比特幣礦場而致富的傳奇故事，且乙太幣和奇亞幣大漲，帶動整個市場趨勢，讓挖礦託管產業得以再次復甦，若這次你能參與並撐到最後，都將是最後的贏家。

③ 交易平台

成立交易平台供全世界買家、賣家進行數字貨幣的買賣，賺取價差或手續費，但交易平台的防火牆技術、流量和使用參與者，才是能否獲利的主要關鍵。全世界目前至少有五千多間交易平台，目的是讓數字貨幣持

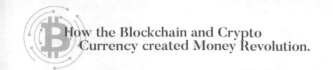

有者能快速換取法定貨幣，或讓大眾使用法定貨幣購買想要的數字貨幣。

在交易量大的交易平台裡，一天最少有幾千到幾萬的比特幣交易流動量，換匯金額十分驚人，而交易平台最大的獲利便是交易手續費，因此，從交易量就可以知道非常賺錢。後面章節也會跟大家介紹幾個知名的交易平台。

④ 礦池

使用每個數字貨幣獨立的開源代碼，購買伺服器，成立礦池網站，讓大家集中算力一同解題挖礦，賺取產出的手續費。而礦池的防火牆技術是最重要的關鍵，只要穩定，就會吸引礦工加入，但缺點是若一種幣的運算難度過高，挖的人少，將很難挖到幣。

簡言之，礦池就是聯合所有挖礦的礦工，來一同解密數學題，每個人依照算力貢獻度來分潤挖到的數字貨幣，礦池再從中賺取些微的幣作為手續費，這在後面章節也會為大家介紹。

⑤ 搬磚程式

簡單來說，就是在 A 平台買低價的幣，再轉到 B 平台高價賣出，賺取中間的利差。每個交易平台同一種幣的價格都會因為各地交易量不同而有所差距，目前分為人工搬磚和自動搬磚程式兩種，後面章節會詳細介紹。

⑥ ICO 融資

乙太幣就是 ICO 經典成功案例，因而讓許多企業財團爭先恐後地模仿，紛紛使用乙太坊的區塊鏈底層，發行自己的數字貨幣或代幣，然後向

大眾募集乙太幣或比特幣，再給予投資者其發行的貨幣當作報酬，跟 IPO 未上市股票還是有一定的差別。

　　而隨著 ICO 議題的發酵，中國政府出面進行監管，企圖整頓市場，留下好的幣種，不讓圈錢的幣種橫行。其實發行自己的幣種不難，困難點在於是否有創新的概念和技術，並能否與實體產業對接，且還要投入大量的廣告曝光費用，才有機會募資成功。後面章節也將跟各位詳細分析，部分 ICO 的幣還是有其優點的，可少量持有。

⑦ 長短線炒幣買賣

　　這跟買賣股票一樣，不過比股票刺激百倍，因為無漲、跌幅的限制，六日又不休市，行情受全世界影響，人為無法控制；短線炒作者必須每天盯盤，長線者則無影響，只要選對幣種長期持有，大多可以穩定獲利。

　　數字貨幣的技術分析跟股票外匯不同，無法用股票外匯的技術分析，來套用在數字貨幣的漲跌幅，漲跌幅全依世界的持有率和接受度。唯一相似的地方是，當全球發生金融事件時，比特幣和股票的價格都會因為市場波動而有所漲跌，但數字貨幣受到的影響通常不大，這就是為什麼要了解數字貨幣會有高漲幅的原因。

目前區塊鏈數字貨幣類型分類

　　隨著數字貨幣不斷蓬勃發展、推陳出新，現今可進行公開交易並買賣的數字貨幣高達一千多種。但絕大部分都是為了圈錢炒作而誕生的，實質上並無價值，後面會教大家如何分辨，至於目前的數字貨幣市場可分為三大體系。

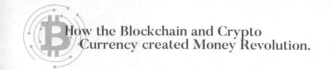
① 礦機銷售體系

意即可挖礦的幣種，此幣種牽連著整個礦機產業，實現消費者與炒幣者之間的互動。且挖礦產業也是未來趨勢之一，屬新興產業，若礦工越多就越能保護此種數字貨幣的價值，只要礦工持續收益，就會有人挹注大量的人力資源資本進行開採。

② 技術體系

為實體區塊鏈應用和軟體區塊鏈技術下的主鏈技術，以技術和服務串聯整體鏈條，致力於金融、醫療、遊戲三大主題領域的區塊鏈技術革新及優質服務。此類幣種雖擁有區塊鏈技術但無法挖取，採權益式證明機制，其證明節點的方式和挖礦不同，因此只能靠購買來持有，進而參與炒作獲利。

③ ICO 體系

其實就是粉絲經濟的變種，需要名人、網紅為整個體系吸引眾人參與，透過數字貨幣眾籌融資的方式，快速提升知名度和交易量。從 2017 年開始，ICO 上線的幣種都幾乎漲了少說 5 倍，因而吸引到更多外圍的投機者，持續投入大量資金，讓許多無價值的幣種，瞬間擠進市值前二十名。

有絕大多數的 ICO 項目都是出來圈錢的，可很多投資者們都已失心瘋，只要是 ICO 幣種，在上市前期都會瘋狂買入，賭自己不是最後一隻老鼠。而大部分的 ICO 幣種，都屬於公司發行的代幣，並不算真正的數字貨幣，無冷錢包，大多無法挖礦，流通範圍必須透過公司的廣告行銷，

並自行推廣至對接的產業或商店，這點其實跟公司幣有一點像，當然其中也存在成功的案例。

透過以上分析，我們不難看出最熱門、發燒的就是 ICO 體系，但每一種幣都是靠廣告和名人、粉絲的推廣而不斷攀升，其實很難做得長久；而技術體系需要較長的開發期，無法蓄力，屬於緩慢成長的穩健類型，不適合炒作；至於礦機銷售體系現正向發展，未來也將全面迎接新的高度與深度，我個人也參與其中。

2-5 數字貨幣名詞介紹一覽

一般來說，真正的數字貨幣一定要具備以下共通點：開發團隊的官網；幣種特色功能介紹以及團隊介紹；域名通常以 .com .org .cc .io 為主。

但因為大多數人對於數字貨幣仍屬陌生，以下將一一介紹在參與數字貨幣的過程中可能會遇到的名詞。

① 白皮書

數字貨幣的發行說明書，類似企劃案，通常以英文為主，但因為中國 ICO 項目的盛行，也漸漸出現中文白皮書，可大多是紙上談兵。

② 區塊鏈查詢站

供查詢該貨幣交易區塊以及產生的區塊，或公開錢包的地址。

③ 冷錢包

又稱為離線錢包，指在不連網的狀況下，能儲存數字貨幣的媒介，例如：電腦硬碟或隨身碟。

④ 開源代碼

為數字貨幣的原始代碼，通常會公布於 github.com 讓大家查詢，可

藉由查證區塊以及開設礦池，來觀察此幣種團隊有無持續更新並運作。

⑤ 交易區塊確認

任何一筆轉帳交易都會做區塊確認，目的是驗證交易帳本，無法竄改，而每個幣種的區塊確認時間不同；以比特幣區塊來說，確認時間最長可達一個小時。

⑥ 核心算法

指數字貨幣加密的方式名稱，例：比特幣是 SHA-256；萊特幣是 scrypt；達世幣為 x11；乙太幣則是 Ethash，以上幾種是目前最為常見的算法。

⑦ 硬分叉（Hardfork）

當系統出現新版本的軟體（或稱協議）和前版本軟體不能兼容時，老節點會無法接受新節點所挖出的全部或部分區塊（認為不合法），出現兩條鏈並行的情況。

雖然新節點算力較大，比如 99％的算力為新節點，但 1％的老節點依然會維護著不同的鏈條，因為新節點產生的區塊老節點無法接受，儘管它知道鏈上 99％的節點都接受了，仍會產生排斥，這就稱為硬分叉。注意：以上情況是基於新節點的算力＞ 50％。

所以，當硬分叉發生時，我們必須讓所有節點的軟體同步升級，而未升級的節點將無法正常工作；但如果有較多老節點不願意升級，他們會運作於另一條完全不一樣的鏈上。

簡單來說，硬分叉就是硬分裂，一分為二，分成兩種不同的數字貨

幣，例如：乙太經典和比特現金，後面章節會介紹。

⑧ 軟分叉（Soft fork）

當系統中出現了新版本的軟體（或稱協議）和前版本軟體不能兼容，新節點無法接受老節點挖出的全部或部分區塊（認為不合法）。又因為新節點算力較大，所以老節點挖出的區塊會軟性接受新節點的區塊，新舊雙方才能維持運作在同一條鏈上、彼此相容，這就稱為軟分叉。注意：以上情況是基於新節點的算力 > 50％。

⑨ 隔離見證（Segregated Witness）

指一種內在區塊升級的方式，每一顆比特幣交易，其實可以分為兩部分，第一部分是說明結餘的進出；第二部分則是用來證明這個交易的合法性（主要是簽署）。若將第一部分稱為「交易狀態」，那第二部分就是所謂的「見證」（witness）。

如果只關心每個帳戶的結餘，其實交易狀態資料就已經足夠，只有部分的人（主要是礦工）才有必要取得交易見證。但中本聰設計比特幣系統時，並沒有把這兩部分資料分開處理，導致交易 ID 的計算混合了交易狀態和見證。

因此，見證本身包括簽署，但又不可能對其自身進行簽署，所以見證可以讓任何人在沒有交易雙方同意下進行改變，因而造成所謂交易可變性（malleability）。在交易發出後，確認前的交易 ID 若可以被任意更改，將造成未確認的交易是不安全的，隔離見證方案便是為了解決這問題。

⑩ 閃電網路（Lightning-network）

閃電網路指的是一種去中心化系統，它是一個開源協議，任何人都能操作，且基於這一協議所研發的產品，其最主要目的是無需信任對方和第三方即可實現即時、海量的交易網絡，安全地進行鏈下交易，不用記錄在區塊鏈帳本上。

其本質上是將哈希時間鎖定智能合約，安全地進行零確認交易的一種機制，透過設置巧妙的「智能合約」，使用者在閃電網路上進行未確認的交易時非常安全。

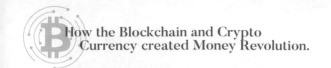

2-6 如何分辨公司幣 & 企業幣的詐騙資金盤？

　　由於數字貨幣在亞洲的普及度稍嫌不足，以及資訊的不對稱，所以產生很多以數字貨幣為幌子的詐騙公司出來行騙，從 2012 年至今層出不窮。許多人因為不會分辨真假數字貨幣而上當受騙，導致數字貨幣被汙名化，認為數字貨幣就等於詐騙公司，但真正的數字貨幣根本不會有任何公司發行和背書。

　　有些公司甚至宣稱未來會上 XX 交易平台並開放挖礦，但其實這些全是假的。通常高級騙子的套路就是：他們先在國外買個空殼上市公司，然後宣稱自己是某大公司的子公司，架設假的交易平台、假公司官網、假數字貨幣官網、假商城網站（宣稱已經對接線上商城），然後再找幾名國外的演員充當老闆站台，花錢上各大新聞媒體曝光，表示已拿到 XX 國家頒發的牌照，承諾未來會漲好幾十倍，甚至超越比特幣，在各國舉辦隆重的簽約儀式，讓每位投資者可以去考察、信以為真。

　　而這類公司號稱的幾百位員工其實全是演員，公司也是臨時裝潢的，所謂的對接線下實體產業更是跟店家談好，他們先充值一些錢放在店家，讓眾人以為店家真的願意收受數字貨幣，然後等投資者安心，挹注大量資金後，就立即關閉，無法再使用其貨幣。

　　這些騙子公司我都見識過，因此十分了解，但其實從一些小地方就可以輕易識破這類無良公司的伎倆，提供以下幾個較常見的分辨方法。

● Github.com 網站上都有公布開源代碼，我們可以自行查詢，如果是號稱可挖礦的幣，那一定要開放挖礦，並且擁有礦池網站、開發團隊官網、區塊鏈網站、白皮書，上述這些全都要有。當然我也有遇過在 Github.com 網站上製造假開源代碼的騙子公司，但從來沒更新過，而且沒有白皮書和區塊鏈網站，所以真的要確實觀察，仔細查證。

● 能夠離線儲存，即便不連網也能儲存於電腦錢包及隨身硬碟，也就是電腦的離線錢包，而不是只能儲存在網站上，僅看到一串數字。號稱可以挖礦的幣種一定要有離線錢包，如果只能存在公司網站上，那風險絕對很高，但簡單的離線錢包騙子公司也做得出來，所以一定要再連同其他方法多方比對，交叉驗證。

● 可在公開的大型國際交易平台上進行交易，而不是自己成立的交易平台，或是沒有流量和外部玩家的平台，並且於 Coinmarketcap.com 登記註冊。通常假的幣種，正式的交易平台是不會讓它上線被交易的，只要查詢此交易平台的流量和註冊時間就可以簡單識破。

而市面上常見的還有以數字貨幣或比特幣為幌子的龐式騙局，最好的分辨方法除上述三點外，還有幾個共通點。

① 雲挖礦騙局

謊稱擁有多台專業挖礦設備，但會說這些設備在國外很偏遠的地方，因此無法證實是否真的有機器。而這類的團隊可能不是真的理解挖礦，只是先大手筆的投入資金，組個公司、設個假礦場讓大家信以為真。

或說礦場不是公司的，但可以租用機器，讓客戶達到固定回報，並慫恿你多介紹一點人加入，這樣每天就能挖出更多獎勵，獎金撥出比例非

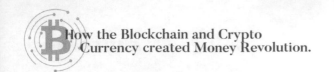

常高，引誘你當他們騙人的工具，找到更多的笨蛋。有些騙子公司甚至會告訴你只收數字貨幣不收現金，然後返紅利獎金也只提供數字貨幣，讓你以為很真實，其實這是為了不留下證據，讓你沒有辦法提出法律告訴！

② 自動交易搬磚炒幣軟體

無須操作，每天自動產生假交易，營造獲利的假象，固定返投報酬給客戶，且一樣會叫你轉比特幣或其他幣種給他們，好讓程式內有錢可以使用，事後再給你紅利，但其實根本沒有把你的錢投入市場交易賺價差。因為真正的搬磚交易只要越來越多人參與，平台間的價差會越來越小，得到的回報相對減少，所以，根本不會有多餘的利潤發放組織獎金。

我們團隊是自己真的有在搬磚，所以才知道騙子的破綻其實非常多，除非他能夠證實每筆交易是真的，與交易平台裡面的買賣記錄相同，但不大可能做到。

③ 企業幣／公司幣，只漲不跌

表面上號稱是數字貨幣，實質上卻是以公司發行的代幣進行拆分回報，不可挖礦，無開源代碼。有一種是直接承認自己就是公司幣，並坦承正在努力對接實體產業要讓它流通；但有一種明明就是公司幣，卻謊稱自己是真實的數字貨幣。諸如此類的數字貨幣，只要無法在公開交易平台購買、不可挖礦、沒有離線錢包、區塊鏈交易記錄查詢、白皮書，那就是公司和參與者內部自己在操作交易買賣，資金鏈跟不上市場，很容易發生賣幣賣很久才能脫手的情形，錢要很久才能回收。

以上三類最大共通點在於，都擁有組織制度，且雙軌制或三軌制並行的也很常見，目的便是要你找到更多下線，讓自己賺取獎金，公司壽命才

得以延長，跟直銷的道理其實很類似。你要記住，真正的數字貨幣沒有任何獎金制度，九成的假幣公司壽命不超過三個月，只有少數能超過一年以上，但也絕對不超過三年，最後都會以倒閉收場。所以，能在上述詐騙公司裡，單靠投資賺到錢的人更是少之又少，大多是前期加入的人賺最多，但唯有公司是最大的贏家，一旦幕後老闆玩夠、關網之後，你帳戶上的數字就瞬間一文不值了。

同樣的風險值，真正的數字貨幣不會消失、不會倒閉，唯一的風險就是若沒有人炒作及買賣，貨幣便會變得一文不值；但只要是對人類社會有貢獻並且有特色的數字貨幣，就不會有這樣的問題。因此，數字貨幣可說是99％長期保值，所以我們要學會如何分析各種幣的前景應用，並觀察判斷是否為垃圾幣，有無任何應用。

區塊鏈暴利賺不完！

區塊鏈時代如何「投錢」至幣、鏈、礦、盤等諸圈而不會被割韭菜？又要如何「投身」區塊鏈，習得一技之長，立刻身價百倍？**林子豪、王晴天、吳宥忠**等區塊鏈三大師為您引路，「**投錢**」至魔法區塊鏈三大師認可的區塊鏈項目；「**投身**」至魔法講盟區塊鏈證照班，區塊鏈賦能各產業，教您透過區塊鏈輕鬆賺大錢！

時間 每月第二個週五之大師開講週五講座，傍晚 17：30 開始

地點 中和魔法教室（新北市中和區中山路二段 366 巷 10 號 3 樓 ⊛ 中和站&橋和站之間）

持魔法講盟週二講堂上課證者免費入場，無上課證者可現場購買，只要 **$100** 元 全年有效，更多課程內容請上 silkbook◎com 查詢。

著名數字貨幣介紹與分析

How the Blockchain
nd Crypto Currency
created Money Revolution.

3-1　山寨幣 & 競爭幣

　　比特幣誕生至今，主要目的就是為了自由跨境支付，且不受任何人控制，但其實比特幣並不是最完美的，它仍有一些缺點存在。隨著比特幣的交易網路容量越來越大，交易時間自然會越來越久，一對一轉帳區塊最慢要一小時才能確認到帳，光這一點就不符合我們交易市場上必須承載的大量支付需求。所以，若只有比特幣的話，其實也無法真正讓所有人自由的流通交易。

　　區塊鏈技術存有很多能改變人類生活的開發潛力，只要有需求，就會有其他研究區塊鏈技術的團隊，基於比特幣的原生代碼，也就是開源代碼，陸續開發出新的代碼，延續原先去中心化的概念，換個名稱推出新的幣種。

　　區塊鏈技術其實不等於數字貨幣，區塊鏈只是記錄著所有數字貨幣交易的帳本，確保交易記錄無法被竄改；而這樣不就代表著，只要我們將區塊鏈所記錄的資訊，更改成其他資料，那區塊鏈技術在未來就有更偉大的用途。

　　譬如記錄醫療訊息病情狀況、人數狀況或一間公司的內部資料，包括人事和金錢轉帳、貸款、還款……等記錄。未來更可以應用在電子公證、股票交易、產權登記、大數據儲存、智能合約等各個不同的領域，只是大部分尚在研發階段。區塊鏈雖然是一個成熟的技術，但它現仍處於成長階

段，所以有許多應用都可以與其連結。

因此，各國爭先恐後地研究、學習這項技術，現有超過五十個國家加入 R3 區塊鏈聯盟協會，企圖創造出像比特幣一樣的神話，或開發出一個不得了的區塊鏈應用。有許多國外的團隊，從比特幣誕生後就積極研究區塊鏈，因而衍生出各式各樣的數字貨幣，雖然一開始在市場上不普及，不被大眾所接受。

但大部分的人們都忽略了青出於藍這句話，許多研發團隊相繼開發出的幣種，其特色和功能主打的方向都不太一樣，未來也可能積極對接產業，高度流通；當然也有黑心的團隊專門研發炒作幣種，把錢圈走後便不再有任何更新和應用，所以我們才要懂得如何分析一個幣，判斷它能否像比特幣一樣在市場上流通、產生價值，而這也是我們學習的主要原因，因為只有真正流通的貨幣才具有價值。

比特幣跟其他競爭數字貨幣之所以能走紅，就是因為現行法定貨幣制度的不公平。因此，新的數字貨幣一定要有公平的貨幣發行規則，這就如同空氣與水一樣重要，道德高於技術，更高於炒作；不管是對開發者、礦工、投資者、使用者都要相對公平，對後入者也要同等公平，這樣的數字貨幣才具有公信力，得以生存發展，才有機會追趕並超越比特幣。

目前可交易的數字貨幣已有一千多種，且數量仍在增加當中，而這些數字貨幣我們統稱為山寨幣或競爭幣，但不管是山寨幣、競爭幣，只要你投入的幣種有價值，都絕對能嚐到甜頭，讓資產翻漲數百倍。

在數字貨幣的世界裡，好的幣種上漲 5 至 10 倍是基本的，這就是為什麼有越來越多人踏入這個領域，人人都想搶食這塊大餅，紛紛將資金投入競爭幣，希望押注的數字貨幣能像比特幣一樣麻雀變鳳凰，因而促使各幣種的推陳出新，令人眼花撩亂。

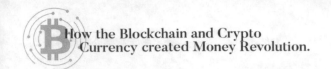

　　但有絕大部分的數字貨幣都是開發者以自己賺大錢為目標而產生的騙子幣、黑心幣，致使很多投資者受騙上當，損失慘重。有鑑於此，下節我將為各位分析幾款我認為有競爭力的數字貨幣，一些不知名的我就不加以介紹，大家可以自行去研究。

　　在現實社會裡，有美元、英鎊、歐元、加元、人民幣等各種強勢貨幣，所以在未來的數字貨幣世界裡，也同樣會有老大、老二、老三等強勢數字貨幣，但只有真正具有價值的貨幣能存活到最後；而在這磨刀霍霍的競爭場上，勝者到底是誰？我們拭目以待⋯⋯

3-2 兩大強勢競爭幣：乙太幣 vs. 比特現金

　　近年全世界討論度最高、最熱門，並重新帶動數字貨幣市場火爆起來，更使 2017 年成為數字貨幣元年的超新星，非乙太坊（Ethereum/ETH）莫屬。從 2015 年誕生至今已六年多，乙太坊最大的特色就是擁有智能合約（Smart Contract），而乙太幣則是乙太坊的代幣，可做到全自動化支付或條件式支付。

　　且乙太坊把整個區塊鏈技術代碼完全公開，讓所有人都可以使用乙太坊的區塊鏈技術發行自己的貨幣並加以應用，大大降低以往自行研發區塊鏈的成本，釋出現成的工具供大家使用。這就好像是替懶人建置好網站平台的模板，我可以直接利用模板來選擇自己想要的工具和選項外觀，創建出自己的網站，不用再從原始編輯碼製作；因而吸引了大批企業和各個國家大量投入人力及資源研究。

　　且乙太坊主打路線又跟比特幣不同，比特幣只是針對貨幣支付而被開發出來的區塊鏈應用；乙太坊則是結合比特幣的區塊鏈，再加上智能合約，應用更為廣泛。

什麼是智能合約（Smart Contract）？

只要有一套加密的密鑰系統，讓交易能夠被追蹤，這種模式就可以稱為「智能合約」。而所有的數字貨幣基本上都存有這樣的結構，因此，智能合約也可以說是一套生成數字貨幣的系統；它的本質和比特幣一樣，只不過你可以在這個平台裡任意生成多個不同的比特幣系統。

與比特幣相比，乙太坊最大的不同便是它可以支援更強大的腳本語言，允許開發者在其架構上開發應用，設計出自己的數字貨幣系統，實現任意的智能合約，這也是乙太坊得以壯大發展的關鍵原因。

若作為平台，乙太坊可比喻為蘋果的應用商店，任何開發者都可以在上面任意開發應用，並出售給線上用戶，例如房地產、保險、出租業，凡是需要用到合約的產業，以及任何記錄數據的需求，都可以使用，以節省支出成本。包括政府、學校、銀行、企業及各大領域的金融支付；供應鏈溯源；醫療數據安全交換；線上廣告行銷；鑽石、紅酒辨識真偽，都可以加以運用，當然未來還有無限的應用可能。

再舉個簡單的例子，假設 A 跟 B 打賭明天幾點幾分會下雨，要是輸了 B 就支付 1 元給 A，贏了則反之；藉由區塊鏈上寫好的智能合約，以隔天氣象局的資料為準，馬上判別輸贏，自動履行合約，這樣一來就有許多商業服務、合約履行、交易買賣不必再使用人力；也可以應用在員工、投資人簽訂智能合約，一旦公司賺錢獲利，就按照多少比例自動撥款給簽署人，無法更動和造假；或是談成一筆生意，每個人要分多少錢，全部自動化，不用會計經手就能馬上執行。

我們可以試想未來若真的發展普及，世界將會多麼便利，而這也是追求去中心化的目的，使生活更加便捷。乙太幣目前雖然無法取代比特幣，

但它在市場上仍佔有一席之地，成為不同功能的區塊鏈應用系統，無總量限制，開發者隨市場供需法則調整挖礦難度，產量也會越來越少。

我個人認為乙太幣目前還屬於半去中心化，因為它的遊戲規則現階段還是能被開發團隊和創辦人改變，丟失的幣可以找回，但帳本與錢包可公開查詢，無法作假。例如有人自稱擁有 10 萬顆乙太幣，只要公布錢包地址，大家就可以查證是否屬實。

最重要的是，乙太坊促使許多大財團相繼投資開發應用，因而讓數字貨幣價格大漲，帶動挖礦產業復興，我相信未來還會有更多使用乙太算法的數字貨幣誕生，都將有可能成為有潛力的增值標的。

乙太坊是第一個全球 ICO 項目

乙太幣簡單來說就是乙太坊的股份，只是將股份貨幣化，也就是所謂的 ICO。創辦人維塔利克·布特林（Vitalik Buterin）和他的團隊在乙太坊開發完成後，事先進行了挖礦的動作，挖出部分乙太幣，然後在 2014 年 7、8 月的時候，公開販售他們的乙太幣，共銷售了 6,000 多萬顆乙太幣；並規定使用比特幣購買，這樣一來，只要比特幣漲價，乙太坊也會跟著賺錢。

這就是最初透過發行數字貨幣來融資的成功案例，也因而造就 ICO 迅速竄紅。因為自己融資成功，又提供工具讓外人也可以用我的工具來賺錢，讓大家再去買乙太幣來融資，帶動自己的銷量，這樣的商業手法實在非常高端，太聰明了！至於 ICO 的細節，後面章節會再論述。

乙太幣剛出來時價格約 0.4 美元，漲到 4,000 美元，這六年多來已增值至少 10,000 倍，當初看準趨勢，投資乙太幣的人，多數都已獲得相

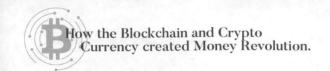

當高額的回報。若將乙太幣和比特幣相比，它有三大特色。

① 共同維護生態系統

管理更加嚴密，乙太坊的管理模式不是公司制度，屬於協會制，是一非盈利組織。它提供乙太幣給系統開發人員和維護人員，如果你能在乙太坊系統中找到程式漏洞，那你就能獲得乙太幣，吸引更多專業人士積極維護乙太坊的生態系統。

② 底層架構開源

企業可以借助乙太坊的底層架構來發行自己的數字貨幣，展開融資項目；如剛剛前面提到的 ICO 模式，便是乙太坊帶動起來的，這點就跟比特幣有著很大的區別性。

③ 乙太坊聯盟（Enterprise Ethereum Alliance，EEA）

2017 年，乙太坊成立乙太坊聯盟，讓乙太幣大漲 50 倍，從當初的 8 美元漲至 400 美元；但它為何會上漲呢？那是因為該聯盟促進乙太坊網絡的發展，因而使價格大幅上漲，具體包括：

◈ 2017 年 3 月，成立企業乙太坊聯盟，與技術供應商進行區塊鏈項目的工作。石油、天然氣業、金融業和軟體開發公司的龍頭企業紛紛被吸引加入，包括英國石油、華爾街投資集團銀行摩根大通、軟體開發商微軟、印度 IT 諮詢公司維布絡；台灣則有富邦金控、台新金控及其他三十多家企業。
且因為此聯盟符合開源理念，讓大型公司和小型初創公司在投資技術的時候有更強的責任感。

▶ 上圖為乙太坊聯盟中的企業成員。

　　台新金控也公開宣布加入乙太坊聯盟，以區塊鏈提供更創新的金融服務。

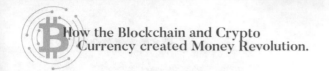

今日新聞 NOWNEWS　總覽 政治 財經 社會 運動 娛樂 新奇 生活 全球 地方 花生緻

搶攻區塊鏈　台新金加入以太坊聯盟　開發金融創新服務

以太坊（Ethereum）為現行區塊鏈主流技術之一，更於今年 3 月成立以太坊聯盟（EEA），目前已有多家跨國大型金融機構、科技業與新創公司加入，期望透過聯盟內會員的合作，發展安全又創新的服務。台新金控也宣布，為了與國際接軌進行金融創新，台新金已正式加入以太坊聯盟。

台新金資訊長孫一仕說明，以太坊技術若要全面應用於數位經濟，成功的要件就是跨業應用以及開放式架構。而以太坊聯盟推動結合私有鏈與公有鏈的混合式架構，並在兼具擴充性、整合性與安全性之下，研究發展出跨業整合的技術，這些優勢讓台新金決定加入該聯盟，未來台新金將與以太坊聯盟各產業成員共同合作，以區塊鏈技術打造各產業生態系的應用，激發創新的數位金融服務。

孫一仕強調，台新金期望藉由加入以太坊聯盟，與其他會員進行區塊鏈技術交流討論，並進行業務項目合作與驗證，以兼具創新、安全的方式開發跨業與跨國界的應用，讓區塊鏈技術成功運用在金融服務上。

⊖ 首次貨幣發行，讓 ICO 項目爆增，創造出數字貨幣初創企業籌集資金的新途徑。目前所有 ICO 發行的貨幣，在募資期間收取的幾乎都是乙太幣，因而讓乙太幣的需求量大增。

⊖ 乙太坊創始人維塔利克公開會見了俄羅斯總統普丁，暗示該國有望深入使用區塊鏈，使其進一步完全合法。

- 新加坡政府發布了一份報告，表示他們採用乙太坊的區塊鏈技術，進行本國貨幣數位化的測試。

- 交易所網站 Cryptocompare 的首席執行官透過電子郵件告訴 CNBC（美國有線電視衛星新聞台）：「乙太坊目前在市場上所形成的效應，表現出它的潛力更大於比特幣；且它的系統持續發展、擴張，吸引更多的人推崇、追隨，更顯現出社會所欠缺的功能。」

　　而乙太坊創始人維塔利克，外號 V 神，19 歲便創辦乙太坊，人稱「神童」，就連台灣行政院政務委員都想拜見他。目前持有 30 多萬顆乙太幣數量十分可觀。

　　乙太坊不僅是個平台，也可說是一種編程語言，使開發人員能夠建立和發布下一代分布式應用，該項目於 2014 年 8 月獲得等值 1,800 萬美元的比特幣融資，是目前最成功的 ICO 項目，成為各大平台的主流貨幣，

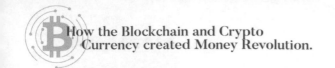
幾乎任何幣種都可以用乙太幣兌換。

巴克萊銀行、瑞士銀行、滙豐銀行、瑞士信貸、富國銀行等十一家跨國銀行，皆採用乙太坊的底層架構；另外瑞士銀行、德意志銀行、紐約梅隆銀行、桑德坦銀行也宣布，將在乙太坊架構上發行數字貨幣，加強金融市場流通的效率。

乙太坊智能合約能帶給我們的改變眾多，例如，跨境匯款從原來三至五天，縮短為三至五秒即可完成；未來我們若要申辦任何東西，不必再準備或留存一大堆的單據，僅要透過區塊鏈的智能合約，任何事情都能變得自動化、簡單化；辦理銀行業務也將全面自動化，未來可能只需幾分鐘就能完成，也就是說，智能合約正逐漸取代人工，節省企業成本，使我們的生活更加便利。

乙太坊的野心很大，企圖提供包山包海的服務，但反而引發出穩定性的問題，偶爾會有網路堵塞的狀況，儘管問題並非完全在其身上，可這樣的事件仍致使許多人認為其技術不穩定，因而對乙太幣用於跨國金融交易等應用上持保留態度。

另外，乙太坊常常進行大變動，之前還曾在發生錯誤時，將數據回溯原到更新之前，但這項作法普遍不被大眾所接受，因為一個幣種最應該注意的就是穩定性及可靠度；若因為錯誤而必須還原，即代表該幣種的穩定性仍存有疑慮。

乙太坊設定每個區塊產出的間隔為十七秒，此間隔雖然可以讓交易到帳時間更為快速，但過短的驗證時間，往往會使礦工在驗證交易後，又因為其他區塊搶先收入主鏈，產生被拒絕交易的情形，反而造成交易時間延長，雖然並非每次交易都會產生此狀況。

按照目前市場趨勢，再加上創辦人及團隊不斷地更新應用、維護網

路，推廣至各國，對接各應用，乙太幣仍被看好可持續上漲。

　　乙太幣之前曾在 DAO 的 ICO 項目融資過程中，發生駭客盜走大量貨幣的事件，雖然最後乙太坊決定導回數據，不承認駭客盜走的所有貨幣，對持有者未造成損失，但此舉明顯違反去中心化的理念，從而讓乙太坊分裂成兩派支持者，一派認為乙太坊創新很好，另一派則認為這樣根本不算去中心化數字貨幣，於是自立門戶開發新幣種「乙太經典」，後面會跟各位做介紹。

　　所以我個人認為，乙太幣還不算是完全去中心化的幣種，很多主軸核心發展都可以由創辦人自行更改遊戲規則，這也是乙太幣最大的爭論之一，有好有壞。目前乙太幣總量供給是無上限的，但創辦人預計之後將依照供需量及價格，開始進行限制，至今已產出逾億顆乙太幣，若軟體更改成 POS 權益證明機制，則無法再繼續挖礦，屆時價格可能飆漲，至於到什麼地步呢？我們靜觀其變。

數字貨幣小檔案

* ✱ 乙太坊官網：https://www.ethereum.org/
* ✱ 區塊瀏覽器：https://etherscan.io/
* ✱ 乙太坊官方論壇：https://forum.ethereum.org/
* ✱ 乙太坊官方推特：https://twitter.com/ethereumproject
* ✱ 乙太坊官方臉書：https://www.facebook.com/ethereumproject/
* ✱ 貨幣算法：Ethash（POW+POS），前期可挖礦。
* ✱ 起源日期：2015 年 7 月 30 日。
* ✱ 總市值：約 3,000 億美元，目前第二名。

比特現金（Bitcoin Cash/BCC/BCH）

比特現金（Bitcoin Cash）是一種非常特別的競爭幣，可稱它為比特幣的複製幣。以往開發一種數字貨幣，都是修改比特幣的開源代碼後再升級推出，但只能複製代碼，研發出新的幣種，無法複製原支持者或持有人，必須從零開始；可比特現金卻是連交易量和支持者都原封不動的複製過來，就像生了一個兒子一樣，以致外界對它未來的猜想有褒有貶，但到底能否產生跟比特幣一樣的價值呢？一切都很難說。

那為何會有比特現金的誕生呢？比特幣基於去中心化理念而誕生，雖然其主軸設定的遊戲規則無法改變，但可以從原先系統中研發出新的應用，就好比將軟體升級版本。中本聰將這個系統開放，所以有眾多支持者和礦工們共同維護著比特幣的生態；但比特幣一直有個問題沒有解決，那就是比特幣的區塊容量大小只有 1MB，因而讓可容納的總交易數量有所限制。可隨著交易量呈爆發式增長，原先 1MB 的區塊容量已難以支撐比特幣網絡，無法快速進行交易確認，海量的交易數據造成網路嚴重堵塞，反而讓交易不再便捷。

三年前，維護比特幣生態的支持者、工程團隊及各國礦工，一再探討如何解決這個問題，如果不解決，未來各帳戶間的轉帳交易，就可能需要好幾天的時間，這個缺陷會使比特幣的發展受限；所以擴大容量的需求，始終是比特幣使用者共同的問題，但一直無法達成共識，問題無法克服。如果比特幣的交易時間越來越長，那等於失去原先創造它的意義，比特幣使用者為此爭執不休，導致眾人分成三個門派。

① 大區塊派

支持在不改變比特幣區塊鏈架構的基礎上，擴大區塊大小，也稱為鏈上擴容。

② 激進隔離見證派

在不改變區塊大小的基礎上，透過技術手段提高區塊能容納的交易筆數。（上一章有說明隔離見證）

③ 中間派

希望大區塊和隔離見證兩者都執行，先進行隔離見證的升級，然後再鏈上擴容。

這個問題演變為有點像家庭革命、政治鬥爭，一直到 2017 年 5 月 23 日，來自全球二十二國的五十八間知名區塊鏈公司才共同簽署了紐約共識，決議先將隔離見證升級，然後在六個月內把區塊大小升級至 2MB，稱為 Segwit2x 方案，即隔離見證 +2M。此紐約共識獲得全網 83.28％算力者的支持，於該年 11 月實施。

我們可以把比特幣擴充容量看作軟體升級，但因為有很多不同的版本，所以必須票選出要使用哪個版本；可如果支持新版本的人不夠多，便會形成兩條勢均力敵的鏈，讓兩種比特幣所存的區塊鏈形成競爭關係。

但 2017 年 8 月，原本支持第一種派系的人，執意要跟其他派系的維護者分裂，因而產生新幣種，並將其命名為比特現金（Bitcoin Cash，簡稱 BCC 或 BCH）。比特現金從 2017 年 8 月 1 日 20：20 開始進行

挖取，但因為它的前身是比特幣，區塊鏈中的交易數據及運行的軟體和所有比特幣節點兼容，所以即便在初期挖礦階段，其難度會跟現階段的比特幣一樣，最後產出的總量也會一樣。

就我看來，部分礦工可能不會繼續支持比特幣，有機會轉挖比特現金，為什麼呢？因為在比特現金誕生前，有許多人害怕比特現金的出現，會因此造成比特幣大崩盤產生泡沫，導致價錢下跌；但之後他們漸漸了解到它其實不會影響比特幣的發展，而且只要持有比特幣，分裂後還能以1：1的數量取得比特現金，讓比特幣的投資者欣喜若狂。

因為這意味著如果你原先持有 1,000 顆比特幣，那分裂後你便多了 1,000 顆比特現金；若未來比特現金的價格跟比特幣不相上下，那等於是資產直接翻了好幾倍。

所以，比特現金一誕生，各大交易所馬上承認並接受交易買賣，市值直接衝到第三名，這是其他幣種前所未見的，從來沒有一種貨幣能一上市就登陸各大知名交易所，我想應該只有比特現金有這樣的特權吧，畢竟是幣圈老大生的兒子。

且即便比特現金初期價格劇烈震盪，甚至傳出遭駭客攻擊，在一天內從 300 美元漲到 800 美元，又隨即回落，但它仍在市場屹立不搖、成長卓越。當時已穩定在 500 至 800 美元，甚至比乙太幣還高，未來也有可能跟著比特幣一路增值。

當然也有人不看好，認為比特現金流通性不高，知名度也不高，仍把它當作山寨幣看待；所以大多是投資者和原比特幣的持有者會購入。

比特現金當初推出的理念就是為了提高區塊鏈處理交易的速度，但目前的效率還是一小時處理一個交易塊，相較於比特幣，擴容後反而能十分鐘處裡一個交易塊；所以即使分離出來，依然沒有辦法改善問題，無法

有效提升交易的速度。

　　因此，若比特現金未來無創新價值，則可能下跌，但換個角度來看，當初看衰比特幣的人也確實不少，可最後卻讓人跌破眼鏡，所以未來都很難說，就讓時間來驗證一切。

　　雖然當初只有少部分人支持大區塊方案，但他們還是決定從比特幣原鏈獨立出來，成立一條新鏈與它競爭。可以想像在此之前，這一小部分的開發者早就在獨自寫代碼，等待這一天到來；而且，如果未來比特現金有較多礦工進行挖礦，那麼它就真的獨立出來了，且又不會改變比特幣原先的經濟規則。

　　而比特現金的團隊「Bitcoin-abc」，是由比特幣團隊中分裂出來，他們重置了比特幣工作量的難度值；所以嚴格來說，比特現金其實不符合原先白皮書裡中本聰對比特幣的定義，即累計工作量證明最大值的最長鏈機制。也因為這樣，比特現金不能和比特幣爭取冠名，因為它屬於比特幣的分叉幣。

　　且 Bitcoin-abc 還修改了挖礦難度值，可以隨對應的算力做一定程度的自動波動，使得比特現金存活下來的機率挺大的，具備強大的競爭力；目前也如同我前面所說的，已漸漸有礦工轉移來挖了。

　　比特現金在國內外論壇上討論度不低，雖然主要都在爭論誰對誰錯，但一種幣若要成功，就需要更多人知道，所以我想這種爭論的宣傳方式也許是一種手法吧。

　　針對評論比特現金的人分為兩派，一派認為這是比特幣的分裂，是將比特幣的總量進分增發，將折損比特幣的價值，破壞原先比特幣的生態鏈，堅決抵制；另一派則認為這不是增發，只不過是創造了一種山寨幣，而且是平分給每位比特幣持有者，任何人都可以將手中的比特幣發起硬分

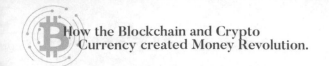

叉，這是個人自由，更何況比特幣的精神本質仍舊不變，所以有好處，應該支持。

對於各派的論戰我不多加闡述，這是區塊鏈技術發展下必經的過程，我想比特現金也在努力走出自己的路，畢竟兒子也會有自己的理想。

數字貨幣小檔案

* 比特現金官網：https://www.bitcoincash.org/
* 區塊瀏覽器：http://blockdozer.com/insight/
* 比特現金論壇：https://bitco.in/forum/forums/bitcoin-abc.25/
* 貨幣算法：SHA-256（POW），可挖礦。
* 起源日：2017 年 8 月 1 日。
* 總市值：目前約 120 億美元，前二十名。
* 總量：2,100 萬顆。

3-3 乙太經典

乙太經典（Ethereum Classic/ETC）為乙太坊分叉出來的複製幣，由一群支持完全去中心化的團隊經營維護，乙太經典是較早期的乙太坊區塊鏈，為乙太坊舊鏈，其存在的原因主要有以下三點。

⊃ 投機者認為乙太經典有炒作價值。

⊃ 基於當初乙太坊因駭客盜走大量貨幣，因而揭露乙太坊潛在弱點，且當時乙太坊決定導回數據，不承認駭客所竊取的所有貨幣，此舉明顯違反去中心化理念，從而讓乙太坊分裂成兩派支持者，支持去中心化理念者轉為乙太經典；求新求變者則繼續跟進乙太坊。

⊃ 相較於乙太坊不斷變化、創造新功能與應用，乙太經典顯得較為穩定、妥貼。

乙太坊開發團隊在駭客入侵後，透過修改原始代碼，在第 1,920,000 區塊強行將 The DAO 及其子 DAO 上的所有資金全部轉到一個特定的退款合約地址（DAO 是在乙太坊上發起的 ICO 融資項目，後來退出市場），以順利「奪回」當時被駭客竊取的乙太幣，從而形成兩條鏈，一條為原鏈：乙太經典，一條為新的分叉鏈：乙太幣。

乙太經典，又稱為乙太坊經典或者乙太坊原鏈，誕生之初也經歷了戲劇性的大漲大跌，曾被中國礦工威脅要對它進行 51％攻擊，但所幸未受到影響，仍展現出異常堅韌的活力。大多數人可能都沒有聽過乙太經典，乙太經典說白了就是乙太坊分叉前的原幣，只不過分叉後，兩者走上不同的道路。

乙太坊目前沒有上限，處於持續增發階段，而乙太經典已回歸傳統奧地利經濟學派，按照比特幣的方式進行減產的規劃，總產量不超過 2.1 億顆。我常想如果沒有稀缺性，那數字貨幣和現實中的法定貨幣又有什麼區別？只不過是把礦工和現實中的央行對調罷了，難道數字貨幣還要走上原先同樣的道路嗎？

更可怕的是，乙太坊甚至連貨幣政策都沒有，具體的政策要等轉為 POS（Proof of Stake，股權證明）之後才能制訂，可又要由誰來訂定這個貨幣政策呢？我想應該是中心化的乙太坊基金會。但對於數字貨幣的支持者來說，我們需要的是一個明朗的方向，而乙太經典的總量有限，可能更符合虛擬資產的特性。

至於 POW 和 POS 之爭，虛擬資產的核心是共識機制，POW（Proof of Work）就是基於工作量證明的機制，目前已被市場認可為最優秀的制度，在數字貨幣總市值的前十名中，就有八種是基於 POW 機制來運行。

而最早提出 POS 機制的數字貨幣為點點幣（Peercoin），現在幾乎算是滅亡了。因為使用這種機制，持有者會不斷產生更多幣，引發嚴重的馬太效應（Matthew Effect），形成富者越來越富，窮者越來越窮的情況。又基於每個人對公平的認知不盡相同，所以一個體制如果無法在結果上做到公平，不讓眾人非議的話，那我們至少要做到機制公平。

因此，若以 POW 來說，礦工隨時可以選擇挖或不挖；但對於 POS

來說，後來才加入的人卻完全失去了參與的機會，而且熱錢包線上挖礦還可能會有嚴重的安全性問題，容易被駭客攻擊，這幾點在點點幣都一一應驗了。

所以，若從經濟學和密碼學的角度來看，POS 機制就是空中樓閣，只要在地基不穩的狀態下，未來必然會崩塌，而支持乙太經典的人，其實就是在支持 POW 制度，尋求公平。一群堅持區塊鏈核心價值來運作的開發者組成另一團隊，發行獨立的加密數字貨幣乙太經典，吸引之前錯失投資機會的一批人。

乙太經典又簡稱小乙，很多分析師都很看好小乙，當初大乙（乙太幣）雖然市值為第二名，但價格其實只有 8 美元，至於未來小乙能否跟大乙一樣成為主流？就讓我們繼續看下去。

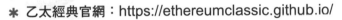

數字貨幣小檔案

* 乙太經典官網：https://ethereumclassic.github.io/
* 區塊瀏覽器：http://gastracker.io/
* 乙太經典推特：https://twitter.com/eth_classic
* 貨幣算法：Ethash（POW），可挖礦。
* 起源日：2015 年 7 月 30 日。
* 總市值：目前約 75 億美元，前二十名。
* 總量：2.1 億顆。
* 2021 年漲幅最高 100 倍，價格在 100 美元左右。

3-4 一、二線重點數字貨幣

接著介紹一些老牌數字貨幣，已經穿越多次牛熊市仍屹立不搖，依然存於市場的幣種，有一定的支持者和使用者。

萊特幣（Litecoin/LTC）

萊特幣，為世上第二個誕生的數字貨幣，過去有一句話這麼說：比特金萊特銀狗狗銅。但如今都已成了過去式。

萊特幣是由查理‧李（Charlie Lee）創建的點對點加密機制，基於比特幣協議創建，但使用的加密算法不同，萊特幣使用 Scrypt 工作挖掘算法證明。

萊特幣號稱第二代數字貨幣，每筆交易的確認時間平均約兩分半，與比特幣的十分鐘相比，確實可以提供更快的交易確認，技術上較比特幣進步一些；而萊特幣的總量上限為 8,400 萬顆，是比特幣的四倍之多。

萊特幣也啟發了許多數字貨幣（例如狗狗幣）施行 Scrypt 算法，來防止 ASIC 礦工挖掘（ASIC 為專門挖礦晶片礦機）。現在有些人相當看好萊特幣，因為它在技術上雖然與比特幣有著相同的原理，但改進了比特幣原有的缺點。

　　萊特幣從 2011 年誕生至今已十年，當初在比特幣第一次大漲時，莫名其妙地跟著從 2 美元漲至 40 美元而爆紅，約有 20 倍的增幅。但隨後比特幣暴跌，萊特幣也就掉下來了，不再有特別的表現，連續幾年都維持在 2 至 4 美元的價位。

　　萊特幣總是跟在比特幣後面，一直活在比特幣的陰影之下，只要比特幣漲，萊特幣就小幅跟漲，有時甚至會橫盤；但如果比特幣下跌，萊特幣會跌得比它更凶。雖然現在萊特幣的價格已被比特幣和乙太幣遠遠甩在後頭，但正好碰上數字貨幣的市場不斷成長，萊特幣也因此跟著趨勢飆漲 20 倍，從原先的 4 塊美元漲到 80 美元，再次受到關注，目前落在 150 至 300 美元之間徘徊。

　　參考其他數字貨幣的漲幅來看，萊特幣其實算是低調，若再照著這個趨勢發展，被其他幣種超越的可能性蠻大，不過其市值及交易量依然很高，市值前二十名。萊特幣在技術上一直以來都沒有重大突破，只因為是老字號，創立時間久，所以才會有一批死忠的支持者。基本上萊特幣的交易量市值穩定，算是穩定型的貨幣，比較不會有暴漲暴跌的情況，所以若想長期持有的話，會是不錯的選擇，就跟在比特幣背後慢慢增值。

數字貨幣小檔案

* 萊特幣官網：http://litecoin.org
* 區塊瀏覽器：http://explorer.litecoin.net/chain/Litecoin
* 萊特幣論壇：https://litecointalk.org/
* 萊特幣推特：https://twitter.com/litecoin
* 創始人推特：https://twitter.com/SatoshiLite
* 萊特幣臉書：https://www.facebook.com/litecoinsnews/
* 貨幣算法：Scrypt（POW），可挖礦。
* 起源日：2011 年 10 月迄今，十年。
* 總市值：目前約 100 億美元，前二十名。
* 總量：8,400 萬顆，每四年減半開採量，已挖出 6,600 萬顆。

瑞波幣（Ripple/XRP）

瑞波幣是具有爭議性的數字貨幣，因為它是由美國舊金山一間公司所研發出的貨幣，縱然具有區塊鏈系統，但其實是公司所發行的代幣，未完全去中心化，屬於公司幣，無法挖礦，且沒有離線錢包，只能儲存於雲端，全由公司釋放。雖然也有總量限制 1,000 億顆無法增發，但長期下來仍飽受投資者的爭議與質疑，現在是因為有幾家著名創投機構宣布參與投資，才得以站穩腳步。

瑞波幣在 2016 年曾發起一輪新的融資，投資者包括渣打銀行、埃森哲創投、SCB Digital Ventures、泰國商業銀行投資分部和日本知名金融集團思佰益控股，加上之前投資過瑞波公司的多家創投，如 Google

Ventures、A16Z、IDG 等，瑞波共獲得 9,300 萬美元的融資。

除了融資外，瑞波還宣布一些大型銀行會再加入其對接，使銀行的跨境支付更便捷，其中包括渣打、西太平洋銀行、澳洲國家銀行、瑞穗金融集團、蒙特利爾金融集團和上海華瑞銀行等，各家金融機構都在瑞波的網絡中成功執行過轉帳服務，並依據各自的使用需求開發商業化產品，比如華瑞銀行的主要應用是幫助在美留學生轉帳。

OpenCoin（瑞波公司前身，現為 Ripple Labs），致力於開發、運行、維護數字貨幣的網絡。瑞波幣便是瑞波網絡所產生的基礎貨幣，它可以在整個網絡流通，隨著交易的增多而逐漸減少，算是世界上第一個開放的支付網絡。

你可以在此支付網絡上，任意地轉帳，包括美元、歐元、人民幣、日圓或比特幣，既簡單又快速，交易確認只需幾秒就能完成，目前四秒可完成約七萬筆訂單，能與 Visa 每秒四萬八千筆交易批敵；唯一的不同在於它的交易手續費幾乎為零，不會收取跨行、異地以及跨國支付費用，讓你輕鬆、安全地把錢轉給網路上任何一個人。例如，A 可以利用瑞波幣以美元支付，而乙方則可以透過瑞波幣直接收取歐元。

全歐洲地區約有八百多間銀行指定瑞波幣為唯一認可的金融數字貨幣，沒有封閉期、緩釋期、不限量出售、沒有時間、地點、幣種的局限，可以兌換六十多國的法定貨幣。你還可以把瑞波幣轉到 Visa、Master 特別發行的瑞波卡，只要持有瑞波卡，你能在任何有 Visa、Master 標識的自動取款機提取當地的貨幣；當然，你也可以直接使用瑞波卡消費。瑞波幣還獲得前美國總統歐巴馬肯定，可以使用瑞波幣繳稅；瑞波幣也已在韓國 7-11 成功對接，可以用它來消費。

總結以上，瑞波幣雖然是由公司發行，但仍屬半去中心化，數量無

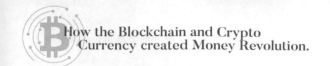
法增發，其交易區塊節點也能被查詢；與比特幣最大的不同是，瑞波幣系統需要實名登記才能使用，不像其他開放性幣種，下載錢包即可存放數字貨幣。

且瑞波幣有大公司和資金在背後做後盾，所以成績都挺亮眼的，瑞波公司也積極與全球對接，使其增漲了 40 倍，之前價格都落在 0.002 美元一顆，現跟著市場趨勢一路飆漲到 0.36 美元，目前價格約停在 0.2 美元左右，也算是長期穩定的幣種，但我個人還是比較喜歡可以自由儲存和自行挖取的幣種，像這種透過公司慢慢釋放的，我認為還是有點風險存在，不夠讓人放心。

因為如果公司停止運作，那就可能完全沒有價值了，雖然機率很低，可是半去中心化跟完全去中心化的幣本就不太一樣。若作為支付工具，瑞波幣有一定知名度和價值；但如果作為投資，我就不會持有太多。當然，以上純屬個人觀點，不代表未來真是如此，僅供大家參考，若你有信心也是可以投資。

數字貨幣小檔案

* 瑞波幣官網：https://ripple.com/xrp/
* 區塊瀏覽器：https://ripple.com/graph
* 瑞波幣論壇：https://www.xrpchat.com/
* 瑞波幣推特：https://twitter.com/Ripple
* 瑞波幣臉書：https://www.facebook.com/ripplepay/
* 貨幣算法：Ripple 獨有算法，不可挖礦。
* 起源日：2013 年 8 月迄今，八年。
* 總市值：目前約 400 億美元，前十名。
* 總量：1,000 億顆，現已釋放 460 億。

達世幣（Dash/DASH）

說到達世幣（以前稱為 Darkcoin，2015 年 3 月 26 日起統稱 Dash），是我個人非常喜歡的數字貨幣。不只因為達世幣是我第一個投資的項目，更因為它主打交易完全匿名化，是一種為匿名而生的數字貨幣。

比特幣的交易屬半匿名，只要仔細追蹤仍可以查出流向，但達世幣就完全不一樣了，它開創了全新的匿名方式，號稱交易完全匿名；當然也可以選擇不匿名，有獨特的交易混淆方式，基於十一種加密算法，簡稱為 X11 算法（blake，bmw，groestl，jh，keccak，skein，luffa，cubehash，shavite，simd，echo），採 CPU 挖礦（GPU 挖礦軟體也已發布），安全性可說是非常高。

約兩分半即產生一個區塊，目的是為了防止專用礦機出現，雖然現在已研發出相對應的礦機，但它的區塊獎勵和大多數的數字貨幣不一樣，號稱主節點獎勵，只要在錢包裡存放 1,000 顆達世幣，不僅有利息，礦工們還有額外獎勵；若產生一個區塊，將以挖出來的 45％作為獎勵，主節點擁有者年投報約 8％，礦工有 10％。

整個生態系統各環節都能得到貨幣獎勵，因而長盛不衰，達世幣的研發重點在於使開源的私人數字貨幣成為主流。2014 年 1 月 18 日發行，總量只有 1,890 萬顆，目前挖出 1,000 多萬顆，屬於通貨緊縮的貨幣。

創立人為伊文‧達菲爾德（Evan duffield），他們的團隊我一直很欣賞，活躍度也算不錯，遇到任何問題都能有效解決，雙花支付（代表同時支付交易給 A、B，結果 A 收到兩份錢，而 B 沒收到，此問題在其他數字貨幣也存在著）；匿名問題；交易時間過長；缺乏真正的管理系統……

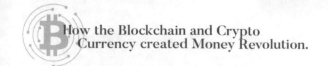

等難題都已解決。

　　而且達世幣是第一個在 Apple Store 上架的數字貨幣，持有者可以至 Apple Store 下載達世幣手機官方錢包，它們還有另一個很大的特色是「預算資金系統」。

　　2015 年 8 月，達世幣新增了一項功能，即預算系統，官方全名叫「透過區塊鏈的去中心化管理」，是一個允許主節點進行預算提案投票的系統，提案經投票表決通過後，由區塊鏈直接從區塊獎勵中撥款執行。

　　這是數字貨幣首次擺脫對融資或贊助的依賴，實現資金的自給自足；不僅如此，達世幣還擁有一個由持有者投票決定發展方向的管理系統。這個預算系統剛推出時，對達世幣沒產生什麼影響，但在時間的洗禮下，卻恰如伊文所預言，成為達世幣最經典的特色。

　　他說：「為了確保達世幣可永續發展，達世幣的網路必須從區塊獎勵中剝離部分資金，由主節點持有人決定資金流向，即資金將用於哪些維持和發展網路的項目。而這項措舉將加速達世幣的發展和效能的提升，使相關各方（如礦工、主節點持有人、投資商和用戶）都能在此良性循環中獲益。更重要的是，達世幣自此將具備自我保護機制，不受任何人控制。」

　　2015 年達世幣的預算資金僅為 15,000 美元，到 2017 年已漲到 240 萬美元，是非常成功的創舉。一開始達世幣會被關注，便是因為匿名化交易，以致一上市便從 1 美元漲到 16 美元，漲了約 16 倍；雖然隨後又迅速掉到 2 至 3 美元，此事件還被中國央視提出報導。

　　達世幣前期也因為其特色，讓原本使用比特幣做軍火、毒品買賣的人，全部改用它來做交易，因而冠上不好的頭銜，但也讓達世幣具備了基本的使用者。還有一件很弔詭的事情，達世幣初發行時，第一天就被人挖取了 190 萬顆，在當時遭到很多人砲轟批判，認為這根本是團隊預先挖

出，想靠炒作行圈錢之實；但達世幣在經歷重重關卡後已洗白，持續在市場中嶄露頭角。

作為真正老字號的數字貨幣，達世幣的價格和市值仍不斷成長，重視交易隱私者及企業，都漸漸轉為使用達世幣來交易，且之前比特幣多次重挫大跌，它都沒有受太大影響，非常奇妙。

2017 年達世幣也從 10 美元漲到現在最高 390 美元，這近 40 倍的漲幅非常驚人。我對它的未來非常有信心，因為我一路看著它從市值九百多名到現今前五十名，從默默無名到聲名大噪，中間的危機雖然艱險，但也都挺過來了，這不就代表這個團隊非常厲害嗎？不像其他團隊，遭遇挫折後就被擊垮、解散，網站不再更新，就讓它放到爛；達世幣能走到今天，除了它所擁有的特色外，還有背後努力維護、研發的團隊，我相信達世幣未來還會再創更高峰。

數字貨幣小檔案

* 達世幣官網：https://www.dash.org
* 區塊瀏覽器：https://explorer.dash.org/chain/Dash
* 達世幣論壇：https://www.dash.org/forum/
* 達世幣推特：https://twitter.com/dashpay
* 達世幣臉書：https://www.facebook.com/DashPay/
* 貨幣算法：X11（POS），可挖礦。
* 起源日：2014 年 1 月迄今，七年。
* 總市值：目前約 20 億美元，前五十名。
* 總量：1,980 萬顆，已釋放 1,000 多萬顆。

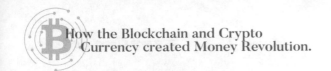

 # 新經幣（NEM/XEM）

新經幣，是一種惦惦吃三碗公的數字貨幣，我沒什麼在關注，但 2017 年卻突然爆漲了 100 倍！讓人摸不著頭緒，也因此吸引很多關注，紛紛進場投資。

新經幣的創立目標是建立一套全新的數字貨幣及其生態系統，核心是 POI 特殊算法，無法挖礦，是一種基於評估個體貢獻在群體中的經濟活躍度的共識算法。雖已發行六年多，但它的核心代碼和生態鏈仍在建構中，近期的成果是馬賽克與移動錢包。

新經幣還有個特色是你可以下載它的錢包和專屬應用程式，將電腦二十四小時掛機開著，提供出來幫忙做節點跟帳本，幫助別人轉帳，有點像用電腦接任務的感覺，然後獎勵新經幣給你，跟挖礦很像但又不同，因為它的獎勵多寡不會取決於使用者的電腦性能高低。一般來說，1GHZ 的 CPU 及 750MB 內存就足夠錢包和節點使用；若只使用錢包，更僅需要 256MB 內存。

在新經幣的領域，一個帳戶可以憑藉他人的 POI 獲取交易手續費，而且如果你同時安裝錢包 NCC（NEM 社區客戶端）和 NIS（NEM 基礎服務）的話，那你隨時都可以掛機獲利。官方每日會自動發出 10 萬枚 XEM 作為獎賞，平均獎勵公網上的節點貢獻者；但如果你不是天天把電腦開機留著收穫的人，那你可以考慮在網路中設置 7x24 可用的節點，將帳戶附屬在節點中賺取收穫，即便電腦關機也能產生收益。

創始人（身分未公開，代號 Utopianfuture）也曾說：「新經幣是第一個沒有富人或是早期參與者，僅能透過共享獎勵或買賣獲得份額的數字貨幣，這對我來說象徵著充分的平等與公平。」

據我了解，新經幣的成功點在於背後有日本著名創投機構投資，這跟瑞波幣有點像，但新經幣是去中心化的，也有離線錢包和 Apple Store 官方錢包，可目前還不知道新經幣實際參與對接了哪些領域？只知道跟風者很多，暴漲暴跌較明顯。

新經幣流通的產業目前還不是很清楚，推估是由大財團炒作的機率較高，我不考慮持有，但有閒錢的人可以嘗試掛機領獎勵。

2017 年新經幣爆漲至高點 0.3 美元，原先穩定在 0.003 美元，在 2015 年時，一顆更 0.0001 美元而已；本來默默無聞，忽然竄起變身為一匹「老黑馬」，至於未來能否持續飆漲，建議多評估，畢竟已經漲很多倍了。

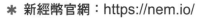

數字貨幣小檔案

* 新經幣官網：https://nem.io/
* 區塊瀏覽器：http://chain.nem.ninja/
* 新經幣論壇：https://forum.nem.io/
* 新經幣推特：https://twitter.com/nemofficial
* 新經幣臉書：https://www.facebook.com/ourNEM/
* 貨幣算法：POI，不可挖礦。
* 起源日：2015 年 3 月迄今，六年。
* 總市值：目前約 16 億美元，前六十名。
* 總量：90 億顆，已全部釋出。

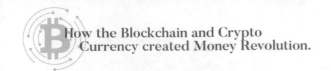

門羅幣（Monero/XMR）

門羅幣是一種基於 CryptoNote 協議，以隱私為中心的數字貨幣，也算是老幣種，比達世幣晚幾個月誕生，且與達世幣類似，專注於解決交易匿名的問題。但匿名方式又與達世幣不同，CryptoNote 協議使用環形簽名，透過混合來隱藏發送者身分，且具有使用每次單獨支付的一次性密鑰，來實現不可鏈接交易。

門羅幣算是繼比特幣後最具野心的幣種，在 2014 年 4 月依據 CryptoNote 協議被創建，規避掉比特幣的設計缺陷，使門羅幣更加隱私，不僅去中心化，又可擴展（Scalability），是目前唯一能隱藏交易發起者、接收者、交易金額和交易 IP 的數字貨幣。因此，它在國外駭客網站中的聲譽非常高，在地下交易中相當活躍，當然也有喜愛匿名隱私的交易者，且其功能也算強大，未來可能被廣泛使用。

2016 年時，門羅幣市值從 500 萬美元漲至 1.85 億美元，交易量快速成長，又因為它獲得暗網市場（darknetmarket，黑市網站）AlphaBay 的採用，2017 年門羅幣的交易量排行躍升第六，市值超過 3 億美元。

作為匿名交易的競爭者之一，門羅幣 2017 年大漲了 13 倍，從 2016 年初不到 1 美元至年底漲到 13 美元，2017 年又從 11 美元漲到最高 144 美元；兩年共漲了 140 倍，非常誇張。若按照這個趨勢，加上越來越多人重視匿名的重要性，我想門羅幣會是適合長期持有的幣種，只是未來增漲的倍數可能不會那麼多，但也是能穩定成長，2021 年最高漲到 470 美元。

數字貨幣小檔案

* 門羅幣官網：https://getmonero.org/
* 區塊瀏覽器：http://moneroblocks.info/
* 門羅幣論壇：https://forum.getmonero.org/
* 門羅幣推特：https://twitter.com/monerocurrency
* 門羅幣臉書：https://www.facebook.com/monerocurrency/
* 貨幣算法：Cryptonight（POW），可挖礦。
* 起源日：2014 年 4 月迄今，七年。
* 總市值：目前約 45 億美元，排序前三十名。
* 總量：1,840 萬顆，八年開採完，目前已挖出 1,790 萬顆。

狗狗幣（Dogecoin/DOGE）

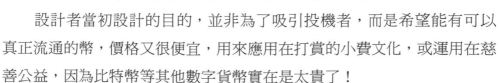

在數字貨幣的世界裡，最可愛、特別的非狗狗幣莫屬，它的 Logo 就是一隻柴犬，是有名的老幣之一，算法跟萊特幣一樣，但交易確認的時間比萊特幣更快速，只要一分鐘即可完成交易。狗狗幣沒有總量上限，2015 年 7 月左右到達 1,000 億顆，之後每年產出 52 億顆狗狗幣。

設計者當初設計的目的，並非為了吸引投機者，而是希望能有可以真正流通的幣，價格又很便宜，用來應用在打賞的小費文化，或運用在慈善公益，因為比特幣等其他數字貨幣實在是太貴了！

由於狗狗幣沒有預挖，分發公平，慈善、打賞文化深得人心，且小費文化在歐美國家是很常見的，因而吸引大量用戶。自 2014 年 12 月 8

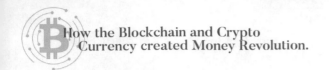
日誕生以來，用戶便以井噴式成長，非常快速，不到兩週的時間，狗狗幣就已擁有專門的網站和論壇，目前市值近 400 億美元。

狗狗幣主要活躍於 Reddi 論壇和 Twitter 上，用戶可以互相提供創建或分享好的內容，且用戶積極組織事業籌款活動，用狗狗幣來做公益活動，因而被許多慈善機構接受，FB 和 Twitch（遊戲軟體影音串流平台）也都接受狗狗幣。

在 FB 上的兩款應用分別是 Doge Tipping App 和 Multicoin Tipping App，前者僅限於狗狗幣，後者則包括狗狗幣在內的十四種數字貨幣，可以對 FB 上的發文給予打賞。儘管 FB 批准了這兩項應用程式上線，可用戶仍要注意相關限制，打賞功能只限於被批准的群組，以避免用戶的混亂；但群組可再自行添加，所以 FB 上的用戶其實都有可能收到狗狗幣，甚至是其他數字貨幣的打賞。在 FB 的應用將為狗狗幣帶來更多使用者，至於遊戲軟體的直播平台 Twitch，他們也已在其官方 Twitter 上宣布，該公司已接受用狗狗幣作為支付訂閱的工具。

你可以試想一下，當你看到國外發生天災人禍時，你想捐點錢幫助他們重建家園，但一般的銀行跨境匯款非常不方便，假如你只想捐個 10 元，手續費還比你捐的善款更高！當然，這只是一個比喻，我們一般不會捐這麼小額。可是，如果你使用的是狗狗幣的話，幾分鐘就能到帳，而且國外很多慈善團體都接受，你可以選擇一個自己認為特別信任的慈善團體；如果你在社交平台上，看到某個人發文很有深度，或正在透過 FB 募集一些你認為有意義的事情，線上打賞就非常方便，所以狗狗幣才會在國外如此風行！

雖然持有狗狗幣的人大多是為了傳承善的文化，但它也搭上牛市瘋漲熱潮，從一顆 0.0002 美元漲到 0.003 美元，約漲了 15 倍左右；可因

為總量很多,且還會繼續增發,所以每次狗狗幣上漲後,又會開始下滑,目前約落在 0.3 美元,畢竟狗狗幣的初衷就不是用來投資,但也有人看好它的前景而長期持有。

狗狗幣之所以會紅就是因為慈善和打賞,但每年不斷的增發可能導致通貨膨漲。所以我認為,若用投資角度評估,狗狗幣不太適合,且未來還會有各種強勢貨幣橫空出世,狗狗幣的市值排名會漸漸被擠下去,可我相信狗狗幣的善念文化會一直持續下去,供大家參考。

數字貨幣小檔案

* 狗狗幣官網:http://dogecoin.com/
* 區塊瀏覽器:http://dogechain.info/chain/Dogecoin
* 狗狗幣論壇:http://dogechain.info/chain/Dogecoin
* 狗狗幣推特:https://twitter.com/dogecoin
* 狗狗幣臉書:https://www.facebook.com/OfficialDogecoin/
* 貨幣算法:Scrypt(POW),可挖礦。
* 起源日:2013 年 12 月迄今,八年多。
* 總市值:目前約 380 億美元,前 10 名。
* 總量:第一年 1,000 億顆,之後每年 52 億,無總量上限。

零幣(Zcash/ZEC)

若談到史上最貴的幣,就一定要提到零幣。它在公開發行開放挖礦前,被吹捧得炙手可熱,以至於在交易平台正式上線那天,瞬間飆漲到 200 萬美元一

顆！是的，你沒看錯，200 萬美元折合新台幣約為 5,700 萬，瞬間超越
比特幣的價格，成為目前史上價格最高的數字貨幣，但過沒幾天隨即泡沫
式崩盤，跌至 75 美元，有很多人半路被套牢，損失慘重，跌到懷疑人生。

零幣當時不斷被吹捧技術先進，概念噱頭又夠，加上一些幣圈名人
相當看好，所以才會被炒得這麼誇張，但即便如此，也無法讓零幣久居天
價之位。因為零幣背後有著莊家操縱，在美國有不少莊家不停買幣、賣幣，
自己和自己交易，以至於產生交易量很高的假象。

而且零幣一開始釋出的量少，很容易被有心人士抬高價格，但也有
外界認為是因為零幣開始挖礦，幣量持續增加，原先「一幣難求」的供需
法則被攻破，才導致價格迅速下滑，致使零幣成為數字貨幣的傳奇。

零幣 2016 年 10 月推出時，大家真的像瘋了一樣，炒幣者失去理智、
陷入瘋狂，順勢帶動整個市場久違的熱情；但不管是哪一種數字貨幣，最
終還是得要能流通、被廣泛使用，才會有發展前景。

2016 年 12 月，零幣正式開放挖礦，接下來四年，每兩分半鐘產出
12.5 顆零幣，讓很多人又開始安裝系統，組裝礦機挖礦，許多沉寂已久
的礦池，也因零幣重新開始運作。但當時挖礦產業還沒有像現在這麼瘋
狂，所以零幣事件可說是替數字貨幣創造了很好的開端；幸好當時我和伙
伴們保持理智，以局外人角度看待那次的炒作，沒有參與炒幣，不然我可
能會第二次懷疑我的人生，但卻是不好的結果。

其實零幣有很好的團隊和頂尖的密碼學專家，還有知名的顧問和投
資者，其特色也是以交易匿名為出發，但它的匿名方式又和達世幣、門羅
幣不同。零幣利用了一個叫零知識證明（zk-SNARK）的技術，驗證交
易的真實性，利用一個公共區塊鏈來展示交易，但會隱藏掉交易的金額，
而密鑰的所有人（即持有者），可允許他人查看這個密鑰相關聯的資訊。

簡單來說，這種計算方式可以讓用戶證明他們擁有多少貨幣，但不用透露幣來自哪裡或要去哪裡。區塊鏈研究中心曾舉了一個「確定錢包失主」的例子，透過旁敲側擊的方式，來證明你是主人，讓我們一起來看看這個例子。

如果一個人撿到錢包，你跑過去說自己是錢包的失主。

對方就會問你，錢包裡有多少錢？有什麼卡？是否放了什麼照片？

如果你能回答，就說明你是錢包的主人。

而這個過程就是一個交互的「零知識證明機制」。

這裡再次提到有關交易匿名的特性，即代表世界還是很多人有此需求，比特幣雖然一開始也稱匿名，但和現實接軌後，匿名性就被揭開了；因為現今要在交易所兌換比特幣，幾乎都需要實名認證，交易地址、額度、次數皆會被曝光，只要透過這些數據就可以分析和追蹤，查證出交易的人到底為何，這也是為什麼美國 FBI 能順藤摸瓜，抓到絲綢之路（以比特幣進行支付的黑市平台）創辦人的原因。

所以，零幣是一個對隱私保護極致追求的數字貨幣，也被很多人認為它在金融業有著巨大的價值。但隨著傳奇事件殞落，它持續下跌，最低點跌到 45 美元，一直到 2017 年牛市大漲，最高來到 800 美元，跟風漲了 9 倍，目前維持在 200 美元左右。

因此，若撇開零幣一開始的炒作不談，它其實有著一定的實力，目前也打算和乙太坊創始人合作，將零知識證明嵌入乙太坊功能，施行匿名交易。

如果說比特幣是 95％匿名，達世幣和門羅幣算 99％，那零幣可說是

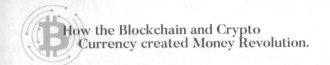
100％；但市場上不是所有人都需要這麼隱密的交易，所以達世幣才會將重心放在應用對接產業上，它認為這比較重要、具有發展性；且舉凡是隱私匿名交易的幣種，都算蠻有潛力的，我認為可以長期持有零幣。

數字貨幣小檔案

* 零幣官網：https://z.cash/
* 區塊瀏覽器：https://explorer.zcha.in/
* 零幣論壇：https://forum.z.cash/
* 零幣推特：https://twitter.com/zcashco
* 零幣臉書：https://www.facebook.com/zcashco/
* 貨幣算法：Equihash（POW），可挖礦。
* 起源日：2016 年 10 月迄今，五年。
* 總市值：目前約 4 億 5000 萬美元，排名約十五至二十名之間。
* 總量：2,100 萬顆，每四年減半。

3-5 其他數字貨幣＆垃圾幣

　　上節所介紹的數字貨幣，都是目前市值和交易量位居很前面的，支持者和社群也都很活躍，上線的交易平台也多，不太會被幕後黑手操控，未來都有可能成為主流的數字貨幣，算是目前一、二線的幣種。

　　但我這邊要再次強調，你一定要具備一個觀念，就是只有能真正流通，並對人類社會有所貢獻的幣種，才具有長期價值；很多幣種都是雷聲大雨點小，多半是出來造勢圈錢的，炒作大漲一波後就暴跌，放給它爛，投資容易血本無歸。

　　有些幣種因為幣齡較高，上過很多交易平台，所以擁有一定的交易量，還能維持在排名榜上，因而會有人再去買賣交易，但絕大多數其實是想炒作，吸引小散戶接盤，並無實質應用。在數字貨幣這塊領域，也存在著物競天擇，優勝劣敗；適者生存，不適者淘汰的法則，只要是數字貨幣，它就永遠存於網路上，永不消失，但如果沒有人認同、持有和交易，那就等同於廢幣。

　　當然，在眾多的數字貨幣中，也是有真正想做事、想研發技術的區塊鏈團隊，但因為發行時，幣種沒有成功推廣起來，以致知名度不夠、接受度不高而瞬間沒落，如曇花一現，迅速消亡。因此，分析一個幣種未來是否有潛力增值，必須要從各方面分析，包括社群的活躍度和開發者人數及研發團隊的應變能力跟技術。

　　數字貨幣種類繁多，無法全部一一做介紹，所以我只介紹幾款，主要是想讓大家知道，目前市場上流行的數字貨幣有哪些，當然三、四線的幣種也有可能爬升上來，在各方面的條件都不錯，有機會成為超新星的數字貨幣。但這些都預計在我們的實體或一對一課程裡向大家分析，有些幣種不管是投資或挖礦都很適合，後面 ICO 章節也會稍微向大家介紹除了乙太幣外，還有哪些從 ICO 項目誕生、被廣泛看好的幣種。

　　接下來要向大家介紹的是曾經努力過，但現在卻載浮載沉，或是已經沒人在玩的數字貨幣，當然也有目前發展得還算不錯，漲 10 至 100 倍的幣，大家可以自行去研究、查詢，下面我整理出一個表格。

幣　種	誕 生 時 間	狀 態	漲 幅
Decred/DCR	2016 年 2 月	發展中	漲 80 倍
公證幣/FACTOM/FCT	2015 年 9 月	發展中	漲 10 倍
波幣/Waves/WAVES	2016 年 6 月	發展中	漲 32 倍
應用鏈/Lisk/LSK	2016 年 4 月	發展中	漲 13 倍
Steem/STEEM	2016 年 4 月	發展中	漲 15 倍
互聯網幣/MaidSafeCoin/MAID	2014 年 4 月	發展中	漲 7 倍
科摩多幣/Komodo/KMD	2017 年 2 月	發展中	漲 36 倍
DigixDAO/DGD	2016 年 4 月	發展中	漲 11 倍
崛起幣/Emercoin/EMC	2013 年 12 月	緩慢成長	漲 10 倍
普維幣/PIVX/PIVX	2016 年 2 月	緩慢成長	漲 40 倍
點點幣/Peercoin/PEC	2012 年 8 月	暴漲暴跌	漲 10 倍

未來幣/Nxt/NXT	2013 年 11 月	暴漲暴跌	漲 40 倍
恆星幣/StellarLumens/XLM	2014 年 8 月	暴漲暴跌	漲 25 倍
雲儲幣/Siacoin/SC	2015 年 6 月	暴漲暴跌	漲 100 倍
比特股/BitShares/BTS	2014 年 7 月	暴漲暴跌	漲 100 倍
系統幣/Syscoin/SYS	2014 年 8 月	暴漲暴跌	漲 40 倍
合約幣/Counterparty/XCP	2014 年 1 月	暴漲暴跌	漲 10 倍
字節幣/Bytecoin/BCN	2012 年 7 月	暴漲暴跌	漲 80 倍
遊戲幣/GameCredits/GAME	2014 年 2 月	暴漲暴跌	漲 28 倍
元寶幣/YbCoin/YBC	2013 年 6 月	暴漲暴跌	漲 6 倍
黑幣/Blackcoin/BLK	2014 年 2 月	暴漲暴跌	漲 27 倍
比特黑/BitcoinDark/BTCD	2014 年 7 月	暴漲暴跌	漲 40 倍
蝸牛幣/Reddcoin/RDD	2014 年 1 月	暴漲暴跌	漲 27 倍

垃圾幣

有些數字貨幣的官網和社群已幾乎無更新，活躍度極低，整體市值及交易價格也低，錢包還常常有異常，我列舉一些名字比較特別，但目前仍可以交易的幣種供你參考。

這些幣種因流通量小，交易平台少，容易被莊家操控價格，有時突然飆漲數倍，持有風險極大，有些幣種則是在第三方公開網站還查詢不到，只在部分國家的小交易所可交易，這種幣盡量不要碰，如下表。

幣種	誕生時間	狀態
Zencash/ZEN	2017 年 6 月	評價正負兩極，待觀察，暴漲暴跌
粉紅幣/Pinkcoin/PINK	2014 年 5 月	暴漲後持續下跌
性幣/Sexycoin/SXC	2013 年 5 月	初漲後持續下跌
賈伯斯幣/JobsCoin/JOBS	2016 年 10 月	初漲後持續下跌，只有一個交易平台
中國幣/chncoin/CNC	2013 年 5 月	初漲後持續下跌
月亮幣/Mooncoin/MOON	2013 年 12 月	暴漲暴跌
賭場幣/CasinoCoin/CSC	2013 年 7 月	暴漲暴跌
第一滴血幣/FirstBlood/1ST	2016 年 9 月	暴漲暴跌
黃金幣/Goldcoin/GLD	2013 年 7 月	暴漲暴跌
紐約幣/NewYorkCoin/NYC	2014 年 5 月	暴漲暴跌，只有一個交易平台
杜拜幣/DubaiCoin/DBIX	2017 年 4 月	暴漲暴跌
鯊魚幣/Sharkcoin/SAK	2015 年 3 月	暴漲暴跌
綠幣/Greencoin/GRE	2014 年 6 月	暴漲暴跌

　　以上這些是我投身數字貨幣市場後，所了解、認識到的幣種，僅提出個人觀點供各位參考。當然，我的看法不一定是正確的，純屬個人淺見，若你有興趣可以再自行深入研究，也很歡迎你與我分享，一同交流各種數字貨幣的各項見解。今年存有的幣種，隔年可能又完全不一樣，數字貨幣的未來性很大，我們都要持續學習新的知識和吸取新的資訊。

BLOCK
4

挖礦&礦池&
交易平台

How the Blockchain
and Crypto Currency
created Money Revolution.

4-1 什麼是挖礦？

　　所謂的「挖礦」，就是礦工透過獲取每筆交易的數據，來解決一個叫「哈希（hash）」的數學問題，使新區塊包含上一個區塊的哈希值。

　　簡單來說，就是用電腦來運算解答數學密碼題目，誰先解出來就給他獎勵，如果同時解出的話就均分；若多人解題，那得到的量就會更少。也可以說是用電腦執行特定程式，反覆運算找出某一數值，然後代入以符合函數，來取得解答，換取自己「挖出」的數字貨幣。

　　而「礦工」就是參與挖礦的人，主要工作便是驗證每一筆交易數據，再做記錄寫入帳本。以比特幣為例，每當完成一個區塊驗證，就能獲得一定數量的比特幣作為區塊獎勵，這就是比特幣的發行機制。

　　中本聰在設計比特幣挖礦時，便希望這些編碼計算是很多互相獨立的個體依照計算速度累積，以保證不同挖礦者挖到的量能按算力分攤，而不是讓算力最強的人挖走全部的礦。

　　其他數字貨幣大部分也都是依照此種運行理念設計，只是相應的算法和生產時間數量不一樣，每個幣種都有自己的挖礦算法，例如比特幣用的算法是 SHA-256，而乙太坊則使用自己發明的 Ethash 演算法。目前可挖礦的幣種也越來越多，每年推陳出新，當然也有很多幣是後勢看漲的，所以挑對幣種挖礦也是一門重要的學問。

① 挖礦原理

比特幣最一開始，只要用一般電腦的 CPU 就可以挖到，創始人中本聰當初就是用他個人電腦的 CPU 挖出世上第一個創世區塊的 50 顆比特幣。但現今已完全不一樣了，早年以 CPU 挖礦的時代已成絕響，現在若要挖取比特幣，你的挖礦設備必須更高端，甚至是專為挖礦設計的 ASIC 挖礦機或是大規模集體挖礦，時代已大大改變。回顧挖礦歷史，比特幣挖礦總共經歷了以下五個時代。

CPU 挖礦 → GPU 挖礦 → FPGA 挖礦 → ASIC 挖礦 → 大規模集體挖礦

而隨著挖礦晶片日新月異的替換，礙於計算的數據越發艱深，挖礦速度也急遽產生變化，以適應現今的市場需求。

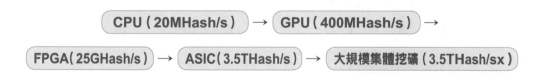

CPU（20MHash/s）→ GPU（400MHash/s）→
FPGA（25GHash/s）→ ASIC（3.5THash/s）→ 大規模集體挖礦（3.5THash/sx）

挖礦速度以專業說法稱為「算力」，就是透過電腦計算每秒產生哈希碰撞的能力，簡言之就是我們手裡的礦機，每秒能做多少次哈希碰撞，就稱為算力；而算力就是挖礦的依據，算力越高，能挖取的幣越多，回報就越高。

最初，在比特幣的世界裡，大約每十分鐘可記錄一個數據塊，所有的挖礦機都嘗試

1H/s = 每秒一次哈希碰撞
1KH/s = 1000H/s
1MH/s = 1000KH/s
1GH/s = 1000MH/s
1TH/s = 1000GH/s
1PH/s = 1000TH/s
1EH/s = 1000PH/s

算力的單位

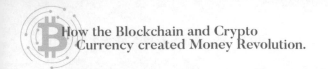

打包，將這數據塊提交，而最終成功取走這數據塊的人，就可以得到一筆比特幣作為報酬，大約是 50 顆比特幣；但依據協議規定，每四年將減半一次，所以變成每十分鐘報酬僅可產生 25 顆比特幣。

若想生成數據塊，就要成功找到那個有效的哈希值，而要得到正確的哈希值，沒有捷徑可走，只能靠猜測的，而猜測的過程就是電腦隨機哈希碰撞的過程，猜中了你就得到比特幣。

2012 年時，比特幣進行第一次的產量減半，2016 年 7 月又進行了第二次的產量減半，第三次減半為 2020 年 5 月，獲得的獎勵降為 6.25 顆比特幣；而下一次第四次減半將發生在 2024 年 5 月左右，以此類推至 2140 年開採完畢，所以比特幣的總量為 2,100 萬顆。

② 挖礦方式演變

比特幣經歷了從 CPU 挖礦到 GPU 挖礦，再演變為 FPGA 挖礦，如今走入 ASIC 挖礦時代；挖礦方式也從一、兩台礦機挖礦，到小礦機作坊，再走入大規模礦場挖礦的時代。

有人說挖礦十分耗電，且完全沒意義，但比特幣現今市值已達 7,000 多億美元，若按照現在的比特幣價格來計算，每年新挖出來的比特幣市值將在 100 億美元以上。而且比特幣挖礦還解決了棄電的問題，中國 2015 年棄電約 500 億度，能源浪費的十分嚴重，幸而有很多大型礦場都設在中國的西藏和四川，解決了當地棄水棄電（水力發電）的問題。所以如果我們摒除原先的觀念，很多地區原先能源過剩，無法消耗的問題，現在反而能透過挖礦解決，再轉化為比特幣，將金融價值提升、擴展，作用於全世界。

▶ 以上為蒙古大型比特幣礦場空拍圖和內部照片。

③ 挖的量會不會變少？

　　挖礦的量會隨著參與的人數和難度的增加，而導致產量減少，舉例來說，原本一個區塊可以產出 50 顆比特幣，由十個人來平分，假設每個人的算力一樣，那這樣每個人都可以得到 5 顆比特幣；可如果人數增加了，這樣一個人僅能分到 0.5 顆比特幣。反之，如果幣價下跌勢必有人退場，參與挖礦的人就會大幅減少，那難度又會下降，產量會因此再次變多。

　　因為任一可以挖礦的幣種，絕對都是最先進場開採的人獲得的量最多，所以我認為要將挖礦視為一場長期抗戰，除了持續挖取外，挖到的數

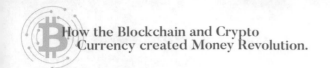
字貨幣也要存放起來，等未來價格上漲時再賣出，以此賺取高獲利，這才是最聰明的選擇。

挖礦產業再度盛行？

隨著全球數字貨幣的市值不斷加溫，乙太幣帶動了 ICO 的熱潮，也連帶讓比特幣的價格持續創下新高。2017 年 1 月至今，比特幣就從 1,000 美元漲至逾 30,000 美元，乙太幣也漲了 46 倍，根據 CoinMarketCap 統計，2017 年初數字貨幣市值僅 187 億美元，不到一年的時間，2017 年底就已經突破 1,100 億美元，全世界都漸漸意識到挖礦的利潤非常可觀；加上日本、澳洲……等國，也已宣布數字貨幣合法化，更加速帶動了數字貨幣的熱潮。

只要人們對這塊領域的關注度越來越高，其他數字貨幣的市值和價格也會順勢被拉抬，提升的將是整個數字貨幣市場，而非只有強勢競爭幣；且越來越多國家將數字貨幣和區塊鏈技術納入研究，加上新聞及報章雜誌不斷報導，因而吸引更多人跟風，紛紛投入挖礦產業。

在 2017 年 5 月，電腦專用的電競（電子競技，指使用電子遊戲來比賽的體育項目）顯示卡，就幾乎被掃光，連外國人都跑來台灣買再寄回去，因為台灣賣得比國外便宜很多。這我印象特別深刻，我之前就碰上一名老外一次買斷光華商場 4,000 多張顯示卡，讓想打電競的玩家完全買不到，所以當時有些店家偷偷存了幾張顯示卡，想趁機哄抬價格，開始胡亂喊價，一家比一家貴，像拍賣一樣競價。

4,000 多張顯示卡，成本約 4,000 多萬，大概可組 650 多台礦機，那時一個月還能挖到 1,000 顆乙太幣，就算扣掉電費也有 500 萬新台幣

的淨收益，而且這還是乙太幣尚未漲價的情況下；甚至還聽聞有富豪包機至各國購買顯示卡，空運回國挖礦，可見大家對於挖礦投入的程度，說是世界趨勢一點也不為過。

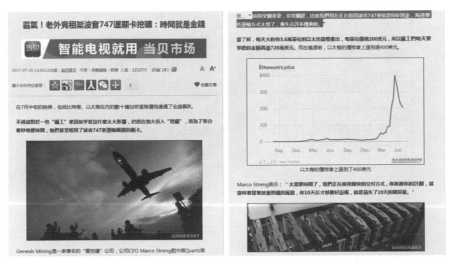

▶ 外國人包機專程運送顯示卡。

你知道這意味著什麼嗎？如果你是一位對市場動向很敏銳的人，就會知道就算不投資數字貨幣，只要投資製造或代理顯示卡的公司，其股票少說都漲了 2 至 3 倍，非常誇張，尤其是 Nvdia 和 AMD 這兩間大廠。

中國還有間開網咖的老闆在社群發文，希望礦工們給他一條生路，
如下圖。

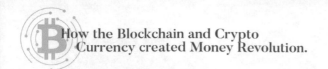

心陀
湖南省长沙市 iPhone 7 Plus 昨天16:03　　　104

我TM网吧装修完3个月了，显卡全国没
货，求矿工们给条生路，高利贷天天堵
我门口，我1个星期没出门了

▶ 圖源自微博：我不可能永遠都只是一條狗。

4-2 礦池是什麼？ 為何要有礦池？

　　若以個人挖礦來說，那感覺就像在買樂透，先搶先贏，儘管是計算能力強、速度快的電腦，也只是「比較容易」挖到而已。雖然理論上是小礦工可以先取得等比例的報酬，但因為現在有越來越多人投入，建置更多挖礦廠房，所以現今要以一己之力挖到礦，可說是微乎其微。

　　以乙太幣為例，一張中高階的顯示卡每秒可進行超過三千萬次的哈希碰撞，但若想真的挖到礦，那平均需要一千多兆次，所以若憑個人的力量挖礦，猜到正確的數值，那實在太靠運氣了，因此才會有礦工想到彼此結合起來設立礦池網站。礦池其實就是集合大家礦機的算力，提高你挖到幣的機率，並將你未來能得到的貨幣收益，提前平均分配到你的帳戶裡。

　　簡單來說就是，假設比特幣現在每十分鐘產生一個區塊，這個區塊包含 25 顆比特幣；但假設全球目前有一萬人參與挖礦，那麼在這十分鐘內，只會有一名幸運兒能拿走這 25 顆比特幣，其他人就等於做白工。

　　所以礦池的原理就是大家組隊開採，並按約定比例分配，讓礦工的收益趨於穩定，降低做白工的風險，有效利用時間和算力。

　　把散落在各地的礦工整合在一起挖礦，挖到之後再按照每位礦工的努力程度，依據貢獻程度按比例分下去；因為自己一個人要順利挖到礦實在太難了，所以才會集合大家的力量一起挖，再將利潤分給大家。

　　理想的礦池和礦工之間的分工大致是這樣：礦池藉由連接區塊鏈

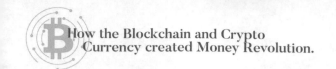

網路的節點接收交易訊息,產生待打包的區塊給礦工,由他們負責尋找答案範圍。通常礦池都會設定一個較低的門檻,可能是挖礦實際難度的1/1,000,000,好讓礦工找到符合的答案,以回報給礦池。每位礦工先篩選出一些不錯的答案範圍,礦池就可以從中找出準確的數值去符合真正的答案,提升效率。

待礦池驗算正確後,就記錄為一筆「獎勵」,再按照每位礦工提交的獎勵估算出貢獻比例,且每筆獎勵都會標註是某某人的,做上記號,無法詐領。而這層層過濾、合作把關的過程和淘金確實也挺像的,所以才會將計算數字貨幣稱為挖礦吧!

目前最多人挖取的便是比特幣,而比特幣的交易量屬中國最大,大型礦場、礦池也是中國最多,礦池的算力大概佔全球 70%左右。

矿池份额 (根据出块数据计算)		
所有　1年　3月　1月　1周　**3天**　24小时		
矿池	算力占比	算力
0　NETWORK	100.00 %	2.36 EH/s
1　AntPool	18.34 %	433.44 PH/s
2　F2Pool	14.50 %	342.72 PH/s
3　BW.COM	10.45 %	246.96 PH/s
4　BTCC	9.59 %	226.80 PH/s
5　SlushPool	7.25 %	171.36 PH/s
6　BitFury	6.18 %	146.16 PH/s
7　HaoBTC	5.97 %	141.12 PH/s
8　BTC.com	5.33 %	126.00 PH/s
9　GBMiners	5.12 %	120.96 PH/s
10　ViaBTC	3.84 %	90.72 PH/s
11　1Hash	3.41 %	80.64 PH/s
12　BitClub	2.77 %	65.52 PH/s

▶ 礦池算力排名,框線處為中國礦池。

至於礦池要如何公平分配收益是相當困難的問題，目前較常見的分潤模式有：PPS（Pay Per Share），PPLNS（Pay Per Last N Share），RBPPS（Round Base Pay Per Share）以上三種，各有優缺點和不同的風險要承擔。

① PPS 模式

礦工每次提交獎勵後便立刻發送獎勵，是最簡單、最好懂的模式。每個獎勵的價格是預先決定並調整的，相當於礦池「買」了這個獎勵，讓礦工收入穩定，而實際挖到的區塊多寡由礦池承受，所以若要進場挖礦，通常會收取較高的手續費。

② PPLNS 模式

只會在礦池有收入的時候發放獎勵，而每次挖到礦會按照礦工的獎勵數分配收益，波動由礦工和礦池共同承擔，通常會用隨時間遞減的權重計算，收入雖也屬平穩，但實作上會比較複雜一點。

③ RBPPS 模式

完全由礦工承擔風險，它像 PPS 模式一樣施行認列，但不直接發錢，登記為一個獎勵，以挖到塊作一個循環，再依照這個期間你所佔的獎勵比例來分潤，礦工收益完全看礦池產出區塊是否穩定。

而 RBPPS 因為實作起來簡單，是現在許多開源礦池採用的模式，但也存在著一些問題，對總算力低的礦池而言，出塊間隔長短並不穩定，隨

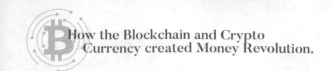

著礦工們的獎勵持續累積，挖礦的收益期望值會隨分母上升而遞減。

　　且礦工通常會被經濟誘因吸引，當所在礦場很久沒挖出區塊時，就會切到其他礦池工作，等原先的礦池出塊後再切回來，但如果每位礦工都這麼做，那礦池就很容易停擺。

　　此外，也有礦池採用類似線上遊戲的 DKP 制度，礦工每次挖到塊後會累積積分（credit），當有塊挖出來的時候就由當時積分最高的礦工全拿，然後將他的積分歸零；但這種模式對小礦工並不利，期望值算起來大礦工會拿到較多的額外收益。

　　總結來說，之所以會有這些不同的分潤模式，目的都是為了礦工的收入穩定、公平及礦池風險之間的權衡，像大礦池有資源請工程師改善系統，底下礦工較能有穩定的收入；小礦池則有靈活優勢，可以經營名氣尚小，但具有潛力的幣種。

　　礦工最在意的不外乎是礦池的手續費高低、收入波動、伺服器穩定度三項重點；而礦池收取的手續費除了要付維護系統跟電費的開支外，發放薪水給礦工時，還要承擔鏈上交易的手續費，所以礦場一般都會等到有大筆收益的時候，再一次性支付。且只要礦池規模不斷擴大，光支付這些就會產生龐大的交易流量，所以常有處理不完、塞車的情況發生。

　　目前已經可以在 GitHub.com 上找到幾組開源的礦池程式，具備一定電腦程度的人都能輕易架設礦池。但要將礦池經營好卻十分困難，你還得找到足夠的礦工並提高算力，才能確保礦池的收入穩定；相較之下，礦工僅要考量單純的設備成本收入。

　　經營礦池有時候更像在經營社群，需要培養一定的群眾，提供不錯的周邊服務，才能讓礦工願意在收益變化的時候，不至於軍心潰散，肯留下來跟著礦池一起打拼。

礦池只是代表一個網站，讓大家可以一起來這邊解題挖礦；而沒有礦池的挖礦，就是自行連上開源代碼設定個人挖礦（在此不做教學）。所以千萬別認為只有一台礦機的話就無法挖礦喔！且不管你的礦機放在家或放在礦場，只要透過礦池網站挖礦、貢獻算力，都會有比例配給，有些人會誤以為一台礦機挖不過大型礦場，所以會分不到幣，這是錯誤的認知，每台礦機得到的量都是按比例均分的。

礦池如何挑選？

至於要挖哪個礦池，我會建議你優先考慮礦工數量多的、知名的礦池，不僅出塊穩定，伺服器也穩定，對你的收益比較有保障，例如：

→ https://www.f2pool.com/
→ https://eth.nanopool.org/

這兩個都是乙太幣很大的礦池，大家可以參考看看。一個礦池底下的礦工數量如果太少，那整體的算力相對就會很低，在不容易挖到礦的情況下，便無法回報獎勵給礦工，那你的收入自然就會不穩定。且每個礦池的收費方式又不盡相同，光是乙太幣，目前所知的礦池大概就有四十五個，所以才會說優先考慮礦工較多的礦池，避免一個一個嘗試，浪費時間。

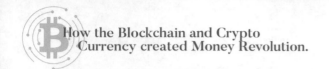

　　台灣其實也有個乙太幣礦池，但因為礦工數不夠，導致算力不足、收入不穩定，所以很少人參與。且有些礦池會偷偷扣你的零頭，但不會讓你知道，譬如你挖出 0.11111111 顆，它卻只給你 0.1111，部分不知名的礦池就會這麼做，賺取這些零頭。因此，要儘量選擇規模較大的礦池，以確保自己的權益，想必大家都不想被坑，是吧？

　　接下來簡單演示一下礦池的操作，後面章節會再詳細教學，我先以 NanoPool 為例。請根據我前面提供的網址連上 NanoPool 礦池，視窗最上方橫列有一項「Help」，裡面有挖礦軟體的設定教學，如下圖。

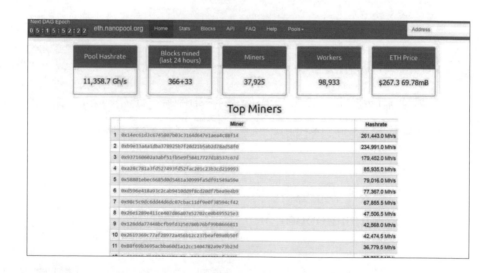

　　點選進入後往下拉，就可以看到他們提供下載挖礦軟體的位置還有設定的方式。

只要按照他們的說明設定，你就可以連上礦池開始挖礦了！

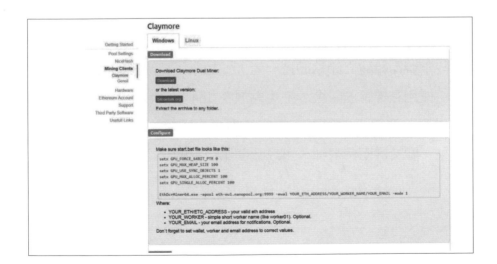

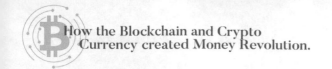 **預挖是什麼？**

在數字貨幣的世界中，還有一個名詞叫做「預挖」，指一個可挖礦的幣種在發行之前，尚處於發布、宣傳的階段，開發團隊就先自行開採大部分的貨幣，讓難度變高，待正式發布開放挖取後，再透過炒作讓幣值大漲，這時開發團隊趁勢大量拋售，獲取暴利；而這個做法的主要目的其實就是為了圈錢，所以才會有部分幣種誕生沒多久就迅速沒落。

但後來人們也學聰明，因為一個幣種是否有預挖，只要透過開源代碼就能查得到，新出的幣種只要被發現有預挖，可是又沒有實質的應用和特色時，就很難炒做起來。當然，市面上也是有預挖且成功的案例，像乙太坊當初也有進行預挖，但他們將預挖出來的乙太幣，透過 ICO 群眾募資賣給大眾，再加上乙太坊本身的功能應用強大，能發展至今日的漲幅也屬正常。

達世幣一開始也預挖了 190 萬顆，可創辦人的作法與乙太坊不同，他將這些幣獎勵給建立節點的持有者，並用來維持團隊的營運開銷，將大部分收益使用在經營團隊上，把重點放在如何讓投資者和持有者安心使用和增值獲利，進而累積到更多的支持者，也因此才有日後價格提升 300 倍的成果，關於這兩個幣種，可以參閱第三章的介紹。

4-3 什麼是 POW 和 POS？

假如你是一名資深的數字貨幣礦工或投資人，你可能常聽到 POW 和 POS，但卻很少人明白這是什麼意思。其實，有些幣種除了挖礦，還會發放利息！

① POW（Proof of Work）= 工作量證明

簡單來說，就是你能得到多少數字貨幣，取決於你挖礦所貢獻的工作量。電腦性能越好，分到的獎勵就越多，根據工作量來平均分配，且不容易作假；因為你必須擁有全網算力的 51%，才有辦法竄改帳本資料，增加自己的貢獻度，所以越多人挖礦，這個幣就越安全。

大部分的數字貨幣，比如比特幣、萊特幣等都是基於 POW 模式的數字貨幣，現今採用 POW 挖礦的幣種也越來越多，目前有近二百種具價值可挖礦的數字貨幣在使用，還不包括那些剛誕生的；總之，POW 就是算力越高、挖礦時間越長，你獲得的貨幣就越多。

② POS（Proof of Stake）= 權益式證明

這是一個根據你持有貨幣數量和時間，給予利息的發放制度。在 POS 模式下，有一個名詞叫「幣齡」，每顆幣每天產生 1 幣齡，比如你持有 1,000 顆幣，總共持有三十天，那麼你的幣齡就有 30,000。但只要

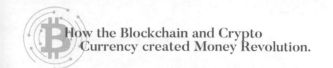
你發現一個區塊，幣齡就會被清空為 0，每被清空 365 幣齡，你就可以從區塊中獲得 0.05 顆幣作為利息（白話來說就是年利率 5％）。

那麼在上面的假設中，你能獲得的利息 = 30,000 x 5% ÷ 365 = 4.1 顆幣。這就很有意思了，因為只要持幣就能獲得利息，你持有越久就越有力，而 5％的年利率只是舉例，並非每個 POS 模式的幣種都是 5％，有的僅 1％年利率；且如果要對 POS 系統攻擊、竄改資料的話，同樣必須持有總量的 51％才有辦法，要做到也很不容易。

最早開始 POS 系統的貨幣是點點幣，點點幣首次施行年利率 1％，在當時因為創新獲得不少回響，因而讓許多人囤幣賺取利息；但長久下來，POS 開始有反彈聲浪出現，因為賺最多的永遠是最先加入的人，且 1％的年利率實在是有一點點低（所以才叫點點幣）；所以，後來誕生的數字貨幣就很少使用 POS 模式了。

可也是有幣種想嘗試挑戰，之前曾出現過年利率 5％和 1.5％的幣種，分別是 NovaCoin 和 Yacoin，剛推出時便打著更快的交易速度及更高的年利息，一度產生關注度，價格因此飆升，但現在卻沒沒無聞、被人淡忘，已變成廢幣。

也有突然表現亮眼的純 POS 系統幣種，例如比特股、未來幣、黑幣，2017 年都趁勢大漲 25 至 100 倍，只是之後又跌回原先價格，甚至更低，並無維持下去，就像坐雲霄飛車一樣，發生毀滅型泡沫，跟比特幣的擠出型泡沫不同（詳見第二章分析）。

即便如此，還是有部分幣種推出所謂的 POS 挖礦系統，多採用 CPU 挖礦，但效果不彰仍無法長久。

目前市場上較成功的幣種大多為 POW 系統（可挖礦的），而乙太坊則是 POW+POS 的系統，但不久後會變更為無法挖礦的形式；只有少數

的特殊幣種，像瑞波幣和一些 ICO 項目產生的代幣幣種（ICO 在第五章會加以詳述、分析），雖無法挖礦，可是具有真正實體落地的功能，所以能創造出價值，擠進市值排名前百大。

　　個人認為挖礦才是驗證交易記錄最好的方法，無法挖礦的幣種，大多都戰死沙場，雖然在少數交易平台上還是可以炒作買賣，但已無實質應用價值；除非真的有實體應用對接，否則我不會考慮持有。

4-4 礦機介紹

綜上所述，現在數字貨幣的算法和挖礦方式演進皆是從 CPU 挖礦 → GPU 挖礦 → FPGA 挖礦 → ASIC 挖礦 。

而一台礦機通常只能挖同算法的數字貨幣，以下為大家介紹目前比較常見的 ASIC 挖礦專用機（挖比特幣和同類算法的礦機）以及現在新式算法的數字貨幣所用的 GPU 顯示卡礦機（乙太坊和同類算法的礦機）。

▶ 圖左為螞蟻礦機，圖右為阿瓦隆礦機。

繼比特幣 GPU 顯示卡挖礦時代後，中國廠商特別研發出專門挖取比特幣的 ASIC 晶片高算力礦機。但現在一台礦機算力再高，你也絕對挖不過那些有一、兩萬台的大型礦場，憑自己挖礦得到的量真的很少，非常不划算。

像乙太幣就有再增加區塊計算的難度，以杜絕專用礦機挖礦的狀況發生，不然市場很快就被這些大公司礦場壟斷，大家就不用玩了。乙太幣設計之初，就是要讓大家使用 GPU 顯示卡挖礦就好，而且要推出乙太幣的專用礦機至少也要幾年的時間，所以使用 GPU 挖礦還是佔有很大的優勢，未來很多數字貨幣也都會朝這個方向去設計。

目前市面上所有 ASIC 高性能礦機都要透過特殊管道才能取得，普通人買到的都是汰換掉的瑕疵品，但卻被放在網上炒高價格，一台被喊到 20 至 50 萬新台幣。黑心的礦機商為了吹捧機器，廣告誇大不實，說自己的機器很好挖，可其實都是自己先挖一陣子後再出售給一般人，你實際挖取的效能，絕對沒有他們講得那麼多，購買前務必三思。

而 GPU 顯示卡的礦機組裝方式又有很多種，下節會詳細介紹，但不管是哪種礦機，重點還是要把架子和散熱做好，不然不方便維護，發生問題時也難以解決。下圖是我們團隊統一規格的 6 卡和 12 卡 GPU 挖礦機外觀，將線路妥善規劃，便於查找問題及維護，且有利於散熱。

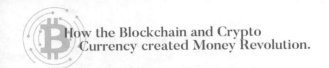

　　我們團隊所架設的礦機，經過妥善的規劃，排列整齊、方便作業，
你們可以參照下圖，絕對不是我胡亂說說的，這是我們其中一間大型礦場
的擺設，好管理。

▶ 左圖為我們團隊架設的礦機。右圖是一般凌亂的礦場。

4-5 礦機組裝和挖礦前準備工具？

　　而接下來，便要告訴各位讀者在組裝 GPU 顯示卡挖礦機前，必須準備哪些零件、工具和程式。現在網路上其實有販售組裝好的礦機，只要買回家插電，人人都能當礦工；但記得仔細比較那些市面上販售的礦機，它所使用的顯示卡 CP 值是否夠好？有些礦機使用的顯示卡記憶體很小，未來只要幣種計算難度提升，極有可能產生無法持續挖礦的問題。現在商家賣得顯示卡又比較貴，所以這邊還是要幫大家補充一下知識，避免買到無法長久使用的機器。

　　如果你決定在家自行組裝礦機的話，因使用的是一般家庭用電，不建議組裝超過兩台礦機，原因有兩點，第一是家庭用電的電費較高，且電容量又較低，容易造成跳電，必須請台電加大電容量；第二點則是所有種類的礦機均要使用 220V 的電才安全，否則二十四小時開機運作，會有發生火災的風險，一定要記住。所以，如果你想自己組裝多台礦機挖礦，還是建議找專業託管的挖礦廠商幫忙管理比較好，由他們代為注意細節，也安全許多。

　　緊接著為大家講解組裝一台礦機所需的配備。

① 中央處理器（CPU）

　　中央處理器，顧名思義，就是一部電腦的總指揮官，負責掌管一部電

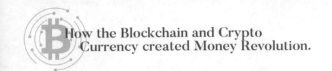

腦的運算，所有指令都由它一手掌握。挖礦使用 1151 接腳系列，共分 G3900、G3930、G4560 三款。

　　一台電腦的效能好不好，絕大部分取決於你的 CPU，假如你想讓電腦速度加快，那你就絕對不能把 錢省在 CPU 上。至於什麼樣的速度才叫快？因人而異，每個人對電腦的 要求與使用都不相同，感受當然也不會一樣，就好比說，如果我的電腦只 是用來文書處理，一般等級的 CPU 即可；但如果電腦要用來玩遊戲，那 電腦的規格勢必要比較高。

　　依目前的市場來看，製造 CPU 的大廠應該只剩 Intel 和 AMD 兩家 在競爭。這兩家各有優缺點，無法說誰好誰不好。其實做 CPU 的廠商 很多，但 Intel 和 AMD 做出的 CPU 基本架構及技術跟別家不太一樣， CPU 的指令集也有所差別。

　　Intel 的製作技術先進，可以用較少的時間、較低的耗能，處理同樣 的資料量，價格自然比較高；而 AMD 則是以核心數及較多的時程來補 足差距，但會消耗較多的能量，所以機體溫度也比較高，價格方面則由 AMD 取得優勢，兩家 CPU 大廠各有其主打優勢。

彬彬教練開講

　　我們對於組裝礦機的 CPU 要求沒有這麼高，可以運作簡單的 1151 接腳系列 G3900、G3930 即可。現在數字貨幣的礦機，主要還 是針對顯示卡性能為主，其他配件基本配置就好。

② 主機板（Motherboard，MB）

　　主機板不算電腦裡最先進的零組件，但絕對是能塞最多東西的零組件。現在新型的主機板簡直跟怪物一樣，上面有數十個長長短短、大大小小、圓的方的、各式各樣的插槽。即使你已經見過很多主機板，仍會訝異一張板子上能塞的東西怎麼一年比一年多？而礦機一般使用 1151 接腳系列，Z270、Z170 二款。

　　在電腦零件組中，主機板扮演的是一個「平台」的角色，它負責把所有的零組件串連起來，變成一個整體。如果我們將 CPU 比喻為大腦，負責所有運算的工作，那主機板可說是脊椎，連接擴充卡、硬碟、網路、音效、鍵盤、滑鼠、印表機等所有周邊，讓 CPU 得以掌控。

　　所以玩電腦的人，常會在意「板子穩不穩」，因為主機板要連接的周邊太多，若穩定性不足就容易出現各種狀況；CPU 不夠快，頂多笨一點，算得慢，但脊椎出毛病就完全沒辦法行動了。

　　當然，CPU 依然是一台電腦中最重要的零件，CPU 掛了就像本草綱目所記載的：「腦殘沒藥醫」。目前全世界最大的主機板廠通通在台灣（生產線當然在大陸），所以一定要好好認識一下我們的台灣之光。但就像前面說的，現在主機板上要塞的東西實在太多了，每個插槽都代表一種規格，有自己的歷史和技術，各插槽的應用我會各別提出做詳細說明，若出現一堆英文縮寫請別在意。

　　下圖這是目前最新的主機板樣式，看起來密密麻麻跟鬼一樣。你電腦裡的主機板可能沒有這麼高端，花樣也不一定這麼多，但基本設備每張主機板上都會有，不需要擔心會缺少什麼，除非你想提高規格跟效能。以

下我將依序做介紹，你可以試著找一塊主機板對照，比較容易理解。

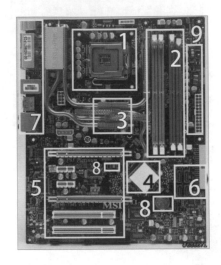

1. CPU 插槽（CPU Socket）

首先，主機板上一定有個放置 CPU 的
插槽，不同的主機板會有不同的 CPU 插槽
規格，以支援不同的 CPU；但即使插槽規格
一樣，主機板也不一定能支援，這與 CPU
和主機板的版本有關。而 CPU 旁邊有一個
八洞白色插槽，那是給 CPU 供電用的。

2. 記憶體插槽（RAM Slot）

在前面就有提到了，這長條狀的插槽是
插記憶體用的，一般主機板會有 2 至 4 條或
更多，緊鄰著 CPU 和北橋晶片。

3. 北橋晶片（Northbridge）

北橋是主機板上最重要的高階整合晶片，主要控制 CPU、記憶體和

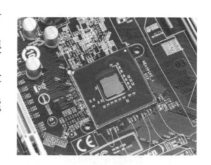

顯示卡等設備，一般中階以上的主機板都會
另外在北橋上加裝散熱片或風扇，因為它跟
CPU 一樣都是晶片，所以會發熱。照片中是
拆下散熱器後的模樣，上面那塊小方型可能
是散熱用的貼紙。

4. 南橋晶片（Southbridge）

南橋是主機板上的老二，和北橋互連並連接其他周邊，我們熟知的

電腦附加功能大多由南橋處理，比如 USB、
網路、音效、SATA/IDE 硬碟，都是從南橋
連出來的。它也是一顆晶片，照片中看起來
好像比北橋還大，其實只是晶片製程和封裝
的型式不同而已。

5. 擴充卡插槽（Expansion Card Slot）

雖然大部分的主機板都已內建「所有」

必要的東西，比如網路、音效及顯示晶片，
但按照每個人的使用需求不同，還是有擴充
的空間，所以這些插槽就是用來裝別的卡。

比如插上電視卡，你就可以用電腦看鄉
土連續劇，或是插無線網卡，讓桌上型電腦
也能無線化，直接連 Wi-Fi，而最常見的擴充便是插顯示卡。

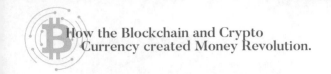

6. 硬碟 / 光碟機插槽（IDE、SATA）

　　藍色小插槽和黃色長一堆針的，就是連接硬碟或光碟機用的，藍色的是 SATA、黃色的是 IDE（或叫 PATA）。IDE 目前只有光碟在用了，硬碟也幾乎全轉到 SATA 了。

　　而左下方的小針腳（呈紅黃綠色）是連接機殼用的，比如機殼上的 USB、電源鍵、燈號等，這部分的安裝通常要參考主機板說明書，每張主機板針腳的規格不見得相同，礙於書本圖片為黑白的，還是建議拿個實體主機板來做參考。

7. 整合週邊（Integrated Peripherals）

　　請參考下圖，這些是主機板本身功能的輸出輸入口。基本的 USB 和網路插孔大家應該都認得出來，右邊六個洞是音訊的輸出、輸入；左邊兩個圓的是 PS/2，插舊型的鍵盤和滑鼠；其他則是光纖輸出（音訊）、eSATA（外接硬碟）、IEEE1394（周邊）的位置。

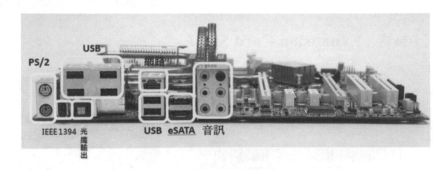

8. BIOS（Basic Input / Output System）

　　BIOS 有點像是主機板內建的「軟體」，用來辨識主機板上的各式裝置，調整各種設定，再交給作業系統啟動。BIOS 是開機程序中的第一

170

步，等 BIOS 辨識完畢之後，再交給作業系統接手；BIOS 軟體通常放在一個很小的 Flash ROM 儲存裝置。

　　而 BIOS 可在電腦作業系統內進行更新，但為避免 BIOS 升級失敗，若當前的 BIOS 沒有什麼問題的話，可不用急著更新；倘若需要更新，請小心執行，避免不當的操作造成系統毀損，在此就不多加詳述該如何進行更新。

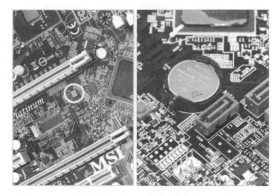

　　照片中圓框處就是 BIOS，和旁邊的插槽相比真的超小。至於右圖那個看起來像水銀電池的東西，沒錯，它就是電池，用來供電給 BIOS，儲存主機板的設定和時間，就算電源拔掉，資料也可以保留很長一段時間。

9. 電源輸入（ATX Power Connector）

　　南北橋要吃電、記憶體要吃電、顯示卡要吃電，就連 USB 也要吃電（雖然不多），那電要從哪來呢？就是從右圖中這個 20 或 24 針的電源插座進來。

　　由它負責供電給整張主機板，而這插槽是給電源供應器插的地方，就像主機板其他有電源輸入的地方一樣，旁邊一定會有電容配置在側。

171

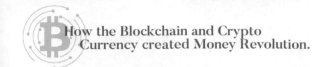
③ 記憶體（RAM）

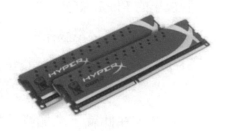

每台電腦都一定要具備記憶體，它是電腦中的主要零件，是 CPU 直接存取的空間。一台電腦至少要有 4G，但建議最好要到 8G，使用上才較為順暢；一般使用金士頓等大品牌即可，基本上都會有終身保固。

④ 硬碟（HDD 或 SSD）

一般來說 SSD 速度較快，但其實市面上任何新品都可滿足需求。我會建議電腦的基本配置至少要有 120G。

⑤ 顯示卡（VGA）

什麼是顯示卡？顯示卡（Video card/Graphics card）是電腦最基本且最重要的配件之一。它是電腦主機裡一個重要的組成部分，是電腦進行信號轉換的設備，擔任輸出顯示圖形的任務。

顯示卡接在電腦主機板上，它將電腦的數字信號轉換，讓顯示器（螢幕）顯示出來，且顯示卡還有圖像處理能力，可協助 CPU 工作，提高整體運行速度，對於從事專業圖形設計的人來說顯示卡非常重要。而常用顯示卡晶片供應商主要包括 AMD 和 Nvidia 兩家。

★ 顯示卡分三個種類

	內建顯示卡	核心顯示卡	獨立顯示卡
位置	通常在主機板上	CPU 封裝內	主機板 PCI-E 插槽
優點	價格低，省電	價格低，省電	可更換，性能強，擴展性強
缺點	不可更換，性能差	性能一般 只能隨 CPU 更換	體積大，耗電
型號	GM45 GMA X4500	HD2500 HD630	GTX1060 RX580
補充	內建顯示卡指的是主機板內建顯示功能，但有些主機板不一定有內建。	新版的 CPU 內建顯示功能，但有些主機板不一定有內建。	遊戲玩家通常都用獨立顯示卡，效能較優勢，而我們挖礦數字貨幣也必須使用獨立顯示卡。

★ 顯示卡命名方式

　　Nvidia 命名方式比較簡單，名字構成是前綴（GT/GTX）＋第幾代＋市場定位＋後綴。

前綴（GT/GTX）	第幾代	市場定位	後綴
GTX 高端	第 10 代（2016）	90 旗艦版	Ti 加強版
GTS 簡化	第 9 代（2015）	70 ～ 80 高端	M（通常筆電用）
GT 低端	第 8 代（無桌機版）	60 中高端	
GF 入門	第 7 代（2013）	50 中	
		*05 ～ 40 屬低端	

173

　　GTX960 一定比 GTX950 好，因為一個是中高、一個是中；相對的，GTX1060 也會比 GTX1050 好。GTX 系列特色則是省電效能高，若以同價位來說，CP 值相對高，為遊戲玩家首選。

　　而 AMD 隔代差距沒有這麼大，但 RX 系列比不上 R9 開頭的顯示卡性能，而 RX580 性能較接近 Nvidia 的 GTX980，R9 fury x 性能則接近 GTX980Ti。早期命名如下：

前綴	第幾代	性能等級	
RX	5	80	
R9	4	70	
R7	3	60	
R5/R3	2	50	
早期 HD 系列	7HD	8	90 超規格核心
	6HD	7	70 完整
			50 閹割版

　　RX 系列的顯示卡在挖礦效能較優，但缺點是較耗電。

174

★ 關於挖礦用顯示卡

首先討論 Nvidia，型號有：GTX1050Ti、GTX1060、GTX1070
、GTX1080Ti。

其優點為省電，不用更新 BIOS 也可隨時換貨幣開挖。缺點則是若
使用 GTX1050 或 1060 的型號來挖乙太算法的數字貨幣，會遇到記憶
體晶片的問題。

而 GTX1050 和 1060 顯示卡記憶體晶片主要有三種廠牌，三種品
牌挖礦的效能列表如下：

	三星廠商	美光廠商	海力士廠商
挖乙太算法	算力高	算力中等	算力低
超頻過後算力約	24Mhs	23Mhs	18Mhs

＊「超頻」為調高顯示卡運算後的極限值。

GTX1070、1080Ti 基本上都是三星晶片，超頻後算力約 30Mhs 和
37Mhs，但這兩張卡的 CP 值較差，不推薦。

乙太坊的算法較注重顯示卡記憶體的能力，因此在挑選顯示卡時，
晶片廠商會影響到挖礦的效益，但其它數字貨幣的算法大多不受影響。

另一品牌 AMD 型號有：RX460、RX470 - 4G/8G、RX480 - 4G/8G
、RX560、RX570 - 4G/8G、RX580 - 4G/8G。

優點為更新 BIOS 提升算力後，CP 值非常優秀。雖然更新 BIOS 之
後挖其它算法的數字貨幣比較容易，但如果出問題，需要再重置，非常費
工，為一缺點，且超頻後 460/560 的算力約 13；470/570 算的力落在

26；480/580 的算力約 28。

若用乙太幣算法來說，RX 海力士系列晶片最具優勢，但其實不會差太多。

目前 CP 值最好的還是 GTX1060、1070 系列，可以隨時更換想挖的數字貨幣，運用性好，就算不更新 BIOS 也不容易出錯，穩定性較高一點。更新 BIOS 有點類似破解蘋果手機的概念，若你想更改內建設定，記得要先備份。

⑥ 電源供應器（PSU）

選擇與電腦規格足夠瓦數（W）的電源即可。

一般遊戲電腦用 600W 電源足以應付，但挖礦電腦就需要用大瓦數供應器，瓦數至少要 850W 以上，並且要模組化較適合。

⑦ 鍵盤、滑鼠、螢幕

設定礦機硬體、軟體、挖礦參數使用，依照個人使用習慣挑選，能正常使用即可，無推薦特定廠牌。

⑧ **PCI-E1X 轉 16X、PCI-E16X**

一張主機板只能插上六張卡片，空間一定不夠，需要延長線 USB3.0 顯卡挖礦專用轉接卡。

⑨ **輔助工具**

延長線：礦機要放在最適當的位置，有時需要延長線輔助，但請注意其材質及最大功率，以避免電線走火。

智能插座：出門在外時，礦機若當機，你可讓機器重啟，繼續挖礦。

 挖礦前製作業

環境搭建前，請先確認電腦的作業系統，一般以 Windows7 或 10 及 Linux64 位元即可，至於虛擬記憶體至少要設置為 16G。以下示範使用 Win7 系統。

首先，請在「我的電腦」點擊右鍵，點選「內容」選項，然後再點選視窗左上角「進階系統設定」。

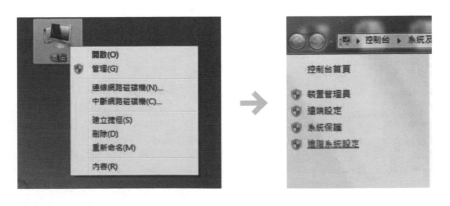

切換至「進階」分頁後，點選效能區的「設定（S）」。再切換至新
視窗的「進階」分頁，並點選虛擬記憶體區的「變更（C）」。

接著取消勾選「自動管理所有磁碟的分頁檔大小」。然後選擇 C、D、
E……等欲使用的磁槽，可用空間要大於 16GB 以上。

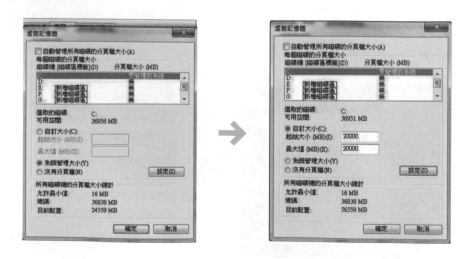

之後點選「自訂大小」，調整起始大小（MB）及最大值（MB）欄位，視個人配置輸入數值，挖礦最低要求 16GB。輸入合適數值後，點選「設定」，再點選「確定」即設定完畢（含效能選項及系統內容都要點選「確定」）。

挖礦前置作業：顯示卡驅動（以 A 卡為例）

將主機板上的 PCI-E 卡槽插上 A 顯示卡，請自行定義編號。每次僅插入一張顯示卡安裝驅動程式，並記住對應的卡槽（若更換卡槽，需要重新安裝）。

利用 DDU（Display Driver Uninstaller）刪除該電腦所有顯示卡驅動，若電腦內未有 DDU 程式，可在網路上下載，在此不提供載點，就麻煩各位搜尋一下囉（適用於原本已安裝驅動程式的舊電腦，新電腦可跳過此步驟）。下圖為程式介面，一般會預設為「普通模式」，若沒有請自行選擇，選擇好之後點選「Launch」鍵。

然後請點選第一個按鍵，如下圖的框框處「Clean and restart」，另驅動程式廠牌請選擇為 AMD，依圖另一標記處所示。接著，進行安裝驅

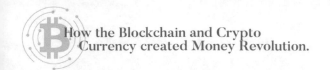

動 AMD Crimson Edition 17.7.2 版本，之後跳出下圖介面，請勾選所有的選項，勾選完畢後即可點選下方的「安裝」。

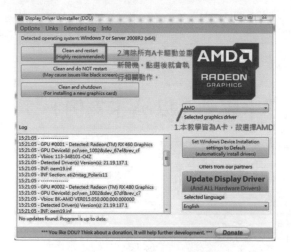

　　驅動程式安裝成功，請將最下方的「自動下載最新的驅動程式」取消勾選，接著點選「立即重新開機」。

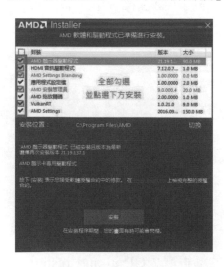

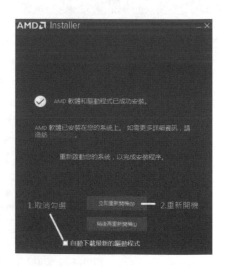

　　完成以上動作後即顯示卡驅動完畢，接著下一章為你介紹挖礦軟體。

4-6 如何選擇和設定挖礦軟體？

現在能挖礦取得的數字貨幣不少，但我用乙太幣做示範。目前大多使用 Claymore 來挖，因為效能較好、設定又簡單，下載網址為 https://goo.gl/IlpsLo，馬上來教各位如何設定。

首先下載 Claymore，在網頁中點那個 MEGA 進入載點，選擇對應的作業系統開始下載，完成後，解壓縮到你喜歡的地方可以了。

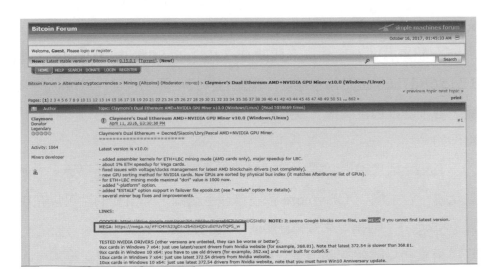

接著編輯設定檔，請先新增一個記事本檔案，放在挖礦軟體的資料夾內，將副檔名改成 .BAT 當作執行檔。記事本裡面設定內容如下：

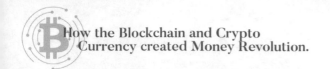
EthDcrMiner64.exe -epool eth.f2pool.com:8008 –ewal 0x32fd3c5
e80f8dba25958c5e1410b7121568d7b68-eworker Taki

因書本排版問題可能產生斷行，但實際在記事本內設定時切勿斷行。

```
start乙太幣 - 記事本
檔案(F)  編輯(E)  格式(O)  檢視(V)  說明(H)
EthDcrMiner64.exe -epool eth.f2pool.com:8008 -ewal 0x32fd3c5e80f8dba25958c5e1410b7121568d7b68 -eworker Taki -dbg -1
                            沒有斷行，正確！
```

```
start乙太幣 - 記事本
檔案(F)  編輯(E)  格式(O)  檢視(V)  說明(H)
EthDcrMiner64.exe -epool eth.f2pool.com:8008 -ewal
0x32fd3c5e80f8dba25958c5e1410b7121568d7b68 -eworker Taki -dbg -1      斷行了，錯誤！錯誤！錯誤！
```

eth.f2pool.com:8008 為礦池網址，是我偏好使用的，你也可以選擇自己喜歡的礦池。接著將以下網址貼在網頁的網址列：https://www.f2pool.com/eth/ 你的錢包地址。

而在記事本中看到的以下代碼 0x32fd3c5e80f8dba25958c5e1410b7121568d7b68 這是錢包地址，請記得換掉上面的位址，改成你的錢包位址，若不想改也沒關係，歡迎直接複製我的，由你為我挖礦，我會非常感謝你的。

「Taki」則是礦工名稱，可以更改，會顯示在挖礦狀態那邊，方便你辨識是哪一台主機 ，Claymore 預設會產生記錄，不需要的話可以在後面加個「-dbg -1」的指令來關掉記錄。（參考上圖）

再來就可以開始挖礦囉！只要打開程式和 BAT 檔（原記事本），幾十秒後就會開始挖了，如下圖所示，這樣就是成功開始挖礦。

　　這是正常挖礦的顯示畫面，有點像早期電腦裡 DOS 模式，當出現錯誤，畫面上會出現紅字顯示「Error」，要趕快找出原因，才能繼續挖礦，不然作業就會一直停擺。

剛剛請你在網頁上貼上網址，便是為了讓你能在網站上看礦機是否有正常運作，如下圖顯示。

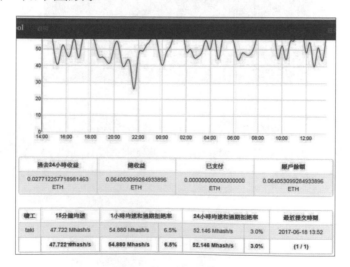

等執行程式出現 Share 後，你就能去網站看狀態，F2Pool 這個礦池規定要累積到 0.1 顆乙太幣後，才會撥款到你的地址，結算時間為每天早上 8 點，但不會一結算完，就馬上撥幣到你的錢包，請耐心等候。撥幣

時間可能長達十餘個小時至一天，如下圖所示。

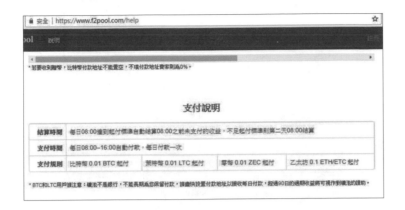

出門在外時，你也可用手機監控挖礦狀態，遠端遙控及操作方式如下。別忘了電腦要先下載 Teamviewer，依照程序完成安裝即可。

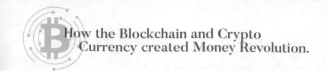

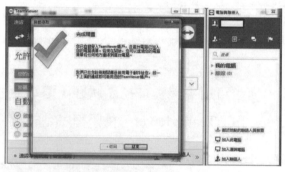

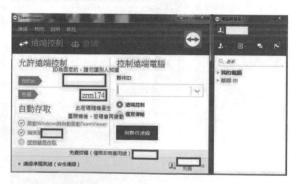

　　電腦安裝完成後，換進行手機的安裝。Teamviewer 手機版可直接至 App 平台下載。Apple 為 App Store，Android 則為 Play 商店。

還有幾點要提醒各位讀者。

1. 礦機顯示卡若沒接螢幕,解析度僅為 640 x 480。

2. 使用 Teamviewer 手機連線監看,顯示卡的算力會降低。所以若無必要,在網頁監看有無正常挖礦即可。

另,挖礦初學者一定會遇到許多問題,我整理出最常詢問的問題如下,供你們參考。

Q1. 我可不可以隨意挑選顯示卡來挖礦?

Ans:可以,但要注意挖礦的幣種,如果是乙太幣,記憶體容量要夠大。

Q2. 主機板可以隨意挑選嗎?

Ans:看個人需求,如果要插上六張以上的顯示卡,記得要挑選足夠的插槽才可以!

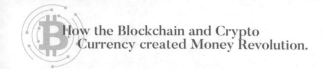

Q3. 把礦機放在家裡會有什麼風險呢？

Ans： ❶ 如沒有做好排風、散熱的話，家裡室溫會增高，反而造成住家的不舒適，且一般家庭用電的電費也會比較高。

❷ 室內配線要注意，在前面有提到，如果過載的話會造成跳電，容易對電器造成很大的傷害。彬彬教練有次就因為家裡跳電，燒壞了液晶螢幕還有電視。之前也有看過一則新聞，有人因為在家使用 110V 的電壓挖礦導致失火，以上這些風險都是要注意的，所以礦機最好還是使用 220V 比較恰當。

❸ 時時注意數字貨幣趨勢，哪個幣種好便開採哪個，但這些資訊通常都需要經過專業分析，若自行在家挖礦的話就務必要做好功課，並蒐集最新的資訊。

 設備是否會折舊？挖礦速度是否變慢？

我們接著來探討價值折舊問題。電腦確實有折舊的問題，但目前的電腦零組件通常都有二年以上的保固，零件損壞可直接至原廠換新或維修。

例如：顯示卡通常三至五年保固；CPU 有二年；記憶體終身保固；硬碟三年保固；主機板三年保固；電源供應器也有三年保固。所以一般來說，只有小零件壞掉會需要更換，基本的零組件保固時間非常久，除非新系列產品出來，不然折舊率可說是很低的。

且一台挖礦電腦至少可以運作三至五年以上，只要我們不要讓它長期處於極限狀態，也就是超頻運算，就可以幫你賺很久錢；他就像是你的一名員工，每天沒日沒夜幫你賺錢，挖到你不想挖為止。

組裝礦機後，我們只要給它電力，而且顯示卡大約每三年才會出新

的版本，使用今年推出的顯示卡，挖到四年後也有新版本推出，這樣也用得很夠本了；當然，你還是可以繼續使用舊版的顯示卡挖礦。挖礦的幣種每年都會推出新的，有賺不完的錢，就算你用上個版本的顯示卡一樣可以挖礦，差別只在於效能。

顯示卡出問題了，只要還在保固期間內送回原廠，原廠會直接換新的升級版顯示卡，就算過保固也只需貼 15％的顯示卡費用，一樣換新的給你。

再來，我們探討為何電腦用久了會變慢？

① 硬碟問題

現在我們大部分採用的電腦硬碟都屬於新式的 SSD 固態硬碟，這種硬碟若是壞掉就會直接壞掉，完全不會有變慢的問題，但因使用率不高，所以壞的機率很低；老式硬碟則是用久了會變慢，需要進行汰換。

② 因為過熱問題

主要是久沒使用或環境太髒亂，積了非常多灰塵才有可能發生，而且顯示卡過熱也會自動停機並不會燒掉，所以只要做好定期清潔，避免灰塵累積，保持通風散熱，礦機至少可用三至五年。

卡滿灰塵的散熱片

4-7 買幣和挖礦如何選擇？

　　常常有很多人問我，到底是買幣好？還是挖礦好呢？我想我們先來討論買幣的優劣勢，買幣又到底買哪種比較好？其實你只要想一個很簡單的問題：如果我選擇買幣，而且還只買一種幣，那這樣就等於是把雞蛋放在同一個籃子裡。一旦幣值下跌你就被套牢，幣漲價就看你願不願意脫手獲利入袋；買幣，完全看你的眼光、憑你的運氣。

　　那挖礦呢？透過挖礦產出的數字貨幣，通常只需要花電費和管理、維護的成本，可說是低成本就能取得；尤其是新幣種剛推出時，我們就先去開採、拔得頭籌，可獲得為數非常可觀的數字貨幣，若未來漲價，那你就能賺到一筆財富。

　　舉例，2016 年 10 月左右，乙太幣一顆是 240 元新台幣，當時一台基本六卡型的礦機，一個月約可開採超過 30 顆乙太幣，如果我每個月把它賣掉換取現金，就是賺 7,200 元左右；但如果我囤著，等到乙太幣大漲後再賣掉，而現在乙太幣最高價逾 70,000 元新台幣，試算能獲得多少錢？當然你也可以等價格更好的時候再賣。

　　所以，前期參與的人，以每個月獲得 30 顆乙太幣來計算的話，每月就有百萬收入！因此我才會說早期投入數字貨幣開採的礦工們，其獲利相當可觀，且非常穩定，但前提當然是你開採的貨幣有上漲。

　　買幣風險是即時的，短時間買幣獲利也許比較高，但長時間來看，

挖礦則勝出，所以我統整出以下三點對於數字貨幣盈利的看法。

➔ 持續挖幣是穩定盈利的一種保障，幣價下跌時看好錢包，守住挖到的幣，你也可以小幅買入，等到幣價上漲時，再拋售挖到的幣和買入的幣。

➔ 大眾對數字貨幣的認知和接受度，將決定未來此種貨幣的最終價值。以目前的情況來說，數字貨幣的圈子實在太小了，你隨便搜索一下就知道，網路上相關話題的參與人數很少；但只要接觸的人多起來，各種幣的價值就會上升，對於先投入的人來說非常好。

➔ 單純買幣、囤幣有時間成本，等下一隻黑天鵝不大實際，無法有穩定收入，得靠暴漲獲利；若長期持有，也只屬於一次性獲利，那倒不如挖礦，因為挖礦也是長期持有，而且量還比買得多。

買幣、挖礦這兩種方式各有優缺點，買幣賣幣炒短線，需要時時刻刻提心吊膽的盯盤，還可能睡不好，投資對了，可以很快獲利沒錯，但也有被套牢的風險；若幣值稍微上漲一點點，也可能急於一時而衝動賣掉，很難長久持續獲利，且長期處於精神壓力大的情況下，身體也很容易吃不消，非常不值得，所以我一直不鼓勵炒短線或買幣長期持有，除非你真的能做到買了不管它。

如果將長期持有和自組礦機挖礦以一年為基準相比，我認為挖礦比較實在，而且我還能看局勢隨時轉挖其他新推出的幣種。但最好的情況是斟酌考量兩者的風險，買幣、挖礦同時進行，像彬彬教練他就是把挖到的幣分成兩部分，一份拿去買其他幣種做分散風險投資，一份放著等增值，等於每天都有用不完的籌碼可以使用。

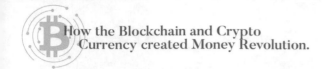

如何靠挖礦持續獲利

買幣跟挖礦做出抉擇後，你可能又會問：「那我又要如何用挖礦來持續獲利呢？」不管是買幣還是挖礦，都不見得一定能獲利，我僅是依據我的經驗來告訴你，挖礦會比較好，這也只是我的主觀意識。而若想靠持續挖礦獲利，我在此提供幾個觀念，供你參考。

- ◑ 選擇未來有潛力的幣種，在初期就先參與，這樣挖的量也多，待價格上漲後再拋售。
- ◑ 選擇容易挖取的幣，然後可去換乙太幣或比特幣等較保值的貨幣，因為這兩種未來還有許多上漲空間。
- ◑ 想辦法降低電費，水力發電、風力發電、太陽能發電，或是到電費成本低的地方設立礦場。
- ◑ 出租礦機或算力讓其他人一同參與挖礦，不僅能挖幣，又能賺取託管費當包租公。

彬彬教練開講

國外很多雲算力出租網不是真的，多半為假租賃，須審慎評估。

而挖礦到底能不能賺錢，就要看你是不是「真・礦工」了。大部分的礦工做得都是即挖即賣，在市場開紅盤的狀況下，即挖即賣當然是可以的，因為幣價高，單位收益也高，挖完就賣；但大部分的礦工還是會擔心挖礦難度持續提升，算力也相對提高，倘若幣價突然下跌，那未來還有沒

有可能賺錢？其實若想靠挖礦長期獲利，那你就必須是資金充足，並且是具有理財意識的「真‧礦工」，網路上有很多計算挖礦收益的網站，會計算每天的收益和回本時間；但都是在幣值未漲價和算力不變的情況下評估計算，根本就不準，而且根本不能這樣計算。

因為會有我們無法預料的情況發生，好比該幣種的算力大量增加，一旦算力大增的話，就會導致你目前的收益下降。大量的算力增加，會讓你從原先一個收益過高的狀態，回歸至一個收益正常的狀態，可一旦收益過低，那算力便不會繼續增加了。大家都不是傻瓜，當挖礦收益過低時，投資人或礦工就不會再添購顯示卡、礦機來挖礦，更可能直接放棄。

但挖礦總體來說是絕對有收入的，且回本時間絕不會按計算公式算得那麼「慢」，某些大型礦場也是會在算力大量上漲或價格暴跌的時候，關閉一些機器運行，重點在於你是否願意長期持有，看它未來的動向如何。

其次就是價格下跌怎麼辦，根據歷史數據來看，數字貨幣的價格落在高點時，就一定會下跌，但你可能會擔心這樣是不是代表挖礦的收益一定會下降呢？其實你根本不用擔心這個問題，當價格下跌或暴跌時，你挖到後不賣就可以了，你只要等。

所以才會說這適合資金充足或者用空閒資金來投入的「真‧礦工」，就像投資一樣，你平時養著它，為你穩定產出幣，將持有的幣放在手裡，電費用閒置資金支付，什麼時候覺得幣價合適了就賣；幣價下跌了，那就留著，等待它下一次的高點。也正因為如此，才會有人說，那直接買幣不就好了，費什麼勁挖礦？

其實不然，在高收益時，我們挖礦（成本低）賣出；價格較低，那我們就一邊挖礦一邊持有，又一邊用低價收幣。且價格暴跌後，算力肯定銳減，可你原先產出的幣並不會少，只是按當時的幣價來算，似乎沒賺錢，

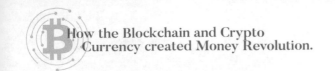

但只要你保管好，放在你的錢包帳戶，那未來你便是最大的贏家！

根據眾多礦工的長期經驗來看，在幣圈，做長線挖礦的礦工永遠比做短線礦工賺得還要多！多！！多！！！

那麼又牽扯到另一個問題，要怎麼知道暴跌過後，下次一定還會漲起來？且一定會漲到這麼高，甚至漲得更高呢？答案是「一定會」。

比特幣在前幾年曾經歷過數次斷崖式暴跌，跌幅高達 94％，但讓眾人跌破眼鏡的不是幣值，而是比特幣的用戶數並沒有因此消減，反而越來越多。比特幣的用戶一直在快速成長，根本無視匯率變化，幣值不斷創下歷史新高，2017 年逾 20,000 美元，2021 年最高達 70,000 美元。你可以再翻回第二章溫習一下，之前有分析過比特幣的歷史。

比特幣總是在每次媒體唱衰「崩盤」後，又再次起死回生，從誕生至今這十二年來上演無數次，不是我亂說、不看好它，你可以 Google 搜尋：「比特幣暴跌」、「比特幣崩盤」或「比特幣死亡」，也可用英文搜尋「bitcoin death」，你會發現，比特幣每年都有媒體批判、唱衰，可它卻越活越強，簡直是數字貨幣界的小強，且今年比特幣又再創高點；但在這次高點後的暴跌是何時？下一次的高點又是何時？不用著急，我們就靜靜的等待吧。

比特幣到底為什麼能成為打不死的蟑螂？讓政府跟媒體都束手無策呢？最主要的原因就是比特幣的應用越來越多，看好區塊鏈和看好比特幣價值的人也越來越多，致使用戶越來越多，進而吸引更多投資者，讓價格持續上漲。

且價格上漲就會有越來越多的礦工加入，讓挖幣的難度提升，成本價自然也會因此提高。不過，當吸引外部資金的供給結束後，若沒有新的資金再次入場，幣的價格增長就會止步，並伴隨著我們所說的「擠出型泡

沫」下跌，但數字貨幣的總體價值仍舊會越來越高，因此下次的貨幣大漲時，價格很有可能比這一次的高點還高更多。

所以，即使價格下跌，你也千萬別因為擔心而自亂陣腳，切記要忍住，等待下一波高點到來時再出售，相信我，你絕對不會虧的。以上是我觀察貨幣市場多年的經驗分析，僅供大家參考，不代表我說的絕對是正確的、絕對會賺錢，只是如果是我，我就會持續等待！大家也可以多多去求證並觀察，你會發現整個數字貨幣的市場是有邏輯在裡面的。

以下分享幾個成功的挖礦案例，網路上都查找得到，絕對不是我在亂說。

➔ 中國四川礦場，擁有七千台礦機，總投資額約有 1,000 萬人民幣，挖了四年共翻了 1,000 倍，每天平均可挖出 50 顆比特幣，若一顆幣以 10 萬新台幣來計算，月入至少 1 億，付出的電費成本每月約為 1,500 萬，這不是暴利是什麼呢？他們之前也經歷過比特幣大跌的時候，但他們那時並沒有停止開採，即便當時挖出來的幣都賠錢。但結果如同我所說的，只要撐過來、挺到最後的都是贏家，失敗的永遠是那些經不起短期賠錢的礦工。

➔ 馬爾科‧施倫特（Marco Streng）於 27 歲創立 Genesis Mining（創世紀礦業），是全球最知名比特幣挖礦公司，替超過三萬名客戶開採數字貨幣，每年靠比特幣挖礦獲利超過 3,000 萬美元；之前在 2017 年 5 月於全球知名演說平台 TED 分享演講。Genesis-Mining 於 2013 年 10 月成立，總部位於香港，它的比特幣雲挖礦設備設在冰島、美國和加拿大，還與世界上著名的礦機製造商 Spondoolies Tech 建立合作關係。

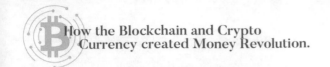
◆ 位於華盛頓州的比特幣礦工，大衛・卡爾森（Dave Carlson）經營約
  兩個倉庫的比特幣礦場，每月獲利超過百萬美元。

◆ 比特幣挖礦產業的巨頭 BitFury，於 2011 年在俄羅斯由 Valery Vavilov
  創立，為全球比特幣礦池前十強，2017 年 5 月宣布融資 2,000 萬美元
  開採比特幣。

　　還有數不清的成功案例是透過挖礦產業賺得大量財富，且這些開採比
特幣的礦場還在陸續增加中。隨著挖礦產業和新興數字貨幣的盛行，相信
未來也會有更多挖取不同數字貨幣的礦場，你準備好一同參與挖礦了嗎？

4-8 交易平台有哪些？ 如何註冊買賣？

　　目前全世界的交易平台超過五千多間，還有些沒沒無名的小平台，所以除了挖礦外，挑選交易平台也是非常重要的。市面上的黑平台、小平台很多，有些還會內部操控漲幅和價格，或被大戶操控價格，所以我們要先看這個平台，是否有登記註冊公司行號，最好要有電話、地址立案，並登記證號和信箱，且具備線上客服，不然平台關了找誰都沒用。

　　再來要到查詢網域註冊和流量的網站，查詢這間平台的狀況，查看域名登記的日期，看是否為新成立的平台、流量高不高、一天平均有多少人瀏覽；若是新的小平台，沒什麼流量和交易量，把幣放在裡面的話，風險就會很高，這裡我提供一些可供查詢的網站，讓你有方向查找。

　　而每間交易平台交易手續費的收費方式不同，有些在提幣、提現時便收取；有些是買賣才收；有些則是只要轉帳就收。因此，我們要先了解自己欲投資的數字貨幣是哪種？除了可以挖礦的幣之外，其餘都必須透過交易平台才能購買取得。目前有極少數的國外平台規定要在當地國家開戶，用當地的法定貨幣才可以購買，但基本上，一般的平台都能用比特幣直接購買。

　　也就是說，購買任何數字貨幣前，都建議你先持有比特幣或乙太幣，然後再到交易平台兌換，因為這兩個幣種已算是主流貨幣，幾乎每間交易平台都接受。譬如我要到日本交易所買萊特幣，那我就要先在日本交易所

197

網站註冊帳號，然後到全家便利商店購買比特幣，再將比特幣轉到日本交易所的比特幣錢包，之後照時價用比特幣購買萊特幣，這全部的動作就叫做幣幣交易；比特幣在全世界的數字貨幣交易平台都可以流通，非常方便！

那假設萊特幣漲價了，在日本平台售出的話也是換回比特幣，再轉回台灣的交易平台，拋售提現就可以換成新台幣了，整個買賣過程不超過五分鐘。跨平台轉幣一個小時內到帳，提現大約兩小時內到帳，非常快速；只要我們買的數字貨幣在該平台有交易，註冊帳號後就能隨心所欲地將幣轉入買賣，隨時兌現貨幣。

有次我在中國的交易平台用之前在台灣買的比特幣購買另一種幣，沒想到隔天就漲了三倍，我隨即賣掉，就這樣得到三倍的比特幣，再轉回台灣的交易平台賣掉變現，賺了一小筆財富，且整個過程都是合法的，大家不用擔心因此觸法。

而你買好的幣種，一般來說有另外兩種保存方式。一種是下載該幣種的官方離線錢包存在電腦裡，每種幣的官網都有提供下載（部分屬於代幣或公司幣種就沒有離線錢包，例如瑞波幣），只要再從交易平台存入自己的電腦錢包，妥善備份好就能安心持有；另一種則是放在交易平台幫你保存，每次登入都需要輸入帳號密碼，但這有一個風險，如果交易平台倒閉或被駭客入侵，那幣就有可能不見，所以會建議長期持有的人，可以放在冷錢包裡離線存放；如果只是短期買賣，那你可以選擇放在平台裡。

但一般有規模的交易平台不太會發生被駭的問題，機率很低，所以不用太過擔心。

以下列舉一些知名、大型的國外交易平台，部分平台都有中文介面，沒有的話，你也可以用 Google 瀏覽器自動翻譯的功能。

① Bitfinex

➲ 官方網址：https://www.bitfinex.com/

BITFINEX

➲ 所在國家：香港

　　總部位於香港，是全世界最大、最完善的比特幣交易平台，支援乙太坊、比特幣、萊特幣、乙太經典等數字貨幣的交易。

　　日成交量（二十四小時）達 718,901,990 美元，約 26,911 比特幣，交易手續費收取 0.3％，提幣手續費如下：

Bitcoin	0.0004 BTC
Ethereum	0.01 ETH
Litecoin	0.001 LTC
Omise Go	0.1 OMG
Iota	免費
Bitcoin Cash	0.0001 BCH
Eos	0.1 EOS
Monero	0.04 XMR
Ethereum Classic	0.01 ETC
Neo	免費
Dash	0.01 DSH
Zcash	0.001 ZEC
Ripple	0.01 XRP

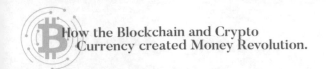
② BitMEX

➜ 官方網址：https://www.bitmex.com/

➜ 所在國家：塞席爾

　　BitMEX 設立於塞席爾共和國，是最先進的比特幣綜合型交易所，對於比特幣提供高達 100 倍的槓桿，也提供其他數字貨幣的高槓桿交易，類似外匯，可以買比特幣兌美元買漲買跌，進行槓桿交易。另有支援乙太幣、經典乙太、萊特幣、量子鏈、門羅幣、瑞波幣、零幣的交易。

　　日成交量（二十四小時）達 1,447,965,048 美元，約 42,275 比特幣。

③ Bittrex

➜ 官方網址：https://bittrex.com

➜ 所在國家：美國

　　Bittrex 建置於 2015 年，俗稱 B 網，是美國的交易所，支援數百種數字貨幣的交易，但目前僅提供英文介面。

　　日成交量（二十四小時）達 95,076,554 美元，約 2,775 比特幣。交易免費，提幣則需收取 0.25％手續費。

④ Poloniex

➜ 官方網址：https://poloniex.com

➜ 所在國家：美國

　　Poloniex 是美國的數字貨幣交易所，俗稱 P 網，是一個交易量大、幣種多且較正規的交易平台，無支援法定貨幣，全部用比特幣或乙太幣做

交易；網站介面全為英文，但操作很簡單。

　　日成交量（二十四小時）達 108,988,461 美元，約 3,181 比特幣，交易手續費收取 0.25％。

⑤ Kraken

➡ 官方網址：https://www.kraken.com

➡ 所在國家：美國

　　成立於 2011 年，俗稱 K 網，是一家位於舊金山的比特幣交易所，目前已躋身美國最活躍的數字貨幣交易所之列。

　　日成交量（二十四小時）達 1,114,579,887 美元，約 32,562 比特幣，交易手續費收取 0.42％。

⑥ Coinbase

➡ 官方網址：www.coinbase.com

➡ 所在國家：美國

　　成立於 2012 年，2021 年 4 月 13 日在那斯達克交易所上市，成為加密貨幣產業在美國首家上市的公司。

　　日成交量（二十四小時）達 932,289,154 美元，約 27,068 比特幣，交易手續費收取 0.25％。

⑦ Coinone

➡ 官方網址：https://coinone.co.kr/

➡ 所在國家：韓國

　　Coinone 是位於韓國首爾的比特幣交易所，為第一間支持乙太幣與韓元兌換，並支持多重簽名錢包的比特幣交易所。

　　日成交量（二十四小時）達 246,532,364 美元，約 7,217 比特幣，交易手續費 0.2％，提幣手續費如下：

Bitcoin	0.0005 BTC
Bitcoin Cash	0.0005 BCH
Ethereum	0.01 ETH
Ethereum Classic	0.01 ETC
Ripple	0.01 XRP
QTUM	0.01 QTUM

⑧ Bitstamp

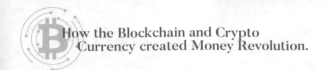

➔ 官方網址：https://www.bitstamp.net

➔ 所在國家：英國

　　Bitstamp 曾是最大的比特幣交易平台之一，長期作為 MtGox（已退場）強而有力的對手，收取 0.2 至 0.5％的交易費用，在美元／比特幣市場中，較其他交易平台低。

　　2015 年 1 月，Bitstamp 不幸遭遇駭客攻擊，價值 510 萬美元的比特幣被洗劫一空，平台一度關閉，但 Bitstamp 劫後重生，目前已恢復正常運營。

　　日成交量（二十四小時）達 300,014,460 美元，約 8,782 比特幣，交易手續費 0.25％，提幣免收取費用。

⑨ Okcoin

➔ 官方網址：https://www.okcoin.cn

➔ 所在國家：中國

Okcoin 成立於 2013 年 6 月，主要服務中國的用戶，提供人民幣兌比特幣、萊特幣、乙太幣等數字貨幣資產買賣，屬於北京樂酷達網絡科技有限公司，是全球著名的交易平台之一。

日成交量（二十四小時）達 25,461,939 美元，約 745 比特幣，交易手續費收取 0.2％。

⑩ 火幣網（Huobi）

➔ 官方網址：https://www.huobi.com

➔ 所在國家：中國

火幣網成立於 2013 年，是中國最大的比特幣、萊特幣和乙太幣的交易平台之一，堅持為數字貨幣資產提供專業、安全、快捷的交易服務。

日成交量（二十四小時）達 9,550,322,245 美元，約 279,566 比特幣，交易手續費收取 0.2％。

⑪ Bitflyer

➔ 官方網址：https://bitflyer.jp/

➔ 所在國家：日本

Bitflyer 成立於 2014 年，總部位於日本，比特幣交易量居日本第一。

日成交量（二十四小時）達 530,242,011 美元，約 15,504 比特幣，交易手續費收取 0.15％。

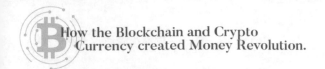
⑫ Korbit

➔ 官方網址：https://www.korbit.co.kr

➔ 所在國家：韓國

　　Korbit 是韓國最大的比特幣交易所，2014 年 8 月獲得 300 萬美元的融資，此融資由軟銀韓國風險公司和 Pantera 資本主導，BAM 風險公司、比特幣機會公司（BitcoinOpportunity Corp）及提姆‧德萊普（Tim Draper）等共同參與。

　　日成交量（二十四小時）達 20,555,994 美元，約 601 比特幣，交易手續費收取 0.3％。

⑬ 幣安（Binance）

➔ 官方網址：https://www.binance.com/

➔ 所在國家：中國

　　幣安交易平台是由前 Okcoin 聯合創始人趙長鵬領導，為一群對數字貨幣愛好者創建而成的區塊鏈資產交易平台。

　　交易幣種多元，所有商品都只能用數字貨幣兌換，無使用法定貨幣，80％的流量來自於國外，轉幣提幣都很快速，為交易量第一的平台。

　　日成交量（二十四小時）達 77,033,281,395 美元，約 2,254,596 比特幣，交易手續費收取 0.1％。

⑭ Localbitcoins

➔ 官方網址：https://localbitcoins.com/zh-cn/

➔ 所在國家：芬蘭

　　Localbitcoins 是募集全世界五千多座城市和二百五十個國家的比特幣交易的網站，屬於場外交易平台，不需要實名認證，它會自動偵測你的電腦 IP 位於哪個地區，再把當地想要買、賣比特幣的玩家列出，你可以直接匯款給他們或面交，非常方便。交易前可查詢評價和認證程度，台灣也有部分買、賣家在這邊進行交易，你可以創建一個買單或賣單，一旦完成交易會收取 1% 的手續費，但買入價格通常比交易平台高一些。

⑮ Alexa（流量查詢網站）

❺ 官方網址：https://www.alexa.com/siteinfo
　　可透過此網站分析每間交易平台流量及國家分布。

⑯ 阿里雲（域名註冊查詢網站）

❺ 官方網址：https://whois.aliyun.com/
　　可透過此網站查詢這個網域申請時間及成立多久。

　　通常假平台上的流量都很小，域名註冊網域可查出該公司是否使用免費域名註冊網站。常見欺詐手法為購買好幾年前已註冊好的閒置網域，再修改內容以假亂真成網站，建立成立很久的假象。

台灣交易平台註冊示範教學

　　台灣目前有兩間可代買和代賣比特幣的平台，分別是幣託 Bitoex 和 Maicoin。這兩個平台為代買代賣平台，並非交易平台，純粹賺取大約

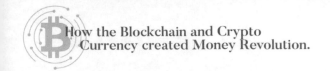
10％的匯差，提幣也不會收取手續費，每天可
提現 50 至 100 萬，兩個小時到帳。

幣託可在全家購買比特幣和換取全家的點
數購買東西，而 Maicoin 則是與萊爾富配合，

可以購買比特幣和乙太幣。接下來教大家註冊可在萊爾富購幣的 Maicoin
和線上交易的 Bittrex 這兩大平台。

Maicoin

連至 Maicoin 首頁即可看見註冊的欄位，請將你的 Email 設為帳戶
名稱，如下圖。

填完信箱後按下註冊，它會請你到自己的信箱收取一封驗證信，信
件格式如下圖。

感謝您註冊MaiCoin，請點擊以下連結完成註冊流程。

https://www.maicoin.com/zh-TW/users/invitation/accept?
invitation_token=z9WoHhhBcGa_sNdLBb59

若有任何疑問，請寫信至 info@maicoin.com。

感謝您選擇 MaiCoin。

MaiCoin 敬上

關於本訊息

本服務訊息是寄給 MaiCoin 客戶，以提供您帳戶最新資料。您的個人資料受到 MaiCoin 技術的保護。

取消訂閱　　　使用條款　　　隱私條款　　　常見問題

之後點選信件中的連結網址，頁面會直接被導向 Maicoin 網站，然後進行後續的密碼設置。密碼須設定大小寫英文＋數字，請大家務必設置夠強的密碼，以避免帳號被盜喔！

填完密碼後按下「免費註冊」，網頁會再要求你填寫手機號碼，這邊我強烈建議你使用自己名下的手機（也就是手機帳單上面的名字要是你的）。要不然後續的驗證會比較麻煩，若沒有通過身分驗證，就沒辦法直接透過網路轉帳買賣幣喔！

　　程序到這邊為止就算是註冊完成，你可以馬上下訂單，到萊爾富付款，購買比特幣跟乙太幣囉！買完以後就能透過「發送」的方式把你的比特幣或乙太幣，轉移到別的交易平台使用（比如說 P 網⋯⋯等等）。

　　如果你想要賣出比特幣、乙太幣或直接用銀行轉帳購買，那就必須要通過身分驗證，驗證成功後才能使用這個功能。完成身分驗證有三個步驟，分別是基本資訊（身分證驗證）、手機驗證（一般門號需要提供帳單證明，預付卡門號則需要申請書證明，所以前面才會說要輸入個人正在使用的手機號碼，那會加快作業時間）、以及賣出後的匯款帳戶驗證。

　　請看網站左上角，你可以找到一個「帳戶」的選項，然後點選。轉換頁面後，側邊直欄會有一個「設定」的選項，點選後進入基本資訊的頁面。

　　我們先來看看基本資訊的驗證，請依照你本人的資料填入，提交後會顯示身分驗證的資訊，這時候要上傳你個人的身分證照片以供查核。

　　完成身分驗證後，接著要確認你的銀行帳號。

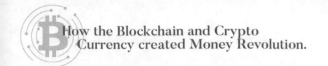

　　申請資料填寫完畢提交後就等它審核，審核通過你就開通全部的功能了！之後可以直接用銀行轉帳的方式購買比特幣／乙太幣。接下來只要在購買頁面選擇比特幣或乙太幣，輸入完數量以後，按下提交訂單就可以產生這筆交易訂單了。

　　但 Maicoin 有個限制，就是一次只能產生一筆訂單，也就是說在交易處理完畢（確認付完款項或取消）之前，都不能產生下一筆訂單。

　　Maicoin 會幫你保留當前訂單金額十五分鐘，如果想要以當時價格進行付款，請一定要在十五分鐘內完成付款，超時的話，它會以付款時間當下的價格計算喔。

確認訂單後會給你一組轉帳帳號，你可以直接線上使用 ATM/網路銀行轉帳的方式來付款。

如果你想要取消這張訂單，請到「交易明細」的頁面，頁面會顯示出你的訂單，再點選「取消」即可。

如果你選擇萊爾富購買的話，要注意會多出 20 元的臨櫃手續費喔！一樣只要填寫數量，提交訂單就可以了，只是你必須到門市去付款。

而且同樣要在十五分鐘內完成付款程序，不然你當時確認的金額會隨時價異動，務必注意！以下為使用萊爾富的購買流程。

　　確認訂單後，你會得到一組付款代碼，記得要趕在十五分鐘內前往萊爾富印製繳費單付款。

　　若不想交易，一樣可以從「交易明細」取消你的訂單。

　　以上就是透過銀行及萊爾富購買數字貨幣的流程，很簡單吧！如果你想將持有的數字貨幣賣出，就一定要進行驗證，才能在 Maicoin 賣出你的數字貨幣喔。

　　請點選出售的頁面，選擇你要賣出的幣種，然後再輸入賣出的數量，按下出售。接著它會寄送簡訊傳送驗證資訊，要求你在網頁填入正確資訊，才算成功賣出。

同樣地，若你想接收比特幣或乙太幣，那就請你點擊「接收」的選項。Maicoin 會自行產生一組專屬於你的錢包地址，請注意比特幣跟乙太幣的錢包並不通用喔！

之後你就可以使用錢包地址來進行收款。比特幣的發送需要六個交易確認，乙太幣則需要一百個交易確認才能算接收喔。如果想搜尋最新確認狀態，可到「交易明細」搜尋該筆交易，或在「交易詳情」的頁面點選交易 ID，即可在 blockchain.info 及 etherchain.org 上找到該筆交易最新的確認狀態。

　　而發送的部分，請點選「發送」的頁面。如果對方也有使用 Maicoin 的話，你可以輸入他的電子信箱，這樣整個交易過程就不會產生手續費，可以直接轉給對方。

　　另外，請多次確認你的錢包地址是否正確，若填錯的話，錢就會轉給別人，你我都不樂見。

　　還有很重要的一點，那就是 Maicoin 不支援！不支援！不支援！乙太幣的智能合約，請特別注意。

　　另有幾點注意事項喔，網站有單筆交易上限，比特幣單筆為 10 顆；乙太幣單筆為 300 顆。如果你想轉出較大的金額，那就得透過多筆交易

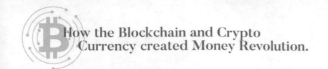
來分次轉出。

　　而其他操作中的問題，你都可以透過網站上「常見問題」來找到答案，也可以詢問網站的線上客服。

 **Bittrex**

　　接下來換介紹 Bittrex 的操作教學，請輸入網址 https://bittrex.com/ 至網站介面。然後點選右上角的「LOGIN」準備註冊。

　　在輸入帳號的下方找到「Sign up」的選項，點選進入註冊你的帳號。

　　然後根據選單填寫你的註冊資料，都算是淺顯易懂的英文，填寫完畢後即可點選「Sign up」確認註冊。如果你的英文很不 OK，那就參照下圖填寫吧！

　　之後系統會寄送驗證信到你輸入的 Email 地址。請到信箱中查看。

　　寄送的驗證信如下圖所示，裡面有一個鏈結，請點選以完成驗證。

之後會直接跳轉網站頁面，顯示如下圖。驗證完畢後就可點選「Login」登入帳號。

登入後，看到網頁最上方的橫列，有一個「Wallets」選項，點選後可進入你的錢包頁面。

218

然後在方框內輸入你想購買的幣種，如下圖所示。

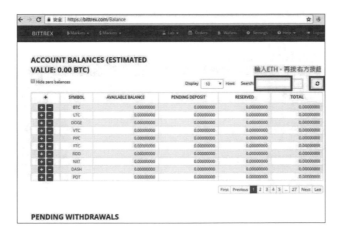

找尋到幣種的選項，點選「＋」鍵。

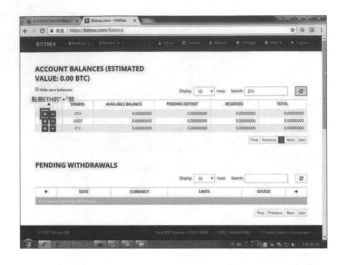

接著跳出另外視窗，點選「New Address」，產生對應幣種的錢包地址。

現在你就以完成錢包地址的申請囉！如下圖所示。

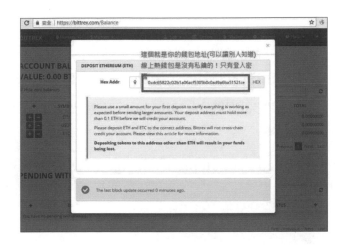

　　以上就是兩種交易平台註冊流程與須知。記得在 Maicoin 註冊完後要上傳護照、身分證或台胞證和水電帳單做實名認證喔！每個平台的要求都不盡相同，但正規平台基本上都需要經過實名認證。

　　　　交易平台註冊需要準備的資料有：Email 信箱和可收發簡訊的手機號碼；若是進行身分驗證，則需要：身分證、護照或是台胞證喔！

　　網站的註冊和驗證，基本上都很簡單，跟我們平常註冊入口網站大同小異，千萬不要認為數字貨幣的驗證就會特別不一樣，只要按照步驟操作，你一定可以順利完成！

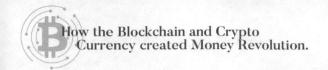
How the Blockchain and Crypto
Currency created Money Revolution.

參考資料：

◎ https://medium.com/taipei-ethereum-meetup/%E5%8A%A0%E5
%AF%86%E8%B2%A8%E5%B9%A3%E8%88%87%E4%BB
%96%E5%80%91%E7%9A%84%E7%94%A2%E5%9C%B0-
21a52c51427f

◎ https://www.mobile01.com/topicdetail.php?f=488&t=360184

暢聊「ICO」與
「搬磚」

How the Blockchain
and Crypto Currency
created Money Revolution.

5-1　什麼是 ICO ？

　　在現今社會，哪裡有錢賺，人就往哪裡鑽，上一波牛市最熱門的賺錢話題，我想就屬 ICO 了吧！但究竟熱門到什麼程度呢？告訴你，一點兒也不誇張，上至金融界精英，中至普通投資客，下至在廣場跳舞、打太極的歐巴桑，都可能聽過，甚至正在玩 ICO；用一個直觀的數字來講，中國境內至少有二百萬人玩 ICO。

　　其實 ICO 在很早之前就有了，只是又被炒作起來。有人曾說：「一張開眼，銀行帳戶就多了兩億！」這種情況你能想像嗎？因為 ICO 而暴富的神話不斷傳出，令人好生羨慕。

　　ICO（Initial Coin Offering，數字貨幣首次公開募資）是一種以數字貨幣作為回報的籌措資金方式，簡單講就是利用數字貨幣來眾籌，向群眾募資。

　　ICO 改自證券界的 IPO（Initial Public Offering）首次公開發行股票一詞（未上市股票），因為就本質上，它也算是一種「公開發行」，只是把發行標的物從證券改成數字貨幣，即「首次公開募幣」，獎勵自然也是數字貨幣。

　　ICO 項目的發起方透過區塊鏈技術，以發行數字貨幣的方式獲得融資，但不能直接使用法定貨幣（新台幣、人民幣、美元等）購買，因為這違反了各國融資的法律法規，你必須使用比特幣或乙太幣等市場流通性較

佳的數字貨幣來購買。

一般來說，IPO 募資在企業募得開發所需的資金後，會發放紅利給參與者，讓其獲得股票，擁有股票的完整所有權；但 ICO 參與者卻不擁有募資公司的實際股份，而是獲得其發行的貨幣，這就是 ICO 與 IPO 最大的差別。

簡單點來說就是：假設我們對 XX 公司進行投資，但對方並不會以股票分紅的方式給予我們實際股份，而是給予可流通、炒作升值或貶值的數字貨幣。

ICO 可說是一種創新，它增加了中小企業的融資途徑，減少企業原先應該付出的融資成本。因為發行方只需透過電子白皮書，也就是數字貨幣的發行企畫案，它們就能開始募資了！相較於正規的商業募資來說，ICO 確實顯得太過輕浮，但我們又不可否認它真的便利許多。

ICO 的誕生

在數字貨幣的世界可分為兩種類群，一類稱為「鏈圈」，另一類稱為「幣圈」。鏈圈所關注的點在於數字貨幣背後的區塊鏈技術，即支持去中心化，發行流通的複雜技術機制，對鏈圈來說，區塊鏈的技術研發、應用，甚至是底層的協議編程才是最重要的，炒幣賺取獲利是一件很 low 的事情，並不是數字貨幣誕生的本意。

但對幣圈的人來說，既然大家炒得是數字貨幣，那究竟是比特幣還是其他幣就顯得不那麼重要，只要能搭上數字貨幣、區塊鏈、金融科技的概念，有炒作價值就好，哪一種貨幣有價值就去炒哪種幣，因而造就了 ICO 的誕生。

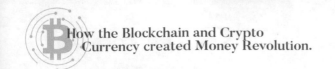
　　ICO 誕生後，在一定程度上將幣圈和鏈圈加以整合，重新融合為一個新的生態圈，透過公開出售數字貨幣的融資，解決兩者彼此間的矛盾與需求。不僅讓技術開發者獲得能實現夢想的資金，得以繼續深入研究區塊鏈的技術，同時也為只想炒幣的投機者，提供新的投資標的，間接創造出一種雙贏模式。

ICO 到底有多熱門

　　如果你是一名股票玩家，想必一定知道一個不過 10％的漲幅，若能吃到漲停板那就很開心了，但要多久才能守到一個漲停呢？可 ICO 就不一樣了，隨便都可能 100％獲利，甚至更高，之前曾有人獲得 2,000％的超高回報。

　　面對如此高獲利的東西，讓你賺取白花花的鈔票怎能不眼紅？誰不想賺錢呢？因此大家趨之若鶩，爭先恐後地想分一杯羹；且有些 ICO 賺取的暴利，甚至超過某些金融犯罪的暴利所得，它正一步步刷新過往的融資神話。

　　2017 年 6 月底，號稱中國比特幣首富的李笑來，便發起一個 ICO 項目「EOS 白皮書」，在短短五天內就募資到 1.85 億美元，EOS 的整體市值更達到近 50 億美元，有人稱之為「價值 50 億美元的空氣」。

　　但 EOS 幣在 7 月 3 日達到最高點 5.5 美元時，卻突然一路往下跌，到 8 月 29 日時，成交價已跌到 1.32 美元，與上市第二天最高點相比，足足下跌了 76.1％。9 月 16 日更慘，跌至 0.6 美元，我想看到這邊，你們應該就明白接下來的發展了吧！

　　儘管李笑來發起的 ICO 項目在下跌後備受質疑，但他不受其影響，

仍在 7 月 10 日宣布另一個更具爭議的 ICO 項目「PressOne」。

此項目預計發售 220 億顆代幣，其中 100 億顆已透過群眾募資完成，價值約 2 億美元。更誇張的是，這次竟然連白皮書都沒有公布，而且理由還是「即使提供了也沒多少人看得懂」。

還有另外一個倍受關注的 ICO 項目量子鏈，其在上市交易當天，最高價格就達到 10 美元，比當初募資的價格 0.3 美元漲了 33 倍，擊敗所有 ICO 發行首日的漲幅記錄。

曾有一位業界資深人士說，可將 ICO 看作一種變相的眾籌，讓投資人認購平台發行的代幣，而這些代幣將作為未來正式上線時，投資人所獲得的權益憑證。所以大部分 ICO 所發行的都屬於「系統代幣」，並非真正有區塊鏈技術的數字貨幣。

什麼？還看不懂嗎，那就用乙太坊做舉例吧。

首先，我們可將乙太坊看做一個蘋果系統，而系統內統一用一種幣作為支付方式，至於系統內的運用，我們可視為一個應用程式，也就是 App。這些應用類似於線上遊戲，在遊戲中我們若要購買裝備、獲得技能等，都需要支付遊戲幣才能取得；而這個遊戲幣可以透過系統中流通的幣來兌換。

隨著遊戲玩家越來越多，早期發售的遊戲幣就有可能增值。因此，乙太坊等於發明了一個區塊鏈 Apple Store，全世界的人都可以使用他們提供的工具，編寫應用程式來賣錢或融資，節省企業的人力成本和資源成本，詳見第三章的乙太坊介紹。

但 ICO 所發行的代幣並不算是真正的數字貨幣，因為這些提供我們使用的代幣只是一個數字，僅能在他們的系統中使用，且這種代幣沒有離線錢包，更無法挖礦。大多由公司發行，完全由公司去炒作和對接可接受

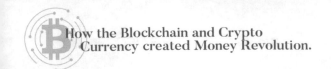

的實體項目，其實跟公司幣有點類似，但也有少數 ICO 項目背後真的有區塊鏈系統，可進行挖礦，例如乙太坊。

最早的 ICO 項目就是 2014 年誕生的乙太坊，它們僅用了四十二天的時間，乙太幣就以每顆 0.4 美元的價格，出售了 6,000 多萬顆，共募集 31,531 顆比特幣，用來支付乙太坊項目的開發、服務費用。

2017 年 6 月 12 日，乙太幣價格突破 400 美元，創下歷史新高，從 2017 年 2 月的 8 美元到 6 月的 400 美元，四個月增長 50 倍。但也因為乙太坊這成功案例，世界各地才會有各種 ICO 項目如雨後春筍般湧現。

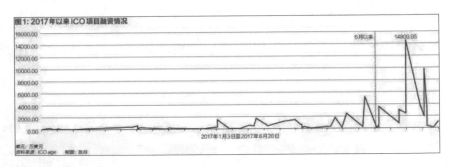

上圖為 ICO 融資的金額狀況；右圖則為 2017 年 ICO 項目融資走勢圖，可以看到在 5、6 月份時集中爆發。

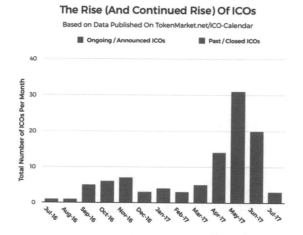

數據顯示，目前數字貨幣共計一千多種，2016 年 ICO 融資金額超過 2.36 億美元，2017 年 ICO 融資金額已突破 16 億美元以上，有上百個 ICO 項目推出。

當時回報率最高的 ICO 項目是 Stratis，收益率約 763 倍；但最成功的 ICO 項目仍為乙太坊，收益率高達千倍，十分驚人。

也就是說，要是你當時在 Stratis 或乙太坊的項目裡投入 10,000 元資金，並持有一年多，你就可以得到 700 至 1,000 萬元的回報，你說刺不刺激、暴不暴利？

且因為 ICO 是一種新興的金融商業模式，各國政府的金融監管部門尚未管轄到數字貨幣募資的範疇，所以你隨時都可以發起項目募資，不需要事前準備，也沒有什麼門檻，任何人都可以參與投資；因此，ICO 當時處於一個創造暴富神話、泡沫與投機的混亂時期，什麼狀況都有可能發生。

就連中國著名天使投資人薛蠻子也忍不住搭上 ICO 項目，2017 年 8 月初在微博上爆料，表示自己在短短八天的時間裡，便投入十二個 ICO

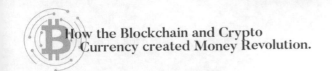

項目；彷彿 ICO 即代表著一夜致富，不管是投資圈還是科技界，連一般大眾都十分關注。

但專業人士認為，ICO 項目是越來越離譜，不僅沒有白皮書，還隨意抄襲代碼複製貼上，完全不看項目本質，發起人甚至有著犯罪前科等，很多 ICO 項目根本成不了氣候。他們也說：「其實很多區塊鏈項目不需要推出代幣也能完成，但許多人還是堅持透過 ICO 發起，而且代幣的發行數量、價格隨心所欲，沒有任何依據遵循。」

所以，即便 ICO 有著如此高風險，依然有人甘願投入，原因只有一個，那就是暴利；甚至有資深玩家總結：「ICO 的暴利已超過販毒。」實在令人難以置信。

5-2　ICO 能投資嗎？
謠傳有九成都是騙局？

　　ICO 可說是因趨勢而衍生出的新興金融模式，但就是因為太過創新，史無前例，因而讓許多國家措手不及，無任何政策監管，形成一個三不管地帶，導致騙子有機可趁，得以猖獗。

　　乙太坊的成功，讓 ICO 項目在全世界興盛起來，但這明明是一種很好的融資模式，卻被這些只想賺黑心錢的不肖人士破壞，導致市場上假的比真的還多。若撇開那些惡意的騙子不說，其實 ICO 並非全是騙局，總體來說可將它分為四類：

- ➲ 完全的騙局，純粹利用 ICO 進行詐騙。
- ➲ 研究區塊鏈技術的企業利用 ICO 進行募資，但商業模式不明朗，在技術上沒有絕對優勢，很難在激烈的市場競爭中存活下來。
- ➲ 紮紮實實做區塊鏈技術，成為一家偉大的企業，不過其價值在於股權，而非炒幣。待這些項目發展壯大後，有機會能在證券市場上市交易。
- ➲ 利用底層區塊鏈技術，發展成一個類似比特幣或乙太幣等較主流的幣種，成為真正的數字貨幣，被越來越多的人所接受。

　　但打著 ICO 名義進行詐騙的也不在少數，某財經雜誌曾總結出 ICO 十大亂象。

❶ 團隊成員資訊造假。

❷ 白皮書缺乏透明度。

❸ 交易過程不透明，多採取私下預售。

❹ 數字貨幣圈內名人收費站台。

❺ 運用聯合坐莊等手法，操縱二級市場價格。

❻ 缺乏監督制度，資金託管基金會形同虛設。

❼ 破發頻繁（跌破發行價格）。

❽ 任一普通投資者都能進場。

❾ 發起人經常中途宣告停止 ICO 項目，結束發行。

❿ 莊家通吃。

所以，如果你真的對一項 ICO 抱著極大的興趣，請務必先審視一下，避免掉入陷阱而不自知，賠本後再來欲哭無淚。

 ## ICO 典型的圈錢模式

所謂圈錢模式，就是此一項目的發起人和團隊壓根沒想要透過區塊鏈技術，將其產品運用在實體應用上，而是走一個套路模式。他們利用 ICO 的名義，隨意用一個不存在的技術和名目包裝，在市場上吸幣（金），可說是一個變相的詐騙集團，賺飽數字貨幣後，就大量或分批拋售市場，換取自己需要的資金，然後隨即拍拍屁股閃人。

網路上瘋傳著一個基本的圈錢套路模式，看來極為諷刺。

「ICO 典型的圈錢模式」

湊幾個中國的電腦工程師，再拉幾個外國的電腦工程師裝門面，然

後找一個數字貨幣圈子名人和大佬站台；又找一個做挖礦的老闆；最後再找一個出身於金融市場的行銷人員，來負責天花亂墜。

最好再搞一場區塊鏈大會，這樣就可以讓你募資到好幾億，而且這個套路可以一直玩，因為傻子的記憶只有 7 秒……

而投資了眾多 ICO 項目的中國著名天使投資人薛蠻子，對於 ICO 亂象也頗有感觸，他說：「目前市面上九成以上的 ICO 項目都不靠譜，很多人實質是來撈錢，讓自己扯上 ICO，只為了能迅速吸金。投資者只關心上市後能否漲 5 倍、10 倍，甚至是 20 倍，對技術毫不關心。ICO 就像一個新時代的眾籌，只要有名，他就跟著買。」

而瘋狂的背後，便是因為眾多不專業的散戶蜂擁而至，一些中國 ICO 項目開始進入小城市進行宣傳，投資者即是社區中的婆婆媽媽；但這些對於技術和區塊鏈應用一概不懂的婆媽們，只關心什麼時候能賣代幣，認購能打幾折僅此而已。

▶ 截自薛蠻子微博。

 ICO 裡的神奇項目

ICO 市場變得越發龍蛇混雜，有些公司拿來募資的項目更是花招百出。曾看過一個最好笑的項目，白皮書中寫著利用眾籌尋找七龍珠，找到後就可以召喚神龍，舉凡付錢的人，他們的願望都能實現。重點是這個項目還發行成功，ICO 的本質完全被扭曲，簡直是把 ICO 當作玩笑在開，令人不敢恭維。

更有人把陌生約炮系統結合區塊鏈推出；還有將共享雨傘，誠信借傘系統加上區塊鏈的項目；還有連白皮書都沒寫好，就想著融資千萬的項目；甚至還有傳銷行業的人，搖身一變進場玩 ICO，種種莫名其妙、匪夷所思的項目無法細數，顯示出現今社會的病態。就連俄羅斯總統普丁都曾發表要靠發行 ICO 來募資 1 億美元挖比特幣，然後給予投資者分紅。

因此，ICO 有九成都是龐氏騙局！各種各樣的虛擬代幣以瘋狂的速度發行，甚至還有人創造了一些莫名其妙的「馬勒戈幣」、「傻幣」、「嫩模幣」、「顏值鏈」，下面提出兩種略作介紹。

① 馬勒戈幣 / MLGB

自稱「人類歷史上第一個基於區塊鏈的現代行為藝術品」的 ICO 項目，白皮書封面叫包皮書，在初期投資時，號稱現為「冰凍ICO」週期，直到全球暖化，各地均溫達到 30℃時才能解凍。

還為產品設計了 VR 版本，用戶可以在 VR 實境中騎著草泥馬漫步。而且這個以草泥

▶ 截自薛蠻子微博

馬為本位的馬勒戈幣，竟然還融資到 1,500 萬人民幣！連天使投資人薛蠻子也投資了……

② 嫩模幣 / NMB

發起人表示，嫩模幣的持有者可以「參與到嫩模產業當中來」，還能「優先獲得改善基因的機會」，發起人甚至打出「一幣一嫩模」的口號，還宣稱前期投資人有華爾街之狼和貝克漢……至於白皮書呢？既然是嫩模那當然是寫真集囉！令人不敢恭維。

　　投資者唯一能期待的，就是有人比你更堅信 ICO 的價值，用更多的錢換取你手裡的代幣；因此，這些圈錢 ICO 項目也被戲稱為典型的博傻遊戲。

　　ICO 說白話點，其實就是一種數字貨幣的群眾募資，也就是你我常聽到的眾籌；只要透過眾籌，能做的事情就變得五花八門，反正不需要透過任何機構審核，只要有傻子買單就好。如果你遇到真的會做事情的團隊那倒還好，碰到騙子就很麻煩了，他們已經到了不要臉的地步，反正再怎

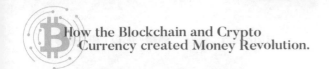
麼奇怪的計畫還是會有人投錢，人傻錢多。

騙子想著只要先跟 XX 交易平台掛勾好，可以順利買賣就不算騙，漲跌幅本就由市場決定，融資來的幣讓我逍遙法外，一切兩廂情願。而且越發誇張，很多項目連交易平台都沒上去，所以接下來，我想跟各位談談 ICO 的監管，以確保我們這些善良百姓的權益，不讓黑心騙子逍遙法外。

ICO已经到了copy一份代码写一份白皮书就能融资至少几千万的地步，每一个投资者都坚信ICO以后到了二级市场交易所会有十倍以上的套利空间，随便拉出一个还在规划期的ICO项目，市值就比迅雷还高，迅雷几千人团队兢兢业业十几年，服务几亿用户，比不过一封三天写完的白皮书，我不知道谁给了行业这么大的自信，然而违反大自然法则不具有可持续性，请大家注意系统性风险。

▶ 截自黃天威微博

ICO 監管是好事嗎？

由於 ICO 的泛濫，嚴重影響金融秩序，讓中國政府不得不出手研議監管方案，以管理這些無法無天的騙商。在 2017 年 9 月，中國互聯網金融風險專項整治工作小組發布了「關於對待幣發行融資開展清理整頓工作的通知」，ICO 已確定被定義為非法集資，納入互聯網金融風險專項整治。

【浦东市场监管局突击检查疑似虚假宣传的某全球区块链峰会】近日，浦东市场监管局对辖区内疑似虚假宣传的某全球区块链峰会进行突击检查。经查，现场有35家企业设置展台推销科技金融产品，参会人员近2000人。主办方为上海某软件技术有限公司，参考"比特币"技术自行研发了一款数字加密货币ETP（熵），并在该公司平台上进行交易。执法人员责令立即停止会议进程，并约谈当事人。目前，该公司相关涉嫌违法情况正在进一步调查中。

政府宣布所有已在交易買賣的交易平台都必須先整頓下架，待相關單位一一清查，排除欺詐嫌疑後才可繼續營運，因而讓部分正在籌集的 ICO 項目和已在交易平台的項目中止，引起不小的恐慌及效應。

雖然 ICO 項目絕大多數不可靠，但還是有真的在做事的團隊，只是從中國政府監管角度看，即便是可信賴的項目，

其本質一樣是在融資。因為他們認為 ICO 符合非法集資的構成要素，未經過任何合法機構的批准，屬非法融資，還透過網路公開宣傳，以高額回報為誘餌，向不特定對象發行「代幣」。

因此，ICO 涉嫌非法發售代幣票券、非法發行證券及金融詐騙等違法犯罪活動，將依據每個項目具體執行事項判決。面對層出不窮的虛擬代幣和快速增長的 ICO 項目，除中國政府外，其他國家也密切關注，以下列出幾個國家供各位讀者參考。

- ➲ 美國加利福尼亞州通過《數字貨幣商業統一監管法》，建立數字貨幣商業使用的法律框架，規範數字貨幣的商業使用活動。

- ➲ 美國華盛頓州立法機關正式簽署通過 5031 法案，全稱為《統一貨幣法案：數字貨幣和網絡數字貨幣交易所》，詳細規範了數字貨幣交易所在華盛頓州必須遵守的法規條款。

- ➲ 新加坡金融管理局（MAS）發表聲明，如果數字貨幣（代幣）構成「證券與期貨法案（第 289 章）（SFA）」中監管的產品，其發售或發行將受金融管理局的監管。

- ➲ 加拿大證券管理會（CSA）發出一則公告（Staff Notice 46-307），其內容指出一些基於區塊鏈的代幣應被視為證券。

- ➲ 韓國「數字貨幣專案小組（成員包括韓國金融監理委員會）」召開聯合工作小組會議，討論如何強化數字貨幣交易和商業模式的監管（當中包含 ICO 融資）。

- ➲ 俄羅斯央行發出一份關於 ICO 和加密貨幣存有風險的公開聲明。該國央行在聲明中表達了其時對加密貨幣和 ICO 的立場，指出他們會監察加密貨幣市場，並同時制定一個與其相關的監管框架。

● 中國數家金融及行政機構聯合發布了一則公告，表明直接涉及 ICO、代幣和數位貨幣的管理及處置方法。在該則公告中，先定義了 ICO 的屬性，然後明確指出「各類代幣發行融資活動應當立即停止，已完成代幣發行融資的組織和個人應當做出清退等安排」，並表示有關部門將依法嚴肅查處未停止的 ICO，以及已完成 ICO 項目中的違法行為。

● 香港證券及期貨事務監察委員會（證監會/SFC）發布一項聲明，闡明部分 ICO 所發行的代幣可能屬於《證券及期貨條例》所界定的「證券」範疇，應受到香港證券法例的規管。

● 英國金融行為監理局（FCA）發出一則公告，當中提到「ICO 是否屬FCA 的監管範圍」時，FCA 表示：「只有在獨立處理每件案件才能確定。」FCA 預期許多 ICO 不在他們的監管範圍之內。然而，根據 ICO 項目的細節及結構，FCA 相信當中有些涉及受監管的投資，因此參與 ICO 的公司可能處於受規管的活動中。

● 杜拜金融服務局（DFSA）向投資者發出警告，公開表示 ICO 有其風險。DFSA 擔憂缺乏經驗的投資者可能會受到 ICO 所影響，在沒有仔細權衡利害的情況下便購入高風險產品。但 DFSA 在該則聲明中明確表示，目前並沒有監管杜拜國際金融中心（DIFC）內的 ICO 活動，DFSA 關注的只有投資者的風險。

● 泰國證券交易委員會（SEC，Thailand）也宣布，他們支持起草和實施有關 ICO 的監管規則。因為某些 ICO 項目所發行的代幣，可能會被視為受該國法律監管的證券，這意味著某些代幣可能受到證券法的約束。

● 馬來西亞發出聲明，警告投資者相關的風險性，並研議是否需要擬定監管方案。

2017 年的監管 ICO 項目在各國鬧的沸沸揚揚，但我認為監管是一大好事，否則不曉得還會出現多少沒有真正應用價值的 ICO，讓不知情的投資者炒作垃圾幣，最後反被套牢，住在高樓無法下車。

在數字貨幣的發展史中，長期持有是非常看好的，畢竟全球數字貨幣的用戶數已成長至一億人口以上，且仍在持續上升，預計 2025 年會達到十億人，儘管政府涉入監管，使得散戶們大量拋售幣逃難，但同樣會有新的一批人認為機不可失，大量進場，金融市場不就是這樣嗎？所以，我認為監管是有必要的，以避免真心想涉入市場的人受騙，而對數字貨幣產生質疑，沒有信心。

5-3 有真實的 ICO 項目嗎？

2004 年 6 月，甫誕生的 FB 獲得風險投資家彼得‧泰爾（Peter Thiel）挹注 50 萬美元的資金，但 FB 股票卻一直到 2012 年才上市，總共花了八年的時間。

各位可以猜猜看，FB 的投資回報率是幾倍？答案是驚人的 7,000 倍！像 FB 這種極其優質的 IPO 項目，在證券已算是非常豐碩的回報率，唯一稍嫌美中不足的是花了八年的時間。

而在數字貨幣的世界裡，八年回報率 7,000 倍也是絕對有可能的，畢竟比特幣在八年內就上漲了 700 萬倍（從初始到最高，每年仍持續創新），你可以上網求證比特幣的歷史價格，700 萬倍是什麼樣的概念？若你在八年前花錢買了 100 元的比特幣，放到此時此刻，這 100 元已價值 7 億！

比特幣的奇蹟也許只有這麼一個，不會再有下一個漲幅達 700 萬倍的數字貨幣，但如果我告訴你，其他數字貨幣也有可能漲到 700 倍喔！別說半年 700 倍，我相信就算是八年 700 倍，都會有人願意持有，對嗎？

所以，我為各位整理了幾個在數字貨幣領域裡，真正投入研發技術的 ICO 項目供你參考，有興趣者可再自行深入了解。

① 乙太坊 / Ethereum / ETH

第三章已跟大家介紹過相當火紅的乙太坊，它當初就是以 ICO 的形式推出。

乙太坊是一款能在區塊鏈上實現智能合約、開源的底層系統。於 2014 年 7 月時推出 ICO 項目，當時 1 顆比特幣可換到 2,000 顆乙太幣，而乙太坊在短短四十多天裡就募集了 3 萬多顆比特幣，創下當時的世界記錄。

也就是說，如果你當時有拿一顆比特幣參與 ICO，且一直存著那 2,000 顆乙太幣的話，依照 2021 年乙太幣最高點的價格，那你等於擁有 2 億新台幣的資產，光六年的時間，投報率就高達 10,000 倍。

如今，乙太幣更成為繼比特幣後市值第二高的幣種，市值近 3,000 億美元，早期投入的人現今想必皆身價不斐；乙太坊也被譽為近年最成功的 ICO，其餘資料可以再翻回第三章溫習。

② 小蟻股 / NEO

為何在眾多 ICO 項目中，我會特別介紹小蟻股呢？因為它真的非常傳奇！小蟻股算是中國的老牌項目，原名小蟻，是一個利用前沿科技管理虛擬資產的項目。小蟻股於 2015 年 10 月推出第一次 ICO，共發行 1,700 萬小蟻股，募集到 2,100 顆比特幣。又在 2016 年 8 月啟動第二次 ICO，發行 2,300 萬小蟻股，募集到 6,119 顆比特幣，當時價值 360 萬美元。但之後卻陷入各種風波，上市即遭到腰斬，發行價甚至不足第二次 ICO 成本的 1/2，各種負面新聞紛至沓來，壓得持有者喘不過氣，導致他們開始不看好此項目，紛紛忍痛離場。

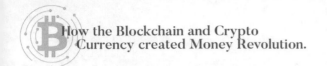
可萬萬沒想到，2017 年 5 月小蟻股重新推出，從 5 月 2 日的 0.17 美元飆升到 48 美元，只花了短短三個月的時間，就翻了 280 倍，在當時堪稱幣圈最大的奇蹟，逆轉勝全面出擊。

大家可以看到上面這張圖，此影片真的存在，可信度很高，我還有保存下來。這則新聞是講一位大陸的年輕人購入小蟻股後，因打架被抓到看守所關了四個月，出來時他的資產竟翻倍，變成 1,200 萬人民幣，因禍得福！如果他當時沒有進看守所，可能沒有辦法持有小蟻股這麼久？

NEO 是中國首個開源公有鏈項目和智能資產的平台，它基於區塊鏈技術，將現實資產轉化為虛擬資產，透過智能合約實現智能管理，用戶選定數位證書認證機構實現身分認證。然後在 NEO 上繳納一定的小蟻幣，即可登記交易流轉資產，再透過電子合約及私鑰進行電子簽名，解決目前在區塊鏈技術中，因為數字貨幣而產生的法律風險。

不同於比特幣、乙太坊，NEO 採用低信任的聯合記帳模式，以記帳節點的專業化實現低延遲、高流動，並分層設計支援不同資產在小蟻區塊鏈上的交易和結算。看到這裡，可能會有人想問，假設我在 NEO 上登記註冊了資產，如何才能找到合適的接收方呢？針對這一部分他們提出了超導交易，表示所有的訂單和媒合都在小蟻區塊鏈第二層進行，整個過程都是用戶直接對接，形成一個去中心化的交易所。

NEO 建置了兩種代幣，分別是小蟻股和小蟻幣。小蟻股代表小蟻區塊鏈中的所有權，總量 1 億股，在創世區塊（第一個區塊）中一次性創設，可用於記帳人選舉、投票決定小蟻區塊鏈的參數更改、獲得小蟻幣分紅等；而目前流通的小蟻股有 5,000 萬股，剩餘部分鎖定，在小蟻區塊鏈運行一年內，由團隊持有，用於維護平台的運營發展。

至於小蟻幣，總量有 1 億顆，用於支付小蟻區塊鏈的記帳費、附加服務費及記帳候選人的押金，初期為零，隨著新區塊的生成逐漸增多，估計會在 2022 年達到上限。且 NEO 也憑著獨有的特色，形成自身的優勢，我稍微提出一些觀點讓你參考。

NEO 是中國最早自主研發開源公鏈，也有人稱它為「中國乙太坊」，那為什麼會有人如此看好它呢？我想其中最重要的一點就是團隊的開發能力。從創立至今，小蟻股的發展可算是穩紮穩打，目前小蟻團隊的技術人員達到二百多人，技術文檔也已經上線，且項目核心技術都有兌現，又有超導交易機制和跨鏈互操協議等逐漸研發完畢，強大的技術開發能力是其發展的主要條件，也是投資者看好 NEO 項目的重要指標。

我雖然說 NEO 是公鏈，對照乙太坊，但二者其實在代幣機制和技術有明顯區別。乙太坊是適用於全球的底層平台，僅支持技術人員；而 NEO 是用於虛擬資產登記流通的交易平台，你不懂任何技術也可以使用。

　　還有最關鍵的一點，NEO 一切基於合法性出發，是完全符合法律規定的智能資產管理平台；乙太坊則因為是全球性的底層平台，並不考慮和各個國家法律對接。所以，從政府監管角度來看，NEO 更容易被接納，有利於走向國際平台。

　　因此，若你想接觸 ICO 項目，那就要選真正會做事的團隊，因為不落地的空氣項目最終將會歸零，被市場摒棄。NEO 在經過兩年的蟄伏期後，價值終於被市場看到，價格持續上漲就是最好的證明。

　　這一切都歸功於 NEO 團隊努力的開發，但未來若想在國際公有鏈上佔據絕對優勢，他們仍有很長的路要走；NEO 目前穩坐在市值排名前十五內，就像小螞蟻一樣慢慢往上爬，相信小蟻還是有機會再創神話，期許它一路向上成長。

　　NEO 創辦人達鴻飛曾受到野村綜合研究所邀請前往日本參訪，參觀了 KKDI（日本第二大電信公司）和兩間位於日本的交易所，在業界有一定知名度；NEO 團隊也推出一款 NEO 錢包，但並非離線錢包。

以上是小蟻的團隊成員，包含創始人達鴻飛、創始人兼核心開發者張鏦文和秘書長陶榮祺，以及其他開發者……等，若想深入了解其團隊，這些資訊在官網上都有，可自行上網查詢。

ICO 小檔案

* NEO 官網：https://neo.org/
* 區塊瀏覽器：https://neotracker.io/
* NEO 推特：https://twitter.com/NEO_Blockchain
* NEO 臉書：https://www.facebook.com/NEOSmartEcon/
* 白皮書：http://docs.neo.org/zh-cn/index.html
* 眾籌時間：2016 年 8 月 8 日。
* 截止時間：2016 年 9 月 7 日。
* NEO 的 1 億管理代幣分為兩部分，第一部分按輪次和比例分發給 NEO 開發經費眾籌的支持者，現已經分發完畢；第二部分則由 NEO 理事會管理，用於 NEO 的長期開發、營運維護和生態發展。該部分前期為鎖定期，在 2017 年 10 月 16 日 NEO 運用達一年後方被解鎖使用，且這部分不會流入市場上交易，僅用於維護 NEO 項目。
* 另有限制流通小蟻股的分配細則：1,000 萬（20%）用於小蟻生態網絡激勵；1,000 萬（20%）用於團隊激勵；1,500 萬（30%）用於交叉投資；1,500 萬（30%）用於其他，如政府溝通合作、戰略投資合作等。
* 貨幣算法：獨立算法代幣（不可挖礦）。
* 起源日：2016 年 10 月迄今。
* 總市值：約 37 億美元，前三十名。
* 總量：1 億顆，現已發放 7,000 萬顆。
* 免責聲明：短期漲幅過大，風險較高，單純與讀者分享，非買賣推薦，據此操作，盈虧自負。

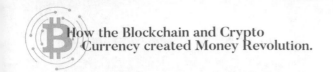

③ 公信寶 / GXSheres / GXS

　　公信寶是一個基於實現區塊鏈去中心化概念的數據交易所，意在打通各平台的數據訊息，實現各機構間進行點對點交易和共享的項目。其 ICO 項目於 2017 年 3 月上市，由徐小平、李笑來（著名投資人）、韓鋒（量子力學博士）及倪力亞（中共中央政策研究室正局級研究員）等各領域名人背書，共募集 3,700 顆比特幣，一顆比特幣可兌換 11,000 顆公信股。

　　剛發行時，一顆公信股約為 0.045 美元，於 2017 年 6 月正式上架交易所，開盤時立即達到 5 美元一股，盈利約 100 倍。而公信股總量為 1 億股，若按照開盤價計算，市值已達 30 億人民幣。上市初期表現搶眼，但可惜後繼無力，目前正緩慢下跌，未來須看團隊發展狀況，觀察中。

ICO 小檔案

* 公信寶官網：https://gxs.gxb.io/
* 區塊瀏覽器：https://block.gxb.io/#/
* 白皮書：https://gxs.gxb.io/download/ 公信寶區塊鏈產品白皮書 -v1.3.2.pdf
* 眾籌時間：2017 年 3 月 15 日。
* 結束時間：2017 年 4 月 14 日。
* 接受幣種：比特幣。
* ICO 總額：39%，共 3,900 萬股。
* 私募總額：10%，共 1,000 萬股，發放給最早參與的私募投資者。
* 公信寶基金會持有：51%，共 5,100 萬股，該持股為限制流通股，以年為單位釋放，第一年最多釋放 6%，用於推廣計畫（招募顧問及人才、網站建設以及 ICO 推薦人獎勵、宣傳等），之後每年釋放 5%。期間獲得的分紅（公信幣）歸基金會所有，基金會的錢包帳號對外公開，並定期在官網公布資金使用計畫及用途等，接受社會大眾的監督。

✳ 貨幣算法：代幣（不可挖礦）。

✳ 起源日：2017 年 6 月迄今。

✳ 總市值：約 5,700 萬美元，五百名內。

✳ 總量：1 億顆，已發放 7,000 萬顆，無離線錢包。

✳ 免責聲明：短期漲幅過大，風險較高，單純與讀者分享，非買賣推薦，據此操作，盈虧自負。

④ 量子鏈 / Quantum Blockchain / QTUM

致力於打造基於網路價值傳輸協議和去中心化應用的開發平台，意在建立比特幣和乙太坊之間的橋樑，以及區塊鏈世界與真實商業世界的橋樑。

在量子鏈的系統中，可以透過價值傳輸協議（Value Transfer Protocol）來實現點對點的價值轉移，並根據此協議，構建一個支持多行業的（金融、網路、供應鏈、社交遊戲等）去中心化應用開發平台（DApp Platform）。量子鏈致力於拓展區塊鏈技術的應用及技術邊界，使一般的網路使用者能感受到區塊鏈技術的價值，建構出一個基於區塊鏈技術的開發者和用戶的全新生態系統。

剛推行 ICO 項目時，一顆量子鏈為 0.37 美元，現已漲到一顆 18 美元上下，成長約 50 倍，但回調後表現也平平，同屬新誕生沒多久的嬰兒。計畫要上韓國交易平台並推出手機錢包及微信錢包，未來預計升級主鏈，成為中國的乙太坊，供大家採用它的技術發行 ICO，但還須持續觀察。

▶ 左圖為量子鏈團隊，坐在中間那位就是量子鏈創辦人「帥初」。他
還入選富比士 30 歲菁英榜。

ICO 小檔案

* 量子鏈官網：https://qtum.org/zh/
* 區塊瀏覽器：https://etherscan.io/token/Qtum
* 量子鏈論壇：https://forum.qtum.org/
* 量子鏈推特：https://twitter.com/QtumOfficial
* 量子鏈臉書：https://www.facebook.com/QtumOfficial/
* 白皮書：https://qtum.org/uploads/files/a2772efe4dc8ed1100319c64
　　　　80195fb1.pdf
* 眾籌時間：2017 年 3 月 16 日。
* 眾籌期限：三十天。
* 接受幣種：乙太幣和比特幣。
* Qtum Token 總量的初始分配為：51% 即 5,100 萬顆 Qtum Token 將
用於公開販售；20% 即 2,000 萬顆 Qtum Token 分配給創始團隊、私募
投資人和開發團隊創始團隊、私募投資及開發團隊；29% 即 2,900 萬顆
Qtum Token 用於商業落地部署、學術研究、教育及市場擴張。
* 貨幣算法：參考乙太坊發行代幣，未來將研發升級成主鏈（不可挖礦）。
* 起源日：2017 年 5 月迄今。
* 總市值：約 11 億美元，前八名。
* 總量：1 億顆，已發放 9,800 萬顆，無離線錢包。
* 免責聲明：短期漲幅過大，風險較高，單純與讀者分享，非買賣推薦，據
此操作，盈虧自負。

⑤ Omisego / OMG

只要進入 Omisego 官網，你就可以看到，乙太坊創辦人 Vitalik Buterin 擔任公司顧問一職，光這點就讓 Omisego 具有足夠的話題性。

Omisego 是基於乙太坊的公開金融技術，用於主流電子錢包，它可以跨各個司法管轄區和組織機構，進行即時點對點的價值交換和支付服務。

Omisego 位於曼谷，成立於 2013 年，是一家由創投資金投資營運的支付公司。該公司在泰國、日本、新加坡和印度尼西亞多地設點，在亞太地區迅速擴張。2016 年 11 月，Omisego 作為金融科技明星（Fintech Rockstar），曾登上富比士雜誌，有興趣的人可以上網看看。

Omisego 的目標是推出一個錢包和支付網絡，讓人們可以脫離銀行向其它帳戶匯款轉帳。通常，金融產品的目標是讓無銀行存款者在銀行開戶，而 Omisego 的使命則是讓銀行帳戶使用者能脫離銀行的束縛。

Omisego 剛推出 ICO 時，一顆約 0.39 美元，後來積極開發對接產業，價值翻 30 倍以上。下圖為 Omisego 的團隊，你可以看到在乙太坊的創辦人是顧問成員之一。

管理团队

Jun Hasegawa
CEO / 创始人

Donnie Harinsut
COO / 联合创始人

Wendell Davis
产品开发负责人

Thomas Greco
特别顾问

Vansa Chatikavanij
总监

顾问

Joseph Poon
闪电网络联合作者, 及其OmiseGO
核心作者

Vitalik Buterin
以太坊创始人
Proof-of-Stake 研究: 扩展性,
安全性, 隐私

Dr. Gavin Wood
以太坊联合创始人, Parity &
Polkadot创始人
共识技术的研究、开发和应用

Jae Kwon
Tendermint& Cosmos网络创建者
Proof-of-Stake研究 - BFT 共识,
速度, 互操作性

Vlad Zamfir
Casper (以太坊) 核心研究者
Proof-of-Stake 研究:
经济安全模型, 共识机制,
形式化验证

Martin Becze
eWASM (Ethereum Web
Assembly) 创建者
扩展性研究: eWASM, VM's,
微核心

Julian Zawistowski
Golem创始人
分散经济学者

李国权, 教授
新加坡新跃大学, 计量金融学教授
金融包覆性, 微金融

▶ 截取自 Omisego 官網。

乙太坊的創辦人維塔利克也在個人 Twitter 發表聲明，如下圖。

▶截取自維塔利克的 Twitter。

250

維塔利克所發表的六條推特，意在與空氣 ICO 項目劃清界線，中文翻譯如下：

❶ 我在此公開承諾，未來不會再擔任其他 ICO 項目的顧問。

❷ 只有 Omisego 與 Kyber 是例外，以後再也不會有了。

❸ 能對 ICO 團隊「提出建議」我很高興，你們也可以對外宣稱我私下提供意見，但請不要把我的臉貼到網站上。

❹ 對 ICO 以外的事不嚴格適用。但無論如何，我想幫助每個人最好的方式，應該就是做好 casper + sharding（即乙太坊轉 POS 與擴容）。

❺ 現在已經存在並宣稱我是他們顧問的 ICO 項目，從沒有給我一分錢及任何酬庸。

❻ 我承認自己用過長的時間才理解到「顧問」關係著行銷，而非僅有「提供建議」，這是個嚴重的錯誤。

由於 V 神加持，Omisego 上市交易後二個月內即漲 25 倍，到 2017 年底約為 33 倍，關注度很高，是未來的潛力股；它們也積極對接東南亞的實體商店，算是新生 ICO 幣種中表現較亮眼的，可持續關注。

▶ OMG 與泰國麥當勞合作，對接成功。

ICO 小檔案

* OMG 官網：https://omg.omise.co/
* 區塊瀏覽器：https://etherscan.io/token/OmiseGo
* OMG 推特：https://twitter.com/omise_go
* 中文白皮書：https://cdn.omise.co/omg/CNwhitepaper.pdf
* 中文眾籌文檔：https://cdn.omise.co/omg/CHNcrowdsaledoc.pdf
* 眾籌時間：2017 年 6 月 27 日。
* 眾籌期限：一個月。
* 眾籌上限：2,500 萬美元。
* 接受幣種：乙太幣。
* 代幣分配為：售賣 65.1%；Airdrop 共享 5%；OmiseGo 自留 20%；團隊 9.9%。
* 貨幣算法：基於乙太坊算法代幣（不可挖礦）。
* 起源日：2017 年 7 月迄今。
* 總市值：約 8 億美元，前一百名。
* 總量：1 億 4,000 萬顆，現已全部流通，無離線錢包。
* 免責聲明：短期漲幅過大，風險較高，單純與讀者分享，非買賣推薦，據此操作，盈虧自負。

⑥ TenX / Pay

TenX 是結合信用卡支付與加密貨幣的概念而產生，與它類似的項目還有 Monaco，這種信用卡結合數字貨幣的其實還有很多，但不在此多做介紹。

TenX 在發行 ICO 項目時，原先價位為 0.86 美元，之後曾漲至 5.22 美元，漲了 5 倍之多，但之後又跌下來，2017 年落在 1.72 美元左右，2021 年 5 月落在 0.7 美元左右。

其實我認為像 TenX 之類的 ICO 項目是很有前景的，因為它把數字貨幣與現實世界實際做出連結，這是非常聰明的作法，且非常實用，但也是要看他們到底能推廣到什麼程度。

TenX 也推出對接的信用卡，由 Visa 和 Master 發行，支援一百多個國家（包括中港台）。

雖然 TenX 曝光度十足，產品又成功上線與現實接軌，還有 Paypal 及花旗銀行提供金援，但他們的特色仍稍嫌不足。因為同類型的競爭對手實在太多了，又沒有離線錢包，若要發展出自己的一片天著實困難；因此，我想 TenX 仍須再多加觀察，但我真的很看好這類應用。

▶ TenX 團隊，前排右二穿白色襯衫的就是創辦人 Julian Hosp。

▶ TenX 的負責人 Julian Hosp 在推特上傳和乙太坊創辦人的合影。

ICO 小檔案

* TenX 官網：https://www.tenx.tech/
* 區塊瀏覽器：https://etherscan.io/token/TenXPay
* TenX 推特：https://twitter.com/tenxwallet
* TenX 臉書：https://www.facebook.com/tenxwallet/
* 白皮書：www.tenx.tech/whitepaper/tenx_whitepaper_draft_v04.pdf
* 目標金額：10 萬顆乙太幣或比特幣。
* 開始時間：2017 年 6 月 24 日。
* 結束時間：2017 年 7 月 22 日。
* 代幣分配：80% 為發給公眾的代幣（其中 51% 是在 ICO 時出售的代幣，另外 29% 分配給營運以及學術研究、教育和市場拓展）；20% 在創始人、早期支持者和開發團隊之間分配，作為長期獎勵的紅利。
* 貨幣算法：基於乙太坊算法代幣（不可挖礦）。
* 起源日：2017 年 7 月。
* 總市值：約 2 億美元，前八百名。
* 總量：2 億顆，已發放億顆。
* 免責聲明：短期漲幅過大，風險較高，單純與讀者分享，非買賣推薦，據此操作，盈虧自負。

5-4 其他 ICO 項目

除了上述目前幾個比較有名的 ICO 項目外，還有些表現不錯的項目令人十分看好，未來也極有可能增值，以下做簡單介紹，供大家參考。

① Golem / GNT

Golem 利用網路上閒置的算力，打造全球最大的去中心化超級電腦，讓全世界更有效地利用被浪費的電腦能源，致力於成為「Airbnb for Computers」，ICO 時期共募集 860 萬美元。

若可以共享你的電腦算力給別人，讓用戶可以透過網路買賣算力，這意味著你可以在其他人的電腦上，完成任何需要算力的工作；或將自己空閒的算力出售給需要的人，讓電腦被有效使用，又能獲得收益。

Golem 以完全點對點的方式運行，可用於模擬股票市場、大數據分析、醫學研究，甚至是密碼學的數字貨幣挖礦。雖然分布式算力並不是什麼新鮮事，因為它早就在雲端儲存、託管服務上出現過，但差別在於 Golem 不像 Google 或 Amazon 使用中心化的伺服器，它允許你使用別人的算力，建一個全新的市場；在這個市場中，雲算力能更便宜、更有效地運用。

Golem 會自動將用戶的算力需求與供應者進行配對，還提供了一個

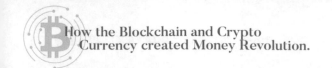
基於乙太坊概率統計的微支付方法，獎勵那些分享算力資源的用戶。用戶設定好算力任務後，Golem 會自動向網路節點分配任務，然後你就可以選擇提供多少 RAM、磁碟容量和 CPU 數目；且算力只會運行在虛擬機上，以確保不會對你的電腦造成破壞。

② Augur / REP

Augur 想要做一個區塊鏈市場預測平台，集眾人之力得到更精準的結果，每個人都可以提出問題，讓市場作出預測，且任何人都可以對預期的結果進行買賣；也就是說，這是一個超大的賭場，但沒有特定的莊家，所以不用怕莊家會不認帳跑路。

利用 Augur，你可以根據自己的資訊和思考進行判斷，在 Augur 上預測、買賣每個議題，例如美國總統大選。而當事件發生完畢後，如果你預測正確，且持有正確結果的股票，那每股可獲得 1 美元，實際收益便是 1 美元減去買入成本；但如果你預測錯誤並持有錯誤結果的股票，你將不會獲得獎勵，虧損便是當初買入的成本。

Augur 所流通的貨幣為 REP，其團隊在 2015 年 10 月完成第一個眾籌項目，籌得 5,138,331 美元，共生成 1,100 萬顆 REP；其中 880 萬顆 REP 退還給參與眾籌的用戶，而另外 220 萬顆則用於團隊和營運建設的經費。

③ 注意力幣 / BAT

注意力幣是基於乙太坊技術的透明數位廣告平台，用區塊鏈來賦予「注意力」價值的系統。之前從沒有一

個中心公司，會像 Google 或 FB 一樣，蒐集你的數據，並隱藏其數據不被洩露。

　　所以他們創建了這透明的廣告平台，若用戶對廣告花費了注意力，將會獲得 BAT 代幣獎勵，而內容商若成功吸引到用戶的注意力，就能獲得大部分的廣告收入 BAT 代幣，讓廣告商付出的錢能大幅提升廣告的投放效益。

④ Gnosis / GNO

Gnosis 是另一家市場預測的區塊鏈公司，基於下一代區塊鏈網絡，構建簡易的去中心化預測市場，推動全球一系列的重要市場變革，包括金融、博弈、保險……等行業。

　　他們的核心目標在於，建造世上最高效的預測工具來評估市場， 讓世界變得更活絡，並將自身定義為「Google Gonsis」，讓任何人可以提出問題，然後彼此資助，尋找問題的答案。

⑤ 字節雪球 / Byteball / GBYTE

Byteball 是一個儲存和傳輸價值的去中心化系統，允許任意數據的防竄改儲存，包括可轉移價值的數據，例如貨幣、產權、債務、股份等。這些儲存單元彼此連結，每個儲存單元包括一個或多個早期儲存單元的散列值，既用於證實早期的單元，又用於確立它們的偏序關係。

　　連結單元之間形成 DAG（定向非循環圖），沒有管理或協調新單元

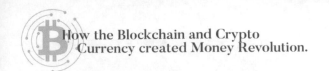

進入數據庫的單一中心實體，允許每個人添加新的單元，只要簽署並支付費用，就可以添加數據位元組的大小，後來的用戶也能透過自己單元內的散列值，來確認早期單元並收取費用。

⑥ 協議幣 / 0x / ZRX

協議幣致力於打造虛擬代幣交易流通的基礎設施，透過乙太坊的智能合約，實現可編程和無縫交易來兌換乙太幣。它是一個點對點交易的開源協議，以促進乙太坊區塊鏈中 ERC20 代幣的交易，該協議主要為開放標準和通用構建模組，推動包括交易功能的去中心化應用（DApp）之間的互操作性。

其交易由乙太坊的智能合約系統執行，可以公開查詢、免費使用，且任何 DApp 都可以對接；建立在協議之上的 DApp 不僅可以查詢公共流動資金池，創建自己的流動資金池，也能對其交易量收取交易費用，且該協議不會把成本強加於我們身上，也不會任意從用戶中獲取價值來惠及其他使用者。

⑦ Metal / MTL

Metal 是一種基於區塊鏈技術，來證明用戶處理付款確認，再使用代幣進行獎勵，是類似於比特幣的數字貨幣。

Metal 就像 Venmo、Square、PayPal 一樣，算是一種支付工具，不管是比特幣還是其他數字貨幣都適用；簡單來說，Metal 是為了使虛擬支付進入現實世界所提供的新服務，讓消費者在購買商品時節省 4 至 5％的手續費，並獲取代幣得到折扣。

⑧ IOTA / MIOTA

IOTA 是因應網路而誕生的一種新型的數字貨幣，超越了區塊鏈技術。它基於新型的分散式帳本「Tangle」，能克服現有區塊鏈設計中的低效性，並為去中心化 P2P 系統共識，創造了一種新方法。

只要透過 IOTA 轉帳不需要支付任何手續費，這也意味著，無論是多小額的支付都能利用 IOTA 完成。IOTA 目前主要功能為無需手續費的支付方式和安全將資料轉移以及資料錨定，未來若再加上 IOTA 的延展性和分區容錯，定能開發出大量只能透過它對接的項目。

⑨ 比原鏈 / Bytom / BTM

比原鏈是一種多樣性比特資產的區塊鏈交互協議，運行在比原鏈上的不同類型資產（收益權、非上市股權、債權、數字貨幣等），可以透過該協議進行交換、對賭和基於智能合約的複雜性交互操作。

由三層組成，分別是數據交易及傳輸層、合約層、資產交互層。資產交互層透過調用合約對資產進行操作，其中在數據交易及傳輸層，兼容比特幣的 UTXO 模型和交易數據結構，以實現高速併發和可控匿名；且比原鏈錢包提供多幣種、多帳戶、多地址、多私鑰的支援。

唯一比較特別的是，比原鏈正在開發主鏈及挖礦算法系統，之後有望成為可挖礦的幣種，我個人挺期待比原鏈未來的發展。

⑩ Status / SNT

Status 是一款基於 Andriod 和 iOS 乙太坊客戶端之間的應用，能即

時發送消息，也是一款 DApp 瀏覽器，讓用戶獲取去中心化應用程序；並且能讓使用乙太坊協議的人，相互發送加密信息、智能合約和數字貨幣。因此，也算是開源的通訊平台和移動瀏覽器，能與運行在乙太坊網絡上的去中心化應用進行互動，更擁有隱私聊天功能。

　　Status 不僅是一款通訊應用，更使用不依賴中心服務器的點對點協議，可以向朋友發送交易和智能合約，享受加密聊天。

⑪ Stratis / STRAT

　　Stratis 是提供區塊鏈服務（Baas）解決方案的新平台，任何人都能在幾分鐘內創建、管理區塊鏈，並且客製用戶自己的側鏈；讓小公司也可以使用區塊鏈進行研發，不僅僅是大公司才能運行區塊鏈。

　　Stratis 從 2016 年 8 月到 2017 年間漲了 763 倍，是非常厲害的項目，我個人很期待它後續的表現。

⑫ MONACO / MCO

　　Monaco 推出自己的 Visa 數字貨幣金融卡，可以在全球任何地方，使用銀行中間利率來完成消費和轉帳，完全沒有任何額外的費用，不用擔心貨幣轉換匯率與金融機構額外手續費的問題。Monaco 也推出自己的手機 App，可用乙太幣或比特幣為數字貨幣 Visa 卡充值，更可以使用乙太幣和比特幣來轉換匯率，讓用戶之間能即時免費的轉帳，並在 Monaco 卡上立即使用。

　　想像一下，若有一張儲存比特幣的卡，可以透過任何 Visa 平台進行

消費，而且匯率還比法定貨幣低很多，更能把現有的 ATM、POS、銀行卡等與數字貨幣聯繫起來，那是一件多酷的事情？

　　而 Monaco 把這個功能發揮到了極致，該 ICO 在三天內就籌資 300 萬美元，可見它轟動的程度，上市三個月也增漲了 10 倍，雖然之後回落，但仍相當看好成績。

⑬ Ark / ARK

　　Ark 是建立在 Lisk、Crypti、BitShares 等數字貨幣基礎之上的區塊鏈項目，但有其獨特之處，它改良了授權股份證明機制（DPOS）共識算法，這一密碼集使 Ark 和其他使用 DPOS 作為其共識機制的區塊鏈系統，在未來能進行簡化的互動。

　　且這一同質密碼庫還有可能以 Lisk 區塊鏈應用和區塊鏈管理員所提供的其它任何附加系統的形式提供服務橋樑。

⑭ 超級現金 / Hshare / HCash / HSR

　　超級現金被設計為區塊鏈與 DAG 系統的雙重側鏈，將成為主流區塊鏈系統價值和信息交換的媒介，實現基於區塊鏈和基於非區塊的分布式系統訊息與價值的互聯、互通。

　　超級現金未來將參考零幣的零知識證明技術，不單是在資產轉移的過程中實現雙向加密，更企圖應用到很多其他對交易隱私要求極高的領域。且它整合了客戶端即時通訊功能，不但能利用隱藏地址實現代幣的跨平台轉移，也可以在日常的點對點（P2P）通訊中，利用零知識證明的機制實

現高度的隱私通訊，實現超級現金的客戶端到字節雪球客戶端等跨平台的加密通訊。

⑮ EOS / EOS（李笑來發起）

EOS 是基於乙太坊基礎所發行的代幣，目標是建立一個橫向和縱向都高度規模化的區塊鏈操作系統，提供各種必要功能和超高的處理能力，讓開發者可以將注意力集中在業務層；因此，EOS 對每個人都意味著不同的東西。

E O S

⑯ Storj / STORJ

Storj 是一個雲端儲存平台，透過加密和一系列分散的應用程序，允許用戶以安全和分散的方式儲存數據，是一種分散的點對點加密雲端儲存，使用區塊鏈技術和加密技術來保護在線文件；它也使用區塊鏈交易功能，如交易分類帳、公共/私人密鑰加密和加密散列函數以實現安全性。

而且，Storj 與傳統的雲端儲存服務相比，它更便宜（10 至 100 倍）、更快、更安全，目前也努力透過自己的 Web 應用程序，藉由 MetaDisk 和客戶端應用程序 DriveShare 的幫助來解決數據安全問題。

⑰ Civic / CVC

Civi 是一個基於區塊鏈和生物識別的多重身分認證系統，可以在沒有用戶名和密碼的情況下，進行準確且安全的用戶身分識別，已開發出手機 App 和 API 等，積極對接商業應用。

⑱ Bancor / BNT

Bancor 以創造數字貨幣新標準為目標，以乙太坊的智能合約為基礎，為其代幣嵌入價格和流動機制，能把一顆或數顆幣作為儲備金，讓任何人隨時透過智能合約快速兌換、銷毀代幣或儲備金。

⑲ Edgeless / EDG

Edgeless 是一個去中心化的賭場，使用乙太坊智能合約隨機生成，完全公開透明，這意味著所有人都能知道賭場內部發生了什麼，沒有人為技術的詐騙存在，確保彼此的權益，體現一個完全靠玩家技巧和運氣的博弈遊戲。

提供即時儲值和轉帳功能，所有數字貨幣的錢包都是匿名的，不需要登錄及註冊，也不像傳統賭場需要等待一至三天的時間，才能處理玩家的儲值、提現需求。

ICO 項目為數眾多，無法全部一一介紹，以上介紹的項目，大多已漲過數倍到數十倍，有些過了時機點；有些則要再觀察。

當然也有未來相當看好的，但需要進一步分析，若你想了解，可與我的團隊聯繫；如果你想嘗試自行購買，務必做好風險評估，盈虧自負，在此聲明。

而以下幣種是我認定較失敗的 ICO 項目，只在一、二間平台進行交易，甚至是自己在炒作，未來若大漲也很有可能就是莊家炒作上來的。

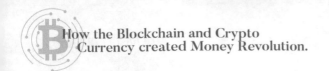

且這些大多是中國國內發起的項目，未流通至其他國家，除非未來有改變，否則建議大家少碰為妙。

火商幣/Metaverse ETP/ETP	交易量小平台少
UG幣/UGToken/UGT	僅一間交易所，交易量小
沃爾頓鏈/Walton/WTC	交易平台少
醫療鏈/HealthCareChain/HCC	停止交易
選舉鏈/ElectionChain /ELC	停止交易
域鏈/Dochain/DOC	停止交易

5-5 未來 ICO 的猜想

現在基於乙太坊區塊鏈所創建的平台應用和幣種非常多，但其實大部分的項目都沒有實際對接應用的產品，只是先拋出概念募集大量資金。

且現今完全是區塊鏈市場的拓荒時期和藍海市場，雖然各種泡沫和概念不斷因應而生，但不代表這個技術全都是騙局，也不是所有新興項目都會經歷這個階段，只是數字貨幣的熱潮加速了這個進程罷了。

ICO 的出現也重組了整個數字貨幣市場，因而帶動比特幣和乙太幣的市值價格，讓更多人認識到數字貨幣，可說是有利有弊，如何權衡其價值僅在個人。數字貨幣的時代在改變，以往一般的數字貨幣市值能擠進前二十名，漲幅能翻數倍的幣種，大概都需要半年至兩年的時間。

可由於 ICO 突然冒出頭來，使得數字貨幣的發行變容易（實質還是以代幣居多），翻倍也變容易了；從募資到上架交易平台翻漲 5 倍以上，只要一、二個月的時間，排名躍升也因此容易許多，有好多項目一上市就衝進市值前幾名，因而讓人開始變得不在乎幣的「價值」，只在乎「價格」。

太多人快速地賺到錢，在一傳十，十傳百的情況下，募資速度也越來越快，一個項目沒賺到錢，那就再投資下一個，每個都想賭賭看，賭中了就翻價數倍；現今眾人關注的只是能否在上市前搶到名額，上市後又能否趕快套現。

　　很多 ICO 公開發售當天，常常形成網路塞車、當機的情況，瞬間秒殺一空，就像周杰倫演唱會門票一樣搶手，還因此出現代搶、代買平台，集合大家的幣去搶購，然後再抽取手續費營利。

　　在 ICO 領域，大家都在賭自己不是最後的羔羊，殊不知這場遊戲贏的永遠是莊家。黑心的 ICO 前期募資很多名額都是內定，為了不讓一般人搶到，在上市大漲後，就迅速大量拋幣套現，或是想辦法讓二級市場的人搶購，之後再慢慢拋售；導致 ICO 項目不再以區塊鏈出發，不像技術公司，而是一種粉絲經濟下的「網紅幣」。

　　隨著各國政府開始發出監管警訊，想辦法立法監管，這對於 ICO 市場風氣來說是重新的整頓，不讓假 ICO 橫行，而中國確實也是發起較多假項目的國家，因此有段時間宣布禁止、進行監管，防止不肖人士洗錢。但其他國家仍持續發行，所以說這樣的商業模式還是會繼續存在；且有了監管，雖然對於短期整體數字貨幣的價值是利空，可長期來看的話是利好的。

　　畢竟還是真的有公司想要研發對社會有貢獻的技術，讓區塊鏈技術實際落地，世界上有很多大企業財團都投入大量資金和人才資源來共同研發區塊鏈應用。因此，數字貨幣的故事還會繼續寫下走，並非監管就是結束，未來還會有各式五花八門的區塊鏈應用可供我們使用或購買，直接改變我們的生活。

　　如果未來要投資 ICO，除非能搶到第一次募資的份額，不然在上市後進場就跟炒幣的概念是一樣的，短線風險大；所以，我都是選擇有實體應用落地的項目並長期持有。

　　以上是我個人觀察幣圈資訊所產生的個人見解及觀點，若隨意參與 ICO 市場的話，可能會有極高風險，在此還是要提出免責聲明，本書內

容都是我個人觀察幣圈資訊而分享的觀點，不作為買賣推薦，據此操作，盈虧自負。

5-6　什麼是搬磚？

　　說到搬磚，其實也是數字貨幣領域中的一種套利模式。簡單來說就是在價格較為便宜的 A 平台購買，然後轉至價格較高的 B 平台賣出，以賺取之間的匯差牟利。

　　目前市面上有分手動和自動兩種模式的搬磚。手動搬磚需要親自盯盤，找尋對的時機點，然後再快狠準地做出決策；自動搬磚則是看程式設計的安全性和穩定性，但兩者同樣都先要有一筆資金。

　　若撇開平台本身和駭客的風險，其次風險就是低買，但來不及高賣，還有如果交易平台內參與搬磚的人越多，價差空間越少，利潤自然就越少。所以，能透過搬磚穩定獲利的人其實並不多，但民間還是有一些高手存在。

　　至於搬磚的詳細內容，我邀請到我的好朋友，人稱搬磚大師——陳司牧和他的得力助手——李嘉修，由兩位來為我們解釋什麼是搬磚，又該如何搬磚，在此難得的機會，一定要仔細閱讀喔。

　　來，我們掌聲歡迎！

 ## 細談搬磚

　　「搬磚」是一個既熟悉又陌生的形容詞，在一般人的印象中，搬磚

就是在建築工地挑磚塊的勞力工作，直接認為是個苦力活的簡稱。

其實在中國早期，搬磚這個詞被大量使用於所謂「匯水」的地下金融行業，也就是地下匯兌、非正式的外幣匯兌行為。但礙於是地下行業，所以業者會以「磚」為代號，藉以規避政府查緝，而這個「磚」指得自然就是錢，一磚等於 10,000 元人民幣。

在數位加密的區塊鏈領域中，「搬磚」綜合以上兩種說法的含義，意思是將某個數字貨幣由甲地轉移至乙地，造成資產移轉，進而產生利潤。當你熟悉、了解數字貨幣後，相信你心中必會對它產生一定的地位和價值；所以，基於數字貨幣在每個人心中的價值都不盡相同，造成世界各地的價格有所差異，因而讓「搬磚」行為就此衍生。

了解為什麼數字貨幣在世界各地均有價差後，相信你腦中一定閃出「低買高賣」的想法了。但低買高賣不會發生於同個交易所或平台，因為每個交易所短期的貨幣漲跌是無法被準確預測的，所以「搬磚」通常都是透過不同交易所的價位差，賺取之間的獲利。

以下我們以比特幣為例，當然「搬磚」並不是只有比特幣能搬，所有市場流動性高的幣種都能透過「搬磚」這樣的行為套利，差別只在於你要進行「搬磚」的貨幣，在市場上的交易量是否夠大？總不能看到了滿意的價差，卻掛單買不到期望的數量或賣不到預期的價位吧！

所以比特幣就是個很好的「搬磚」標的物，根據 coingecko.com 的統計資料，如下圖所示，比特幣總市值為 7,000 億美元，近乎新台幣 20 兆餘元，市場流通量為 300 億美元，等同於新台幣 8,500 億餘元。且比特幣在 coingecko.com 網站評比獲得了 94% 的完整指標分數，證明比特幣在區塊鏈市場上具有極高的流通性和交易量。

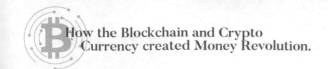

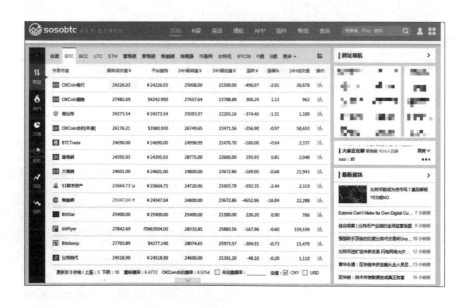

選定「搬磚」標的物後，我們就必須去判斷比特幣在各交易所的價差空間，例如我們可以利用 www.sosobtc.com，見下圖，透過比價網站，讓我們快速地選出欲操作的交易平台。

而既然是要進行價差套利，那我們就必須選定兩個以上的交易平台，並申請取得該交易平台的帳號。每個交易所申請帳號都不難，只有完成實名認證步驟和資料比較麻煩，但只要按照交易所的程序提供資料，花點時間就能取得，通常不會有太大的問題。

需要注意的是，各交易所均由私人企業設立，所以要多加比較，並查

詢該平台的真實性與安全性，以免不小心註冊到釣魚網頁，你辛苦搬磚賺的錢反而被黑心公司吃掉。因此，我會建議你盡量使用前幾大的交易所，例如：Bitstamp、Coinbase、BitFlyer……等，具當地政府核准的正規交易所，安全性相對較高。

完成交易所的帳號申請後，你就可以準備資金，開始我們的搬磚大計了！這裡先以兩間交易所的「基本型搬磚」來為大家解說。

首先，我們於低價位的平台購入貨幣，數量建議為總資金的 1/2，假設你的搬磚總資金是 20 萬元，那我們就先以總資金的 1/2，即 10 萬元來購入貨幣，請參考下圖。

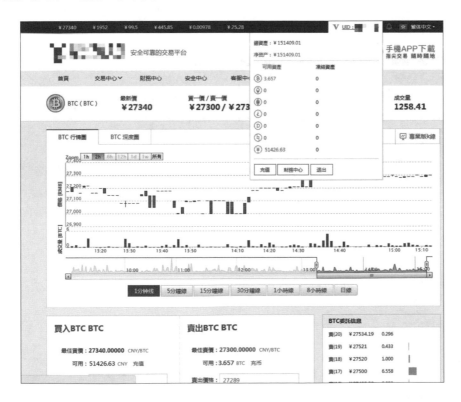

購入後，將資金與貨幣平均放在兩間交易所內，所以我們在 A、B

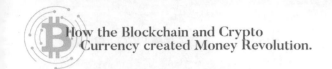

兩交易所都會有 50,000 元資金與等值 50,000 元的貨幣，如圖所示。而
貨幣的交易市場是二十四小時不間斷（註一），所以 A、B 兩平台的價位
隨時都在變化，一旦我們發現兩平台間的價差扣除成本後有獲利空間時
（註二），我們就立即在低價位平台進行買入的動作，然後快速在另一平
台進行賣出，完成操作後，你會發現自己獲利了，也就是當我們完成了以
上操作後，A、B 兩平台的資金總合變多了，但貨幣的數量總合是不變
的，這就是「搬磚」。

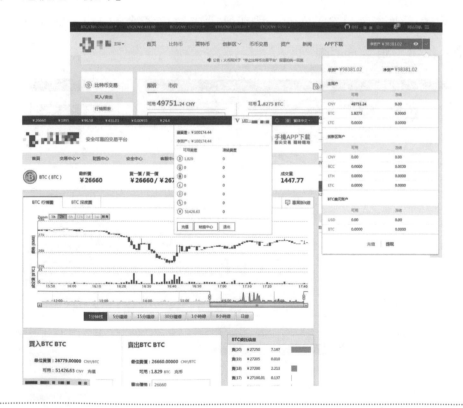

- 註一：2017 年 7 月底的比特幣擴容事件，有部分國家交易所暫停其交易，除此
  類型的大事件外，數字貨幣的交易市場沒有收盤、開盤的時候。
- 註二：大部分交易所均會對交易成功的每筆單收取約 0.1 至 0.3％的交易手續費，
  也會針對提取數字貨幣，收取等值約 0.001 至 0.0005 比特幣不等的提領
  費用。

　　一直持續搬磚的動作，直到兩邊的資金或貨幣不足以正常操作時，就要再次進行資金和貨幣的平衡調整。這樣的程序不斷重複，獲利便不斷增加，這就是基本型搬磚。

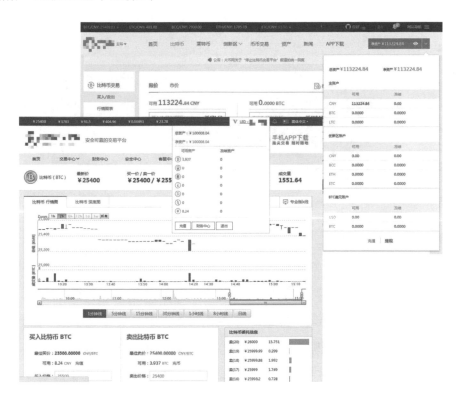

　　了解基本型搬磚的原理後，接下來就可以開始學習所謂的進階版搬磚，簡單來說，就等同於股票融資融券的原理，但我們多結合了搬磚的操作。

　　進階版搬磚的好處是什麼呢？就是操作資金的金額比基本型更高。凡是了解股票或期貨的人應該都知道，所謂的融資融券就是指我們交付一定比例的保證金，券商以此保證金比例提供資金或證券讓你操作買賣。

　　在數字貨幣的交易市場，這樣的模式則稱之為合約交易，所以我們

至少要取得一個具有提供合約交易的交易所，例如 OKcoin、Bitfinex 等。
我下面以 Bitfinex 為例，Bitfinex 交易所就提供了此類型的交易服務，如
圖所示。

　　Bitfinex 的保證金比例為 15％（註三），也就是說，當我們要進行合
約交易時，至少要提供該交易所操作量的 15％作為保證（可以是資金或
等值的數字貨幣），了解規則後我們就開始操作進階版的搬磚吧。

　　首先是操作資金的分配，我們同樣以 20 萬為總操作量來計算，將其
中 15％資金配置於 A 交易所（有提供合約交易），另外 85％資金則配
置於 B 交易所（無合約交易）。所以，A 交易所內的資金為 200,000 x
0.15 = 30,000；交易所的資金則為 200,000 x 0.85 = 170,000。

　　完成資金配置後，兩平台的價位一樣隨時在產生變化，但因為與 A
交易所存有合約交易，所以我們必須等兩交易所的價位差滿足理想差距，

• 註三：各交易所對於合約交易（保證金交易）的收費和規則比例均有差異，操作
　　前請務必詳細確認交易所規則與限制。

且 B 價位高於 A 價位（註四）時，再於 B 交易所購入貨幣，然後在 A 交易所售出。

你可能會覺得奇怪，為何 A 交易所會有貨幣能售出呢？因為你有合約交易。簡單來說，我們融資貨幣賣出，完成後再將 B 交易所購得的貨幣轉至 A 交易所作平倉（也就是清償的動作），這樣就是進階版的搬磚操作。

	Limit Order	Trigger Order	Trail Order	Iceberg Order	TWAP							
Contract	Lvg.	Date	Type	Amount	Price	Filled	Avg	PL	Fee	Status	Action
BTC0915	10	2017-09-12 16:15:34	Open Long	1Cont	$4,108.7	1Cont	$4,108.70		฿-0.000007	Filled	Details
BTC0915	10	2017-09-12 16:15:32	Open Long	2Cont	$4,111.78	2Cont	$4,111.78		฿-0.000014	Filled	Details
BTC0915	10	2017-09-12 16:15:09	Open Long	2Cont	$4,118.75	2Cont	$4,118.75		฿-0.000014	Filled	Details
BTC0915	10	2017-09-12 06:13:41	Close Long	2Cont	$3,921.0	2Cont	$3,921.00	฿0.0004	฿0	Filled	Details
BTC0915	10	2017-09-12 06:13:31	Close Long	2Cont	$3,918.55	2Cont	$3,918.55	฿0.0004	฿0	Filled	Details
BTC0915	10	2017-09-12 06:13:06	Close Long	2Cont	$3,914.25	2Cont	$3,914.25	฿0.0003	฿0	Filled	Details
BTC0915	10	2017-09-12 06:10:30	Close Long	2Cont	$3,924.46	2Cont	$3,924.46	฿0.0005	฿0	Filled	Details
BTC0915	10	2017-09-12 06:09:20	Close Long	1Cont	$3,919.94	1Cont	$3,919.94	฿0.0002	฿0	Filled	Details
BTC0915	10	2017-09-12 06:09:18	Close Long	1Cont	$3,917.25	1Cont	$3,917.25	฿0.0002	฿0	Filled	Details
BTC0915	10	2017-09-12 06:09:14	Close Long	2Cont	$3,914.65	2Cont	$3,914.65	฿0.0003	฿0	Filled	Details
BTC0915	10	2017-09-12 06:07:15	Close Long	2Cont	$3,912.7	2Cont	$3,912.70	฿0.0003	฿0	Filled	Details
BTC0915	10	2017-09-12 06:05:12	Close Long	2Cont	$3,911.0	2Cont	$3,911.00	฿0.0003	฿0	Filled	Details
BTC0915	10	2017-09-12 06:04:48	Close Long	2Cont	$3,909.22	2Cont	$3,909.22	฿0.0003	฿0	Filled	Details
BTC0915	10	2017-09-12 06:04:46	Close Long	2Cont	$3,905.06	2Cont	$3,905.06	฿0.0002	฿0	Filled	Details
BTC0915	10	2017-09-12 05:20:33	Close Long	2Cont	$3,907.11	2Cont	$3,907.11	฿0.0002	฿0	Filled	Details
BTC0915	10	2017-09-12 05:28:22	Close Long	1Cont	$3,903.84	1Cont	$3,903.84	฿0.0001	฿0	Filled	Details
BTC0915	10	2017-09-12 05:27:42	Close Long	10Cont	$3,900.0	10Cont	$3,900.00	฿0.001	฿0	Filled	Details
BTC0915	10	2017-09-12 05:22:57	Close Long	1Cont	$3,910.03	1Cont	$3,910.03	฿0.0001	฿0	Filled	Details
BTC0915	10	2017-09-12 05:22:45	Close Long	1Cont	$3,907.4	1Cont	$3,907.40	฿0.0001	฿0	Filled	Details
BTC0915	10	2017-09-12 05:18:17	Close Long	2Cont	$3,905.45	2Cont	$3,905.45	฿0.0002	฿0	Filled	Details

Cancelled and fully unfilled orders will be removed from the history after 2 hours

`<` 9 10 11 12 **13** 14 15 16 17 18 19 `>`

相信你現在可能產生許多的想法變化，「如果是有貨幣呢？」、「如果資金與貨幣各半呢？」、「那如果 A、B 兩交易所都有合約交易呢？」

- 註四：合約交易（保證金交易）等同於該交易所進行融資或融幣，所以只要有足量的保證金，便可以進行保證金倍數的放大操作。

　　我們學會了基本型和進階版搬磚後，就要持續應用並落實操作規則，以實際操作累積搬磚經驗，熟能生巧，相信未來你也能對數字貨幣的搬磚操作，有著莫大的成就感。且如果再加上交易時間的配合等等小技巧，例如亞洲地區的交易所，通常凌晨交易量低，這時間點就容易有較大的價位差；而歐美國家則反之，雖然半夜看盤比較累，但換個角度想想，畢竟獲利就在彈指之間，所以相信熬個夜也是值得的。

　　搬磚絕對不是只有這樣，它還有許多變化型，也能結合行情漲跌，除了賺價差更可以賺行情，經驗足夠的話，你還能再變化成賺幣！至於該如何變化、要怎麼結合，就在這裡賣個關子，也讓你留些想像空間，畢竟我們團隊還是必須留一手專業知識給有合作關係的投資人。

　　但我相信透過這篇搬磚解說，肯定能讓更多對數字貨幣有興趣的朋友快速入門，並加速數字貨幣市場的發展！再一次鄭重提醒，數字貨幣投資存著很大的不確定因素，所以才會有著高風險與高收益的結果；在購買或是搬磚時，務必注意風險，理性投資。就讓我們一起參與、一起見證、一同期待區塊鏈未來的蓬勃發展吧！

　　最後，感謝此篇協力作者：陳司牧、李嘉修。

BLOCK
6

DApp 煉金術

How the Blockchain
and Crypto Currency
created Money Revolution.

6-1 DApp 是何種新應用？

　　DApp 的全名是 Decentralized Application（去中心化應用程式），白話講就叫做去中心化的 App，也就是架構在區塊鏈上的應用程式，都統稱為 DApp，有別於一般我們手機使用的 App 都是中心化的，數據都儲存於中心伺服器，並且有管理者控制使用權限與功能，程式代碼是封閉隱密的，而且能夠不斷更新版本，反之 DApp 最主要的目的就是解決在互聯網平台上跟使用者之間不信任的問題，所有的數據皆公開透明且不可篡改，並且無管理人員，所有的程式代碼全都公開，讓大家可以查證真實性，只要代碼沒有保留漏洞，連編寫代碼的開發者都無法更動其內容，一旦寫好的遊戲規則上傳到區塊鏈執行，就永遠無法更改或更新版本。

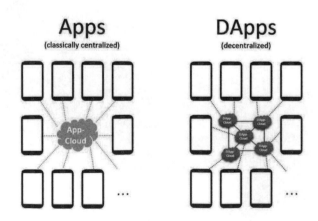

DApp 的誕生也是從乙太坊開始，推出至今約六年左右的時間，有智能合約功能的區塊鏈平台都可編寫 DApp，所以一個共識度越強的區塊鏈，DApp 的開發者與使用者也越多，剛開始多用於開發博弈、資金盤相關類型的 DApp。

因為這兩種是最容易賺錢的應用，導致 DApp 剛開始的時候，不被普通用戶所接受與使用，但隨著時間的推移，許多程式的開發者和團隊也聞到了商機的味道，開始開發一些有創意的應用來吸引大眾目光，誰能先在 DApp 開發出殺手級的應用讓越多人使用，誰就能在新戰場上佔有一席之地。

相較於 App，DApp 是一個全新的領域，它跟 App 最大的不同是，App 大多免費使用，先用免費來吸引用戶，再讓用戶消費；反之，絕大多數的 DApp 都是針對想花費、目的明確的用戶所設計的，因為免費的平台通常不會著重於信任的問題，而 DApp 就是針對那些需要投入資金的平台或投入資金的消費者，提供他們一個更安全的管道，所以只要能黏住客戶，那收益就是源源不絕的。

目前除了去中心化博弈與去中心化資金盤兩種，DApp 的種類也越發多樣化，有去中心化遊戲類、去中心化聊天類、去中心化交易所以及去中心化的金融借貸投資 DeFi……等，後面會為各位介紹。

市面上最難以取得信任的平台，通常是博弈或資金盤類型的平台，這就提供 DApp 一個很好發揮的機會。以博弈平台為例，一般剛成立的網路中心化博弈平台，知名度不足、用戶也不多，很少人會願意充值錢進去玩，害怕充進去的錢永遠拿不回，或不管你怎麼下注，都會被後台管理員動手腳作弊出老千，永遠都是十賭九輸；有些平台前面故意讓你贏，後面讓你輸到脫褲，但就算贏錢，提領兌現也永遠不會到帳。

　　只要網站一關，可能就求助無門，血本無歸，資金盤也是一樣，而 DApp 便能解決使用者對於中心化平台信任的問題，按照目前的發展概況，我認為 DApp 肯定會越來越普及，且結合各種 App 的發展應用，也會有更多企業投入研發，開發更多潛在用戶。

　　然而 DApp 有別於 App，不像 App 一樣需要下載下來，然後安裝使用，這屬於中心化的系統，且 App 可以一直更新版本、修正錯誤，但 DApp 不行，一旦上傳區塊鏈後就不能隨意更改遊戲規則。DApp 是一串自動執行遊戲規則的一串地址，幣只要轉進這個地址，就必須按照遊戲規則執行。

　　但為了讓使用者簡單使用，大部分的 DApp 都會將智能合約地址綁定網頁，透過網頁綁定使用者的冷錢包以方便操作，一旦使用者將幣轉入地址，智能合約就會立刻執行所有去中心化的應用功能。

　　所以，要使用 DApp，你就必須創建冷錢包，不能使用交易所的錢包地址。下面跟各位介紹一下什麼是冷錢包。

什麼是冷錢包（Cold Wallet）？

　　大家常常聽到的冷錢包或熱錢包，不是指溫度很冷或是很熱的意思，在區塊鏈的術語裡面，最簡單的區分方法為：冷錢包是屬於你個人保管的數字資產錢包；熱錢包則是屬於別人（第三方）保管的數字資產錢包，熱錢包的主人可以因為各種原因，控管你個人的數字資產，好比說交易所，你存在交易所裡面的幣，有可能因為交易所跑路、關網、當機維修、駭客入侵、而造成損失，或偷偷挪用你的數字資產去轉投資，甚至是間接控制幣價，有點像銀行，所以若是要長期存放大額資產的話，就不建議把幣放

在第三方熱錢包。

　　冷錢包又稱離線錢包，可再細分為硬體冷錢包和軟體冷錢包，硬體冷錢包是一種加密隨身碟，需要設定密碼，有些甚至設有指紋辨識，是最安全又不連網路的私密錢包，不用連網路，這也代表著被駭的風險幾乎為零，也可以比喻成隨身保險箱，缺點是不小心弄丟了，你的幣也不見了，網路上常有新聞，早期很多比特幣玩家，將比特幣存在隨身碟或電腦裡，結果忘了密碼或被另一半當作垃圾丟掉，就再也找不回來了，裡面的比特幣放到現在都價值幾億美元以上，對持有者來說，無疑是一種椎心之痛。

　　但對其他數字貨幣的玩家來說，他們會對你致上十二萬分敬意，因為你的丟失，等同給其他投資者漲價的機會，因為在這個世界上幣的總量又減少了。所以，若你害怕硬體冷錢包不見，那就要把錢包地址和私鑰記下來，錢包地址即是儲存數字貨幣的銀行帳號，每個帳號都對應著一組私鑰（唯一密碼＝銀行密碼），英文是 Private key，此私鑰在我們生成這個錢包地址的時候，就會演算出來給你，無法改動也無法回推，由每一種數字貨幣的區塊鏈密碼學演算法產生出來，是用來證明這個地址所有權的唯一證明。只要把私鑰抄下來或者拍照印出來、保管好，未來即便硬體冷錢包不見了，就還能透過冷錢包軟體救回來。當然，倘若你的私鑰外流，那就另當別論，別人有可能竊取你的數字貨幣。

　　那冷錢包軟體，顧名思義就是軟體版的個人錢包，有手機版和電腦版，大部分的軟體冷錢包也能在離線模式下執行，交易轉出時才需要連網。透過軟體冷錢包，創建數字貨幣的地址時，系統會給予我們一組私鑰，私鑰通常是一組很長的亂碼，為了方便記得，冷錢包商系統也可以轉化成 QR code 版的私鑰，或是十二個英文單字註記詞版的私鑰，我們只要將 QR code 截圖，或把十二個英文單字按順序寫下來，也等同備份了

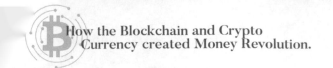

你自己的錢包。

十二個英文單字註記詞，等於私鑰的簡易版，便於使用者備份，只要把私鑰或十二個英文單字記下來，就算手機、電腦壞了或遺失，還是可以在新設備上找回你自己的數字貨幣資產，且軟體冷錢包私鑰是互通的，你可以在 A 錢包軟體創建的錢包地址導入到 B 錢包軟體，使其數據帳本同步。也就是說，我可以在多台設備上或一台手機存放多個冷錢包，並互相導入，減低遺失的風險，以手機版來說，冷錢包也有十種 App 以上，但我們的幣其實不存在於這個錢包 App 之中，而是在區塊鏈上記錄著，只是透過這些錢包的介面開發商來轉帳交易。

所以，冷錢包裡的幣不會因為平台維修或是當機而消失，他人也無權轉走或交易，是你的永久資產，二十四小時隨存隨取，不會有維修和凍結和扣款和查稅的問題，因為冷錢包不記名，錢包商也不會幫我們保管任何私鑰個資，若你忘記私鑰的話，也沒有任何客服小幫手協助你找回來，所以再三強調，自己的冷錢包私鑰務必備份好，如此一來，這筆錢就永遠屬於你，沒人拿的走。

熱錢包與冷錢包也有人定義為連網錢包與離線錢包，但我認為這樣解釋不夠清楚，其實兩者的差別，簡言之就是一個是自己保管，一個是別人保管。

什麼是礦工費（Gas fee）？

所有的區塊鏈數字貨幣應用轉帳，不管是交易所還是 DApp，都一定有所謂的礦工費，又稱瓦斯費或燃料費，簡單來說就是手續費，當你要在區塊鏈發起一筆交易轉帳時，要支付給挖礦礦工的手續費。

　　而 DApp 會依照其智能合約代碼的複雜程度來調整，若較為複雜，礦工費自然會比一般普通轉帳來的高一些，礦工費的高低也取決於當下全網擁塞程度，並不是按照轉帳的金額大小或固定百分比，若交易的人多，當下礦工費就會比較高，反之通常都很低的，所以如果不急著交易，可以等礦工費較低時再交易。

　　每個公鏈區塊鏈的轉帳容量不同，又稱 tps（每秒交易量），通常越去中心化的公鏈，轉帳速度越慢，tps 越低，網路越安全；反之，越中心化的，轉帳速度就越快，tps 也越高，但網路安全度就不一定高了。

　　我們在使用冷錢包轉帳時，也可以手動調整礦工費，礦工費低於目前建議的量時，到帳速度就會比較慢，乙太坊通常是二至五分鐘，若是在塞車擁賭的時候，則要十分鐘以上，也有可能更長時間，但只要願意支付更多的礦工費，就能加速此筆交易完成的時間。調整乙太坊礦工費的時候，有兩個單位 Gas Limit 和 Gas Price 可以手動輸入。

　　Gas Limit 是此筆交易中所願意支付的最大數量，也可稱瓦斯單位，部分 DApp 轉帳會有最小瓦斯單位要求的數量，如果單位不夠多，將導致交易失敗，且交易失敗礦工費是不會退回的，這點要特別注意，一般乙太坊轉帳所需單位為 21,000。

　　Gas Price 是每單位 Gas 的價格，一般以 Gwei 作為單位，設的越高，越能讓礦工產生動力，優先將你的交易打包上鏈，越低就需等待較長的時間，要是不急著馬上到帳，可以選擇較低的價格來省錢，且交易一旦送出不可撤回，對方可能會較晚拿到錢，但遲早會到帳。

礦工費（Gas Fee）= Gas Limit x Gas Price

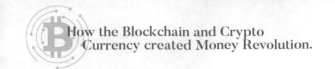

礦工費乙太幣數量計算方式是 Gas Limit 乘上 Gas Price，通常輸入完數據後，App 會自動幫你換算需要多少乙太幣。

需注意的是，若你想節省礦工費，要調降的是 Gas Price 而不是 Gas Limit！因為 Gas Limit 要求的數量若不夠會導致交易失敗，所以只要調低 Gas Price，慢慢等待交易完成就可以了。

同時不需要擔心 Gas Limit 設定太高，因為如果 Gas 沒有用完，多支付的費用在交易完成後，便會退回你的錢包地址中，所以，我們在使用冷錢包轉帳時，一定要預留一些礦工費才能全額轉出，包含乙太坊上面的代幣轉帳，也必須消耗乙太幣，這裡推薦一個可以隨時查詢乙太坊礦工費單位的網站：https://www.ethgasstation.info/

而在乙太坊區塊鏈瀏覽器 Etherscan.io 上，我們也可以查詢每個交易的詳細資訊，包括礦工費單位、價格以及實際用到的礦工費。

6-2 著名 DApp 介紹

　　App 應用始於蘋果手機，讓無數開發者可以在蘋果商店開發應用，提供用戶下載使用，App 的創作團隊和硬體本身都是最大的獲利者，只要有用戶、有流量就值錢。App 剛推出時，也開發出許多殺手級應用或遊戲，讓更多人認識 App 和智慧型手機，譬如 What's App、憤怒鳥等等。而 DApp 屬於一個新的領域，也不例外地聚集許多極具創意的開發團隊，開發出許多實用、極具話題性的 DApp，下面就來為大家介紹一些熱門 DApp。

DApp 養成遊戲：乙太貓（Cryptokitties）

　　讓乙太坊智能合約爆紅的DApp非乙太貓莫屬，英文為Cryptokitties，又稱謎戀貓、加密貓，是一款以乙太幣交易的虛擬貓咪養成遊戲，2017年 11 月 28 日公開上線，一上線便掀起熱潮，紅到整個乙太坊網路交易速度都因為它嚴重塞車，市場流動資金更高達 400 萬美元。

　　簡單來說就是去中心化的養貓交易遊戲，遊戲中生成的每隻虛擬貓咪，毛色、斑紋、瞳孔、髮型、表情、尾巴等特徵都是隨機的，理論上每隻貓咪都由獨一無二的程式代碼組成，沒有重複，不用註冊帳號密碼，100％屬於飼養者，不會被偷走、銷毀、複製或刪帳號，也可進行交配，

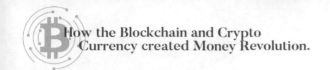

從兩組程式代碼擷取一段來合成,所以後代都有父母的特徵。

　　需花費乙太幣購買合適的貓來養成交配,還可以到市場上販售自己的貓,供其他飼養者購買,像是一種虛擬藝術品的交易拍賣市場,有很多人因為配種出獨特的貓,販售賺得十幾萬美元。

　　爆紅後有很多人就在網路上教學,教授如何透過養虛擬貓賺錢開貓店,形成一股不小的旋風,有些乙太幣大戶甚至為了蒐藏各式貓種,不惜投入上百顆、上千顆乙太幣,像是有統一的毛色和斑紋或特殊鬍鬚瞳孔的貓,以及吉利的編號都有可能成為賣價很好的貓咪。

　　你一定會好奇,到底是哪些人願意會花這麼多錢買一隻不會動、不會叫的虛擬貓咪圖片代碼,從商業的角度來說,這就叫創造需求,這就好比為什麼有土豪願意在直播間豪撒大量的禮物給直播主,一晚幾十萬、幾百萬都大有人在,一樣的道理,對這些消費者來說,他的需求就是買一個爽字,圖一個開心,買一個知名度,可以在朋友圈炫耀。

　　當養貓遊戲開始火紅被大肆報導後,免不了吸引一些族群開始購買遊玩討論,當流行起來之後有了知名度跟流量就會有價值,有些資金量比較龐大的族群也可能透過養虛擬貓來交朋友或者送禮,因為區塊鏈的特性

是獨一無二的、無法竄改，可作為一種蒐藏品永久保存於區塊鏈，因而吸引一些投資者或炒作者哄抬價格。

其實這跟房地產很像，也屬於一種商業模式，當養貓變成一種賺錢話題，有些人就開始透過研究養虛擬貓交配，然後賣貓來賺取乙太幣收益，而最初研發這個 DApp 的團隊將是最大的受益者，可以透過手續費、流量知名度、廣告費、天使投資各種方式得到可觀利潤。

乙太貓爆紅後，有很多團隊也開始仿效它的商業模式，再衍生出其他類似的遊戲，好比養狗、養龍、養名人、養什麼千奇百怪的寵物，甚至還有能對戰的遊戲，層出不窮。

乙太貓是第一個誕生的，所以最為人所記得，現在也仍是 DApp 遊戲類排行榜前十名的遊戲，或許未來某一天，拍賣會場上會出現一隻乙太貓被高價拍賣，有興趣者可以透過官網和乙太坊智能合約地址查詢。

➲ 乙太貓官網：https://www.cryptokitties.co/
➲ 乙太坊智能合約地址：0xb1690C08E213a35Ed9bAb7B318DE
                      14420FB57d8C

🔨 DApp 去中心化資金盤：Fomo3D

Fomo 的英文全名為 Fear of missing out（害怕錯過），於 2018 年 7 月上線，爆紅一個多月後漸漸沒落，到 2019 年初衰亡。

既然已經消失了，為什麼還要提到這個 DApp 呢？因為它是第一個去中心化的資金盤，從中窺探人性的貪婪一面有多麼瘋狂。

Fomo3D 的規則很簡單，一開始有一個獎金彩池，裡面有很多被智能合約鎖住的乙太幣，誰都沒有權限提領，彩池設有一個倒數計時器，時限為二十四小時，每位投資者參與都必須購買門票（Key），越多人參與門票便會慢慢漲價。

若有資金挹注至彩池中，倒數計時器就會增加三十秒，最多不超過二十四小時，只要倒數計時能順利結束，也就是沒有人再投入資金，遊戲就會結束，系統會自動將彩池裡 48％的乙太幣轉給最後一位玩家，剩下的資金再開啟下一輪遊戲，所以最後一隻老鼠將是整個遊戲最大的贏家，等同於中樂透頭獎的概念。

可是每當倒數計時快結束時，又會有新的玩家想搶當最後一隻老鼠加入，使得遊戲無法倒數結束，且除了最後一個加入的人有獎勵外，前期加入者也能領到後面加入者的分紅，所以最先加入的人就算沒領到最後一筆獎金，也還是能領到後期加入者的獎金，吸引大家持續加入。

平台還貼心的提供銷售推薦連結，若你想靠推薦別人加入賺取佣金，只要花費 0.01 顆乙太幣購買推薦連結，就可以靠推薦別人加入，賺取加入者的 10％投資額，平台則賺取每位投資者的佣金，還有遊戲結束時的

分紅及 0.01 顆乙太幣推廣連結。

Fomo3D 一開始就告知大眾這是一個資金盤，非常誠實不欺騙，公開智能合約代碼讓大家查詢，無法竄改，簡單來說就是一個測試人性的賭局遊戲——願者上鉤。

推出十幾天就吸引全球上萬名玩家加入，最高獎金池累積到 21,000 顆乙太幣，總投入金額約 90,000 顆乙太幣，Fomo3D 所累積的投資金額約為 4,500 萬美元（依推出時價格計算，2018 年 7 月一顆乙太幣約 500 美元）。

但之後類似的山寨盤相繼推出，分散了投資者注意力，平台覺得這樣遊戲永遠不會結束，於是改推出短版 Fomo3D，將倒數時間縮短。至於長版 Fomo3D 人數仍不斷增加，中後期加入的人，單靠領後面加入的人的分紅已經無法回本，分的人越來越多，慢慢就沒有人參與了，最後一位加入者順利獨得 4,200 顆乙太幣，但也是利用乙太坊交易速度的漏洞，寫出另一個智能合約，類似像機器人一樣，不斷打入乙太幣和錯誤交易，使別人不容易插隊加入，倒數計時時間就不會增加，從而得以成為最後一隻老鼠。第二局開啟後，參與的人大幅減少，市場開始分化，其他類似的遊戲也慢慢玩不下去而結束。

這個遊戲最吸引人的地方就是以小搏大，只需要不到 1.5 美元的投入成本，就能角逐幾百萬美元的獎金，讓大家對於風險是忽略不計的，而且團隊的資金池被智能合約鎖住，公開查詢得到，不用害怕團隊圈錢跑路把獎金池給提前竊取，讓許多第一次接觸的人無法抗拒這個博弈的機會，紛紛把資金投入。

整個遊戲大約只有莊家團隊和前 30％參與者賺到錢，其餘都是來被割韭菜的，而且後來許多類似 Fomo 的 DApp，開始穿插智能合約漏洞程

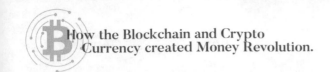
式在裡面，創始團隊有權提前結束遊戲，將彩池所有的獎金轉移，欺騙不會看程式代碼的人，致使其他類似的遊戲也沒人敢玩了。

此類型 DApp 壽命非常短暫，不僅表現出人性的貪婪，也間接反映出乙太坊交易速度一大缺點，未來主網需要升級改進，對於區塊鏈技術發展來說是一個很好的借鏡。

雖然 Fomo3D 的官方網站已關閉，但還是可以透過智能合約地址查詢，現在裡面還存有 1,228 顆乙太幣，仍有些人繼續打入乙太幣，試圖領走裡面的幣，這就是智能合約的好處，制度無法改，就算官網關閉了，還是可以透過智能合約轉幣進去執行。

➔ 官網：目前已關閉。
➔ 乙太坊智能合約地址：0xA62142888ABa8370742bE823c178
2D17A0389Da1

 ## 去中心化的繪圖遊戲，獨一無二的藝術創作

乙太坊一些 DApp 爆紅後，也開始有人以其他的公鏈區塊鏈開發出獨特爆紅的 DApp，接著跟大家分享在 EOS 區塊鏈上開發的繪圖遊戲，為一種「像素藝術品」，玩家可以透過購買像素留下印記或簽名，或賣出像素獲利，先到先買者得，以簡單概念引發玩家們展開搶奪像素的大戰。

第一個版本的 EOS 繪圖遊戲叫做 Pixel Master，目前官網已顯示不出來，所以我分享的是由 Pixel Master 衍生的同類型遊戲，附上 Pixel Master 的最終完成圖網址。Pixel Master 創世藝術品國外網址：https://trybe.one/eos-pixel-master/

玩家需透過工具欄進行繪畫，每格像素都需要支付不同的 EOS 代幣，每一格像素的價格都是獨立計算的，玩家可以用更高的價格將已經購買過的像素買回來，除了原本的買家能回本外，多出的利潤按照 75％分給原買家，25％為手續費，並將部分手續費累積到獎金池裡面，倒數二十四小時，若沒有人再繼續覆蓋購買像素的話，這個獎金池就歸最後一位繪畫者獨得。

這個規則參考 Fomo3D 的概念，讓前面繪畫者能夠賺到後面繪畫者的資金，每位繪圖者都有機會得到大獎，並在整張畫布裡面留下廣告訊息或是簽名讓別人認識你。越中間的像素價格越高，因為較顯眼，讓全世界不同的購買者隨意在畫布購買像素上色作畫，並互相爭奪像素格子，最終完成一幅存於區塊鏈上、無法被竄改的一件藝術品。

這也是這個遊戲有趣的地方，但遊戲也是在一個月內就結束了，之後衍生出許多山寨版像素遊戲，讓大家重新繪圖，可是紅一陣子也漸漸沒

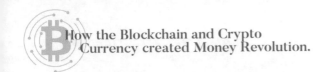
有人玩了，我相信未來類似概念的遊戲一定會不斷的誕生，但誰能再度發揮巧思創意，吸引很多人來參與你開發的 DApp，並從中獲利才是重點，這就是區塊鏈應用發展必經的過程。

　　◈ EOS 像素繪圖遊戲官網 https://paint.pixeos.ar
　　◈ EOS 智能合約地址：pixeos1paint

 # 乙太坊著名博弈 DApp：DICE2.WIN

　　Dice2.win 從 2018 年 5 月至 2021 年初，一直都是乙太坊上做得很成功的博弈 DApp，每天平均都有 500 顆乙太幣的下注量，約一百名玩家進行博弈，一天有 30 萬美元的交易量，排名也都在 DApp 博弈類前三名，可見全球喜歡博弈的玩家有一定占比，是少數唯一的長壽型 DApp。

　　Dice 意旨骰子，網站推出四種簡單的博弈遊戲，分別為拋硬幣正反面；擲一顆骰子猜數字；擲兩顆骰子猜數字；一百個數字隨機猜。網路博奕我們一般最害怕開獎不公正，而智能合約公開查詢能讓玩家放心，不會有修改開獎結果及內部動手腳作弊的情形發生。

　　因為開獎使用隨機函數和每筆交易下注所產生的交易哈希 ID 來判定單或雙、大跟小、正跟反，若是贏得獎金，會直接透過智能合約上鏈，轉進自己的冷錢包，不會留存在平台裡，還要跟平台申請提現，避免圈錢跑路的問題，也解決中心化線上博弈平台不信任的問題，可以直接在下注頁面決定下注多少，不管乙太幣賠率多少都可以直接下注，而且不記名沒有

個資，是利用乙太幣來小賭怡情的博弈 DApp。

有興趣的朋友記得先下載冷錢包，然後在 DApp 瀏覽器上綁定自己的匿名冷錢包，就可以加入參與遊戲，最小下注金額為 0.01 顆乙太幣，平台賺取一定的手續費自動扣掉，而且部分贏得的獎金會累積至幸運彩池，隨機挑選玩家抽獎發送，官網上有中文規則說明，可自行查閱。

博奕類的 DApp 越來越豐富，百家爭鳴，諸如去中心化的百家樂、21 點、輪盤、樂透，玩法也越來越多種，但是像 Dice2win 一樣長期吸引用戶下注的不多，所以如何開發好玩長久的博弈 DApp，也是每位開發者要去絞盡腦汁思考的，相信未來會有越來越多不同的博弈 DApp 獨霸一方，所以我只簡單介紹 Dice2win，若各位讀者有興趣，後面我會教大家怎麼去搜尋其他 DApp，可以自行去研究，但還是奉勸各位，賭博通常十賭九輸，小賭怡情就好。

➔ Dice2.win 網址：https://dice2.win/

➔ 智能合約地址（x5）：

   1. 0xd1ceeeef70c61da45800bd81be3352160ad72f2a

   2. 0xd1ceeee3ecfff60d9532c37c9d24f68ca0e96453

   3. 0xd1ceeeefa68a6af0a5f6046132d986066c7f9426

   4. 0xd1ceeeeee8af2791fc928beffb0ffac3387850de

   5. 0xd1ceeeeee83f8bcf3bedad437202b6154e9f5405

6-3 去中心化金融 DeFi

DeFi 的全名叫 Decentralized finance，為「去中心化金融」，也可稱「分布式金融」或「開放式金融」。凡是跟數字貨幣有關的金融應用都可稱為 DeFi，目前已有人將儲蓄、支付、保險、投資、借貸、交易買賣……等金融服務從銀行中拆解出來，成為獨立的去中心化區塊鏈金融應用，這些都統稱為 DeFi，未來所有的金融服務都可能脫離中心化的銀行，使用者有更多選擇。

舉個例子，通常我們在銀行申請貸款都要透過中心化系統考核你的信用狀況，相當費時，但在區塊鏈的世界裡，你只要用數字貨幣作為抵押就能隨時借款，還款時也是還數字貨幣，且我們存在銀行的錢，銀行也會私底下偷偷拿去放貸或轉投資，我們一般人是看不到的。

而去中心化就是完全公開，利用智能合約將我們的資產鎖定，沒有人為干預的問題，保障資產安全，另一種應用就是，我們也能在區塊鏈上做去中心化的放款，借錢給別人，賺取手續費與利息，可以想像為一種自銀行的概念，就好比科技進步的現在，只要透過社交平台就能當自媒體。

而 DeFi 就是未來可以讓人們都能自己做自己的銀行應用，所有事只要涉及到金錢，人們會有中心化平台信任的疑慮問題，這時區塊鏈就有了很大的發揮空間，它可以執行現實世界的借貸金融產品，只是把所有相關

合約、借貸記錄搬到區塊鏈上，由區塊鏈的智能合約形成自動化系統。

　　區塊鏈因此降低了財產全球流通的門檻，也就是去中介化，一般人不再需要透過銀行的中介，沒有人為干預和道德風險，借貸者與放款者可以直接依據智能合約完成交易。未來人們只要透過冷錢包，不關大額、小額的交易，使用更多的會是比特幣、乙太幣及穩定幣的數字貨幣，或是商家點數這樣的代幣、遊戲代幣，而未必是政府或企業發行的法定貨幣和點數幣。

　　DeFi 的目標就是讓金融服務不必非得和銀行綁在一起，幫助地球上的每個人都應該要能透過網路來支付、儲蓄、投資、放貸，如果你生活在金融體系薄弱或通貨膨脹率過高的國家，選擇 DeFi 可能比你身邊的金融機構更好。

　　舉例來說，目前全球約有十億人沒有官方認定的身分證件，包括社會低階層級或低收入國家，礙於中心化機構在審核方面有一定的門檻，若沒有證件，他們無法在銀行開戶，無法得到該有的金融服務，但其實他們之中大部分的人也都有智慧型手機，所以，未來只要 DeFi 普及，人人都可以透過區塊鏈享受到更多的金融便利性，這也是非常龐大的市場。

DeFi 可組合性

　　DeFi 還有一個最特別的地方就是開放性和可組合性，可以不斷創造 1 ＋ 1 ＞ 2 的理念，不同去中心化 DeFi 應用的智能合約代碼能彼此組合，就像樂高積木一樣構建更多功能的系統，甚至還能結合中心化金融應用交互搭配。

　　假設你想在自己的網站增加一個代幣化資產交易功能，只要將網頁

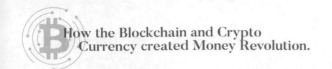

程式編寫代碼接上去中心化交易所的協議代碼即可，智能合約能創造出各種傳統金融世界無法實現的新概念。

例如有一個結合 DeFi 和社交媒體概念的項目，可以讓參與者利用自己的社交帳號流量創造代幣，實現粉絲經濟變現，把一些優質內容設置成僅代幣持有人可見，且將個人帳號代幣化之後，人們還可以下注，競猜哪些帳戶會更流行，從而獲得獎勵。

另一個創新概念項目叫 Pool Together，它把 DeFi 和彩券概念結合，打造一種「零風險」彩券。用戶在該平台上購買彩券，1 美元等於一個中獎機會，然後智能合約會將所有購買彩券的資金，都存入另一個放貸生息的 DeFi DApp「Compound」當中賺取利息，這後面會另外介紹。

然後每期彩券開獎時，每個購買人無論輸贏，都能 100％拿回自己的本金，並隨機抽出一位幸運兒，獲獎者能把彩券獎金池產生的利息全部抱回家，也就是利用彩券機制增加儲蓄並創造財富！這裡的抽獎也是利用智能合約隨機開獎，無作弊的可能性。

講白就是用智能合約，借大家的錢去放貸生利息，再將本金還給每個人，並隨機抽獎發給幸運兒總產生的獎金，平台賺取小量的手續費，算是一種零風險博弈。

我們只需添加一行程式代碼就能接入整個中心化與去中心化市場，或者添加一行程式代碼讓線上商城的商家利用自己的沉澱資金賺取利息。隨著 DeFi 系統日益成熟，這些智能合約代碼也會越來越豐富，從而創造更多可能性，未來也會影響幣圈外的生態。

如何觀測 DeFi 的數據分析？

　　追蹤 DeFi 最簡單的指標就是乙太坊 DeFi 生態系的 TVL（鎖定資產的總價值），也就是金融系統基礎結構的智能合約中儲存了多少錢？

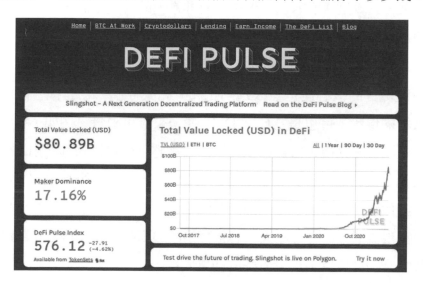

　　我們可以從第三方網站 DeFi Pulse 來觀察一下。從 2017 年 10 月截至 2021 年，所有在 DeFi 應用上鎖倉抵押的乙太幣價值約為 26 億美元，抵押的乙太幣為 710 萬顆，比特幣約為 43,000 顆，且每日逐步成長，大約從 2020 年初開始，DeFi 的使用者和交易量才逐步被打開，開始受到重視被推廣使用，2021 年開始呈拋物線成長，這也是牛市來臨的一個訊號，從原本很陽春的去中心化金融概念，慢慢被發揚光大，越來越多金融應用 DApp 誕生在乙太坊上，這也是為什麼很多人說，DeFi 是區塊鏈上、甚至能記載於人類史冊的重大科技突破。

　　DeFi 的存在是因為它能滿足很多人的金融需求，而這些需求是傳統金融無法滿足的，不需要太複雜的中心化驗證審核手續和等待時間，不分

種族、年齡、地域，人人都可以在區塊鏈上完成金融服務，而且現在都還在起始階段，遠遠談不上成功。像當初的比特幣也是一場社會實驗，用十二年的時間才漸漸得到大眾認可，相比之下 DeFi 還很初階，跟傳統金融比起來，只算是鳳毛麟角，但未來有非常大的成長空間。

傳統金融體系發展至今存在著很多問題，比如不透明、濫發、中介機構人為糾紛等，導致過度的債務和通貨膨脹，很容易爆發經濟危機。

而區塊鏈的核心便是數據透明化和分布式存儲，它有機會改變當前的金融結構現狀，這也是為什麼 DeFi 在未來無可限量。例如，它的抵押資金池可以快速兌換，借貸利率可以即時調整，也可以隨進隨出，沒有借貸期限等。又例如，借貸收益是透過其 DeFi 項目的代幣來收取，如果用戶購買該代幣，也可以享受到該代幣的借貸收益，相當於將債權代幣化，又同時實現流通，還能透過去中心化交易所 DEX，以最優惠的價格交易，利用智能合約借貸協議實現最好的利息收益。

由於所有的借貸和清算過程都由智能合約強制執行，所以不用擔心違約問題，也無需第三方參與，省去中間人環節，出借人可以獲得更高的收益，借貸人可以獲得更好的利率。目前 DeFi 的應用大多建立在乙太坊公鏈上，最主要的原因是乙太坊區塊鏈有一定的共識程度與安全性。

而金融產業最重視的就是資產安全，其次才是速度 tps，而其他號稱手續費低廉、轉帳速度快速的公鏈，中心化程度普遍偏高，容易存在人為控制幣價或黑客的問題，但這不代表其他公鏈就一定沒有機會，只是目前共識性要超越乙太坊沒這麼容易。

DeFi 沒有風險嗎？風險有哪些？

所有的 DeFi 項目都是透過智能合約編成，因此剛上線的 DeFi 最怕智能合約有漏洞不完善，導致系統崩潰或黑客入侵進行套利，2020 年也有很多 DeFi 項目出問題，便隨即腰斬的案例。所以對於新的 DeFi 應用，我建議不要放過多資金在裡面，盡量選擇交易量、抵押量都穩健成長和時間較久的項目。

還有一點，目前 DeFi 上抵押獲得的利潤，大多是 DeFi 項目方自己發行的代幣，而這些代幣價格也有市場漲跌幅，所以還是有一定的風險，穩定幣除外，必須完全了解每個 DeFi 的相關規則和風險後，再來參與較好。

中心化傳統金融還是有一定的重要性和地位，不會有完全取代的可能，跟去中心化金融 DeFi 相比，目前 DeFi 還只是小眾市場，各有各的用戶群體，也不是所有人都會使用或願意使用數字貨幣，期待未來傳統金融也開始採用 DeFi 應用，融合傳統金融的服務，才能創造更多可能性。

傳統金融可以透過 DeFi 的特性來實現全球流動性，譬如未來某家銀行推出數字貨幣託管，並提供代操 DeFi 服務，向全球開展業務，帶來可觀的營業額或資金量，政府也能增加稅收，這對還不了解或不會使用數字貨幣的人來說是一大福音。

USDC 穩定幣就是 DeFi 和傳統金融結合的一個案例，USDC 是建立在乙太坊公鏈上的全球第二大穩定幣 token，在美國受到監管，可合法從事全球數字貨幣業務活動，後面章節會再向各位介紹穩定幣。

USDC 在 DeFi 中借貸的量也越來越大，負責將傳統世界的法定貨幣轉移到 DeFi 中，經由 DeFi 的自由性、流通性、透明性等，使很多原先

不流通的資產重獲新生，而錢本來就必須流通才能發揮其價值。所以，政策上的風險我們也無須擔心，DeFi 的去中心化跟數字貨幣一樣不容易受監管，就算真的立法監管，那也是好事，可以讓用戶更放心地使用。創新科技永遠領先於政策，這就會給很多新創業者成功的機會，一但 DeFi 結合傳統金融普及，那這個世界將會更美好，也能創造許多現在無法實踐的應用。

　　舉例，你擁有一間房產所發行的部分幣，持有此代幣可分潤此房產的租金收益或出售分潤，但房產在現實中涉及很多法律權益和義務，無法單透過代幣得到保障，這時就需要借助中心化的銀行和法律約束才行，也就是說，透過去中心化的智能合約和中心化的紙本合約就能解決各種爭議。

6-4 穩定幣是什麼？

若想要把傳統的金融產品運用到區塊鏈上，首先要解決的問題就是價格的波動。價格波動劇烈的數字貨幣無法滿足大部分傳統金融服務，假設你貸款一筆數字貨幣，你肯定不願在還款前夕價格波動。

所以，穩定幣與價格波動性較強的比特幣和乙太幣不同，它被設計成錨定某一單位法定貨幣的有價數字貨幣。大部分的穩定幣都錨定美元，目前市面上有數十種穩定幣，簡單來說就是數字貨幣世界裡的法定貨幣，大致分為以下三種類型。

法定資產抵押型穩定幣

通常都是由中心化機構或銀行發行，由存於銀行帳戶裡的法幣 1：1 掛鉤，代表幣種有 USDT、USDC、PAX。發行方或銀行要有一定數量的法定貨幣儲備，並按比例來發行 1：1 的穩定幣，比如發行方持有 100 萬美元，同時發行了單價 1 美元的 100 萬顆代幣，使用者便可以用穩定幣自由交易其他的數字貨幣，又可隨時將穩定幣兌換成等值美元，優點是如果出了問題，有實體機構承擔責任；但也有風險存在，就是發行方是否可信，因為使用者無法確定發行者是否真的具有等量的資金儲備。

穩定幣最早的源頭就是 USDT 泰達幣，它讓所有交易數字貨幣的使

用者得以自由儲存自己的穩定型資產，一開始各國交易所都只能用本國的法定貨幣進行交易，USDT 的出現，讓全世界各國交易所的法定貨幣串聯起來，將錢轉換成虛擬美元的形式，自由交易轉帳和存放，當我們想透過交易所頻繁交易賺取價差，又不想這麼快兌換回法定貨幣時，就可以先換成 USDT 永久存放，也可以轉移到個人的冷錢包儲存來隱藏資產。

USDT 從 2014 年發行至今已深植人心，是市占率最高的穩定幣，各大交易所都能使用，也是目前全球市值排名前五的數字貨幣。而在不同公鏈上發行的幣也略為不同，比特幣鏈上的 USDT 叫做 OMNI 版 USDT，轉帳時會需要一些比特幣作為手續費；乙太坊鏈上的叫做 ERC20 版 USDT，轉帳時也需要一些乙太幣作為手續費。雖然不同鏈上發行的幣都可統稱為 USDT，但不同版本的區塊鏈 USDT 不能互轉，這點一定要記住，否則你的錢可能就這樣不見了。

因為 USDT 是由中心化公司所發行的，可以隨意增加或減少，實際上是否真的持有 1：1 的美元，目前無法得知。現今 USDT 在市場的使用率、市占率是最大的，但對於這樣存有爭議的美元穩定幣，傳統金融機構與政府尚未全面接受，所以才會有其他政府或機構著手發行自己的穩定幣，並提供公開數據取得合法性，試圖要搶佔 USDT 的市場份額，我相信未來各國央行和大型機構企業及各大交易所，也會開始爭相發行自己的數字穩定幣。譬如全球前三大的交易所幣安，就提供了兩種基於法定貨幣的穩定幣：與美元掛鉤的 BUSD，以及與英鎊掛鉤的 BGBP。

目前第二大的美元穩定幣 USDC，也是基於乙太坊 ERC20 發行的代幣，由受監管的金融機構發行。USDT 由美國交易所 Coinbase 和高盛集團旗下的 Circle 公司所開發，Circle 是美國持有執照的金流服務商，必須遵守聯邦法律及法規。USDC 也獲得紐約金融服務部（DFS）的許

可，從事各種數字貨幣相關業務活動，且 2021 年開始，美國也同意各大銀行使用 USDC 穩定幣作為結算貨幣。

每顆 USDC 都被保證由相對應的美元作抵押，公開透明，每個月的美元儲備都由知名的會計公司 Grant Thornton LLP 公開認證，每日平均交易量約十億美元。

USDC 目前也廣泛應用於 DeFi 平台上，備受歡迎，可用於 DeFi 放貸賺取年化收益以及其他去中心化金融應用，這點是 USDT 目前所沒有的。

 ## 去中心化數字資產抵押型穩定幣

簡單來說，就是透過乙太坊智能合約抵押乙太幣而發行的穩定幣，目前最成功的案例為 Dai 穩定幣，與 USDT 不同的是，Dai 沒有錨定現實世界中任一法定貨幣，而是設計去中心化的經濟系統，使 Dai 的價格得以保持在穩定水平，是一種無需依靠鏈下任何的法律系統或信任背書來穩定的代幣，從而與現實世界進行連接，充當「盯住美元的穩定幣」的交易媒介，區塊鏈建立一個與現實並行的金融基礎設施。

Dai 自 2017 年誕生以來，表現出超強的生命力和穩定的營運機制，即使乙太幣在 2018 年至 2019 年下跌 90％，Dai 的表現依舊堅挺。Dai 用來維持穩定的兩大法寶：自動化超額抵押＋目標利率的反饋機制，我們可以透過抵押乙太幣來借款 Dai，償還利息也是透過 Dai 來清償，但在 Maker 的抵押智能合約系統中，系統會要求你設置一個不得低於 150％ 的抵押率。

也就是說，抵押乙太幣的價值至少要是 1.5 倍 Dai 的價值，它保證

了抵押物的價值始終大於借出的 Dai 價值，讓每個 Dai 背後都有足額的資產支撐。一旦乙太幣進入智能合約中，用戶和平台就再也不能控制它，直到用戶償還所有 Dai，智能合約便會將還清的 Dai 進行銷毀，並從合約中退乙太幣至用戶的帳戶中。

如果你手中持有乙太幣，且長期看好乙太幣的增值，現在又剛好有周轉資金的需求，就可以質押乙太幣來獲得 Dai，它的核心用途跟其他穩定幣一樣，存款、貸款、資產管理以及支付，目前也已經有中心化的公司開始採用 Dai，在跨國轉帳和供應鏈金融中作為橋樑，起到與現實經濟連結的作用。

國際供應鏈公司 Tradeshift 便使用 Dai 作為支付方式，並將票據代幣化，進行 Dai 的融資。數字資產轉帳公司 Wyre 也打通了數字貨幣與法幣的通道，之前透過比特幣和乙太幣的國際轉帳，都可以經由消除波動性的 Dai 來進行，企業可以即時兌換美元、歐元、英鎊、澳元、港元、人民幣。

而剛剛提到的目標利率反饋機制就是當 Dai 的交易價格超過 1 美元時，智能合約會激勵人們生成 Dai，當 Dai 的交易價格不到 1 美元時，智能合約會激勵人們將 Dai 贖回。這個過程類似於央行經由利率來控制貨幣供應量，若你想了解更詳細的運行機制，可以參考他們的白皮書：https://makerdao.com/zh-CN/whitepaper/

另外還有一種去中心化演算法穩定幣，完全無需抵押機制，只單純透過智能合約來恆定代幣的價值，保持與法定貨幣價值之間恆定的穩定幣。這種演算法的難度係數很高，成功難度甚至大於當初比特幣，目前大多在嘗試階段，還沒有一個真正成功的案例，很多都沒辦法真正達到恆定，價格波動還是很大，甚至歸零，不過我相信在不久的將來，也會成功實驗出

來，在這之前建議還是先使用經過市場驗證的穩定型代幣就可以了。

主流 DeFi DApp

DeFi 是一項創新的金融科技應用，我認為還在萌芽階段，未來幾年只要搶佔中心化金融 DeFi 的少部分市佔率，我相信乙太坊還會有很大的成長空間，這邊稍微介紹一些比較主流的知名 DeFi DApp。

① 借貸類應用龍頭：MakerDao

前面介紹的數字貨幣抵押發行的去中心化穩定幣 Dai，就是透過 MakerDao

智能合約所製造出來，是目前所有 DeFi 的核心代幣，我們可以抵押乙太幣或一些知名的數字貨幣，直接在 MakerDao 超額抵押借出 Dai 來使用，達到借款的目的，利率也會隨當下市場情況變動，假設乙太幣價格為 100 美元，大約能抵押借出 66 美元的 Dai，而目前已經有 280 萬顆乙太幣抵押在 MakerDao 智能合約上，並且穩定成長中。

② 借貸類應用二把手：Compound

Compound 是運行在乙太坊鏈上的開源協議，用戶可隨時透過該平台借出或借入資產抵押品，不鎖倉，所有用戶抵押

的貨幣都集中在資金池中，當有人要借出資產時，就從資金池中扣除，且隨時可以領出，等於活存，而借貸利率則由智能合約按市場供需，二十四小時不停浮動，年利率大約 8 至 11％左右。

簡單說明放貸流程，當使用者將代幣打進 Compound 的智能合約，會按照當時的匯率，獲得相應的「借貸證明代幣」。用戶只要持有「借貸證明代幣」就可以獲得利息，而這些收益都是其他人向 Compound 借錢所繳的利息。

使用 Compound 借貸的缺點是其支援的幣種較少，不像中心化交易所和中心化借貸平台，支援幣種較多，對於一般新用戶操作難度較高。但有一優點是每個人都可以使用，不需要提供個人資料，不用實名驗證就可當活存、複利，而且能立即提款，沒有託管方，資金非常安全，不怕有中心化平台惡性倒閉的風險發生，除非智能合約本身有漏洞。

③ 借貸類應用三把手：Aave

Aave 平台的規則和 Compound 差不多，唯一的差別在於 Aave 提供了穩定的借貸利息，穩定

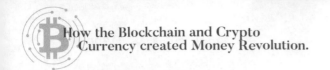

利息在短期內是固定的，但長期來看是可以改變的，以適應代幣之間供需比的變化；而 Compound 是隨市場情況變化。

另外，Aave 還提供閃電貸的功能，稱作「信貸委託機制」。Aave 上的存款人可將自己閒置的信貸額度委託給其他人，賺取更高利率的收益，讓借款人無需抵押就可以實現借款，達到更高效的資金使用。對放款人來說，可自定義設定利率，這意味著如果他們願意承擔更高的風險，那就可獲得更高的利潤回報；對借款人來說，只需支付一定的利息費用就可無需抵押資產進行借款。

Aave 只負責執行智能合約，不做擔保，發行該筆貸款後，便由放款人承擔其信用風險，如果借款人跑路了，委託人在 Aave 上抵押的資產就拿不出來了，所以信貸委託一開始只針對熟人間或有良好信譽的實體機構

進行。

根據 Aave 創始人 Stani Kulechov 的說法，早期階段，信貸委託機制基於熟人間信任的方式實現，這種模式的優勢在於轉化難度較小。對委託人來說，該模式與場外交易貸款協議相同，此外，還可以獲得額外的 DeFi 利率收益。

且 Aave 的智能合約受到法律支持，該智能合約生成的協議不僅限於幣圈，還可觸及現實世界，具有真實世界的法律效力。因運行於熟人圈子，可大幅降低違約風險，但委託人也應自行對借款人進行調查，如果發生違約，雙方可透過該法律協議進行追責。隨著該模式被驗證可行，也漸漸允許兩個互不認識的人參與，只要雙方達成基於特定條款的點對點協議，便可進行信貸委託和授權。

未來 Aave 也會在平台引入更多複雜的區塊鏈信用評分和風險分析系統，可以為互不熟識的雙方提供信任度參考，這個功能不僅可擴展 DeFi 資金的整體規模，還能將 DeFi 中的流動資金為傳統金融市場中的企業所用，將影響力觸及更多種類的用戶與資金。

而 Aave 和 Compound 所發行的代幣，持有代幣者也可以對平台營運提出建議並投票，每天也會由平台獎勵給平台的借貸服務使用者。

 # DEX 去中心化交易所

DeFi 當中最重要的買賣媒介，非去中心化交易所莫屬，我在 2017 年才認識到第一間去中心化交易所 Kyber，那時市場仍習慣使用中心化交易所，加上使用者介面體驗較差，所以去中心化交易所無法走上主流。

但自從 DeFi 於近年開始盛行後，加上乙太坊上的重磅應用 Uniswap

推出，大大簡化了使用者介面，使用者可以輕鬆上手，做買賣交換。下面就跟各位介紹一些去中心化的交易所。

① Uniswap

Uniswap 跟中心化交易所最大的不同在於，它不是用搓合買賣雙方價格來做交易，而是使用資金池的方式，在智能合約資金池裡按總量來計算價格，所以不像中心化交易所，可以掛單買更低價或賣更高價，價格由 Uniswap 當下的總量決定，最終金額多少就是多少，買的人多，池子裡的幣減少，價格就會漲，也就是說，如果臨時要購入大筆金額時，就可能買到較貴的價格，小量購買的話就差不多。

Uniswap 與中心化交易所最大的不同是，我們也可以藉由抵押乙太幣或其他代幣進入這個資金池，提供別人交易，這樣交易的手續費也會由 Uniswap 分潤給我們賺取利息，優點就是不用實名，只需要連動冷錢包，乙太幣和乙太坊鏈上的代幣都可以直接在冷錢包交換，不用轉到交易所。

初期發幣的項目方也可以使用這個平台上市，這樣就可以省下大筆資金到中心化交易所，提供非常便捷的管道；但缺點是只能交易乙太坊上的代幣，乙太坊以外的就無法在這個鏈上交易，且乙太坊目前還有轉帳速度乘載量的問題還沒解決，所以當乙太坊網路塞車的時候，轉帳的礦工費就會非常昂貴，不適合小量的交易買賣，又因為是去中心化的，所以在 Uniswap 上交易的乙太坊代幣，往往都會跟中心化交易所的價格或其他去中心化交易所的價格有落差，因此在買賣交換前，還是建議多加比較後再交易為好。

自 2018 年 11 月迄今，Uniswap 累計處理的交易量已突破 1,000 億

美元，日交易量都有 10 億美元上下，且還在增加中，其發行的代幣 UNI
也漲幅逾 20 倍，所以大家可以持續關注。

② Sushiswap

壽司去中心化交易所，同時也有發
行 Sushi 壽司平台代幣，別看名字好笑，
它可是第二大的 DEX，同樣作為去中
心化交易所，Sushiswap 延續 Uniswap
的核心設計，兩者的主要區別在於，

Sushiswap 增加了代幣激勵，將其一部分的交易費用分配給 Sushi 壽司幣
的持有人。

Sushiswap 瞄準 Uniswap 的流動性提供者，提供他們更完善的獎勵
機會，這裡要稍微介紹什麼是無常損失，當你向流動資金池提供資金池流
動性時，存入資產前與存入資產時的數字貨幣價格會發生變化，若變化越
大，遭受無常損失的可能性就越大，在這種情況下，損失就是你取款資金
的價值可能低於存入資金的價值。

既然成為流動性提供者會面臨潛在損失，那為什麼還有人願意提供
流動性呢？因為無常損失可以透過交易費利潤來抵消。以 Uniswap 為例，
即便有無常損失的存在，因為有交易費用利潤的關係，用戶依然可以獲
利。

Uniswap 對每筆交易收取 0.3％的費用，並直接分配給流動性提供
者。如果給定資金池中發生大額交易，該資金池承受了巨大的無常損失，
提供流動性依然有利可圖，但還是取決於每個池子的協議及存入資產的市
場動態。

在 Uniswap 上提供資金池我們稱作流動性挖礦，雖然可以賺取部分分潤，但也存在無常損失，有可能會存在獲得的費用收益不如直接持有代幣所得的收益更高，反觀 Sushi 幣就可以緩解上述問題。Sushi 幣代表了整個 Sushiwap 協議的潛在收益，可以長期捕獲協議的部分費用，即使早期流動性提供者不再為協議提供流動性，他們在早期挖礦所得的 Sushi 也能賺取未來的價值。

這種代幣激勵模式，將初期流動性提供者和長遠收益綁定在一起，如果流動性提供者不再提供資金池流動性，那初期提供者持有的代幣也相對稀釋，因為其他的流動性提供者繼續在為協議提供服務，可以持續獲得更多的代幣，也兼顧了後來加入者的利益。

以上只大略介紹概念，實際如何操作流動性挖礦或借貸，將在我們的實體和線上課程教學，歡迎有興趣的讀者與我聯繫。去中心化交易所 DEX 目前也非常競爭，除了上述介紹的兩種，還有許多像 Kyber、1NICH、TOKENLON 等如雨後春筍般誕生，這些都是乙太坊上的去中心化平台；其他區塊鏈諸如波場鏈、幣安鏈也都陸續上線，未來哪幾間存活下來我們無法預測，但可以預見的是，DeFi 市場正逐漸拓展開來，資金也源源不絕湧入，去中心化市場正慢慢影響傳統金融。

6-5 新興崛起明星幣種

　　數字貨幣從比特幣誕生至今，被收錄、上架交易所的幣種逾一萬種，未收錄的更高達二、三十萬種，每年都有不同的山寨幣發行，然而絕大部分都是蹭熱度、想撈一票的貨幣，無法長久，這也是為何很多人說數字貨幣是很大的投機市場，但在這麼多幣種裡，也有許多潛力幣種是我們可以提前布局，能夠長期持有投資，而這也是我一直在專研的，所以我想向各位介紹一些不錯的價值幣種，讓大家多多參考。

 幣安幣

　　幣安幣（Binance coin，BNB）是第一個由交易所平台所發行的代幣，如今除了平台的應用，也從乙太鏈分叉出來，擁有自己的去中心化各大應用，儼然成為目前第三大公鏈，幣安幣從 2017 年發行以來已漲幅 6,000 倍，最大的關鍵在於擁有龐大的用戶。

　　幣安目前蟬聯全球日交易量最大的數字貨幣交易所，全球有一千多萬用戶，創辦人為趙長彭，簡稱 CZ，在 2017 年僅用半年的時間便迅速竄紅，個人身價高達 20 億美元，躋身富比士排名，最經典的一句名言為：「在對的時間做對的事情」。

幣安幣為何這麼有價值，主要是因為幣安交易所本身的會員流量與知名度，2017 年 7 月左右，幣安交易所橫空出世，當時正逢比特幣第二次牛市週期，ICO 也正盛行，國內外許多剛踏入這個市場的小白大多選擇註冊 OKEX、火幣網，導致這些大型交易所開始限制開戶的人數，而幣安便在這個時候吸收了非常多國內外的客戶量，而且它能夠買賣的幣種比其他主流交易所還多，因而讓很多新的項目方優先選擇與幣安洽談，又吸引一波用戶進場。

幣安的經營理念中有另一個關鍵為特別重視用戶，幣安初成立時，選擇將用戶擺在第一順位，在使用者體驗、投票上架機制、交易所定期舉辦活動回饋、推薦碼手續費反饋……等，都以用戶為考量來規劃行銷經營策略。這時幣安便突發奇想地發行了區塊鏈業內第一支平台代幣，用戶可以使用代幣來折抵交易手續費，並且能定期的銷毀通縮，這個舉動在當時非常創新，使得幣安幣在半年內漲了 200 倍，也開啟了平台代幣時代。

其他交易所也開始發行自己的平台代幣，一樣可以折抵手續費，平台代幣就像一個平台的門面或股票，雖然非常中心化，但只要平台賺錢，就有資金拉抬自身的代幣，多少都能吸引人來購買。所以，市場上也流傳一句話：「幣安剛好因天時地利而成功，市場再難有第二家幣安。」

2017 年 12 月 8 日，幣安宣布其註冊用戶突破百萬；12 月 18 日，幣安成為單日交易量全球第一的比特幣交易平台；2018 年 1 月 10 日，幣安單日交易量突破百億美元，全球註冊用戶超過五百萬人；1 月 17 日，幣安用戶數量超過六百萬；2 月，幣安用戶突破七百萬，至今穩定成長，用戶也突破千萬，穩坐交易量第一的榜首，日交易量超過千億美元。

而幣安創辦人在幣圈也非常有影響力，除了折抵手續費外，極具野心地發展自己的區塊鏈，從乙太坊分叉出 1：1 的區塊鏈，只要是乙太坊

的代幣，都能透過幣安轉換成幣安鏈的代幣，減少轉帳的礦工手續費。

乙太坊因為礦工費居高不下，有許多 DeFi 應用 DApp 的應用開發者和投資者，甚至是交易員都開始慢慢從乙太坊轉移至幣安鏈，吸納乙太坊的流量，幣安也在去中心化交易所流通，交易量不斷擴大，幣安幣從 2020 年最低 20 美元高漲到 600 多美元，國外甚至已經預估可以漲到 3,000 美元一顆。

幣安交易所還跟許多國際網路店面合作，可以直接使用幣安上的數字資產訂購酒店，未來還有各式各樣的服務，不斷帶領數字資產走向主流，也能用數字資產在幣安購買美股的代幣，價格跟實際美股價格同步。

幣安的版圖擴張確實越來越大，資安問題也做得非常隱蔽，交易所未發生過資產被黑客剽竊的狀況，口碑不斷提升，在美國有合法拿到經營牌照落地，客戶量也在穩定成長，我個人非常看好幣安幣未來的發展。

幣安幣其價值與回購機制如下。

① 優惠抵扣幣安平台交易手續費

在幣安平台上參與交易的用戶，無論交易何種代幣，在需支付交易手續費時，如持有足額幣安幣，系統會對所需支付的手續費進行打折優惠，並按當時市值算出等值幣安幣，使用幣安幣完成手續費的支付。

折扣率有 50％、25％、12.5％、6.75％以及無折扣。

② 回購機制

幣安平台上線後，每個季度將幣安平台當季淨利潤的 20％用於回購幣安幣，回購的幣安幣直接銷毀，回購記錄將會第一時間公布，用戶可透過區塊鏈瀏覽器查詢，確保公開透明，直至銷毀 1 億顆幣安幣為止。

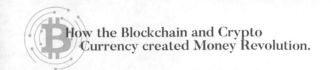
③ 去中心化交易「燃料」

幣安幣是幣安去中心化鏈上交易平台的燃料，使用幣安去中心化交易平台時，需要用幣安幣，包括抵扣手續費、打賞等各種多元化功能。

幣安幣作為中心化交易所標竿最有價值的平台代幣，又有 DeFi、NFT 等去中心化應用，許多名人諸如波多野結依也在幣安的區塊鏈上發行 NFT，目前幣安幣進到全球市值排名前五名，市值 500 億美元，我個人也買了許多幣安幣，數字資產未來還是有一定價值的。

幣安幣日漸壯大，勢必會有許多的國家開始針對幣安有越來越大的監管干涉，且中心化交易所還是有一定的風險被駭，幣安鏈是中心化程度非常高的鏈，之所以能成為僅次乙太坊去中心化區塊鏈應用的第二大子鏈，完全倚賴幣安交易所本身的口碑與信任，即便幣安自己沒事，可近期仍發生多起幣安鏈的 DeFi 漏洞駭客攻擊事件，很多原因都會使幣安幣的價格暫時受到影響，大家若要進場投資，需謹慎評估進場時機點與風險。

數字貨幣小檔案

* 官網：https://www.binance.com/
* 區塊瀏覽器：https://bscscan.com/
* 官方論壇：https://www.reddit.com/r/BinanceExchange/
* 官方推特：https://twitter.com/binance
* 貨幣算法：無。
* 起源日期：2017 年 8 月。
* 總市值：500 億美元。
* 總量：170,532,785 顆。

 **奇亞幣**

　　2021 年 3 月 19 日，一個倍受大家關注的新數字貨幣奇亞幣（Chia）橫空出世，號稱綠色比特幣，代號 XCH，不得交易及買賣，只能使用挖礦的方式取得，跟起初的比特幣有點像，但採用硬碟容量挖礦的方式獲得。

　　奇亞幣號稱每個人都可以出借電腦多餘的空間，是一種以空間來獲得獎勵的挖礦模式，更為省電，挖礦成本相對較低，用此模式吸引大家目光，造成多家硬碟廠商大缺貨，供不應求。當初乙太幣造成顯示卡缺貨，現在一般的硬碟也因為這支新幣開始缺貨了，著實獲得大家的關注。

　　但奇亞幣到底是何方神聖，為何一開始就這麼搶手，多家交易所在幣未流通前，就先行進行預售、開放交易，且不能轉帳，導致每個交易所價格不同步，直到 2021 年 5 月 3 日才陸續上市、開放轉帳，許多交易所都想要上線這款幣，可見市場熱度非常驚人，這種幣在市場上非常少見，到底為何這麼受關注呢？

　　Chia 全名為 Chia Network，中文叫奇亞幣，其實奇亞幣並不是一個新幣種，早在 2017 年就已經誕生了，其創辦人布萊姆 ‧ 科亨（Bram Cohen）就是在 2003 年發明 BitTorrent 下載通訊協定的人。

　　因為 BitTorrent 也算是點對點內容傳輸協定的鼻祖，人們稱他為「BT 之父」，2017 年發起奇亞幣項目，自然成為人們追捧的明星，更被投資人視為「神話級」的項目。

　　自 2017 年成立以來，奇亞幣已經獲得了大約 1,600 萬美元的風險投資，其中包括 A16Z、Slow、IDEO 等頂級風投的參與，甚至連

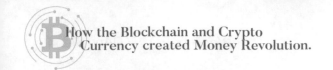

Amazon 都參與其中，奇亞幣可說是含著金湯匙出身。

奇亞幣不是第一個使用硬碟空間來挖礦的，上一個熱門幣種「文件幣（Filecoin）」也是利用這個概念，在全球開展挖礦業務，目前雲存儲技術結合區塊鏈的應用確實還處於概念股階段，未來有機會成為除了比特幣、乙太幣外，下一個被採用的應用技術，因而有許多風投機構或散戶投資人願意砸大錢投資。

以我的立場來說，這種投資標的在牛市期間可以小部分跟風參與，雖然長期來說還不確定是否會像比特幣、乙太幣那樣具有價值，但由於知名度與話題性和投機性質非常高，前期一定會有一段時期可以獲利，站在投資者的角度來說，我會願意短期參與挖礦和炒幣兩者並行。

你可能想問：「為何許多人想參與奇亞挖礦？」奇亞幣之所以火爆，除了名人光環加持，還有一些對於數字貨幣挖礦有興趣的人也想參與，因為比特幣、乙太幣……等，這些挖礦幣種的高門檻和高成本讓許多人望而卻步。

而奇亞幣讓普通人看到一種「一般人也能參與的」挖礦機會，但實際上，只要是礦場主、資金方，都能輕易壟斷挖礦市場，一般人最終可能還是得跟專業的挖礦服務公司租賃算力來挖礦，畢竟挖礦業在全球已行之有年，不像比特幣剛誕生的時候很少人參與。

目前參與奇亞挖礦的方式有兩種，可以用自己的硬碟挖和租賃雲端算力挖礦，如果手動能力強，有配置機器的專業技術知識儲備，那肯定是成本最低的，但一般人並不具備這樣的能力，還是得尋求大型專業礦場的協助，對挖礦有興趣的人可以與我聯絡，要了解如何配置挖礦與炒幣可以參考前面章節的介紹。

奇亞幣旨在成為企業級應用，包括國際支付、財務管理、數據緩存

和 DeFi 的真實落地，以及物聯網的萬物聯通等，但這些也要看未來雲存儲技術是否能確實普及；此外，奇亞幣還有一個亮點特色就是從一開始就接受監管，在美國有合法的公司，也倡導合規。且奇亞幣計畫 IPO 上市，有一定的背景實力與強大的企業背景資源人脈，所以我相信奇亞幣在市場一定會有一波高峰。

奇亞幣採用時間證明和空間證明的共識算法，主網上線時候鑄造 2,100 萬顆，主網上線以後挖礦產出如下所示：

- ➲ 前三年，每十分鐘創建 64 顆奇亞幣。
- ➲ 第四至六年，每十分鐘創建 32 顆奇亞幣。
- ➲ 第七至九年，每十分鐘創建 16 顆奇亞幣。
- ➲ 第十至十二年，每十分鐘創建 8 顆奇亞幣。
- ➲ 第十二年後，每十分鐘創建 4 顆奇亞幣。

前三年每十分鐘產出 64 顆，之後每三年產量減半，至十二年後產量恆定為每十分鐘 4 顆。與現有加密貨幣不同，奇亞幣使用硬盤上的閒置磁盤空間來運行空間證明（Pospace），並與另一個共識演算法——時間證明（Potime）進行協調來驗證區塊鏈。

不同於其他項目，奇亞幣總量 8,400 萬顆，團隊預挖 2,100 萬顆作為戰略儲備，不對外流通和販售，將在公司上市後公布流通計畫，沒有進行任何預售包含私募，只能透過挖礦取得，創始人也在 Twitter 上說明，所以目前只有 20 幾萬顆左右流通於市場，慢慢釋放。

奇亞幣也在 2021 年 5 月 4 日，啟動交易多家交易所上線。根據奇亞幣推特最新公告，奇亞幣每日產出 9,216 顆，沒有私募也沒有公募，

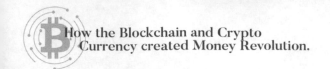

官方持有的 2,100 萬顆，公司合法合規謹慎使用，上線時流通不超過 50 萬顆，因流通量較小，價格可能較高。

　　初始價格為 300 美元，有交易所在開放轉帳前還炒到 10 萬美元，目前已經恢復正常價格，各位讀者也可以多做功課，我個人有進行挖礦與買幣、囤幣分散風險，但畢竟這是非常新的幣種，相對比特幣和乙太幣來說，市場波動較大。

數字貨幣小檔案

* 官網：https://www.chia.net/
* 區塊瀏覽器：https://www.chiaexplorer.com/
* 官方推特：https://twitter.com/chia_project
* 創始人推特：https://twitter.com/bramcohen
* 貨幣算法：自創硬盤時空證明算法。
* 起源日期：2021 年 3 月 19 日。
* 總市值：4 億美元。
* 總量：84,048,000 顆。

6-6　DApp爆紅應用：FORSAGE（佛薩奇）

　　2020 年 2 月，俄羅斯人 Lado Okhotnikov 發起一個使用乙太坊智能合約運作的捐贈式眾籌遊戲，結合了二級分銷的業務制度，參與者向智能合約贈予一定乙太幣後即可加入該計畫，再經由邀請更多夥伴加入獲得佣金獎勵，乍看之下有點像金字塔龐式騙局，但它走紅的關鍵在於其矩陣制度的設計。

　　有許多負面報導抨擊 FORSAGE，但它在乙太坊 DApp 用戶排行榜與 Gas 消耗排行榜上，長期佔據榜單前三的位置，最高單日交易筆數超四萬筆、活躍地址超過二萬個，總參與地址超過百萬，資金參與價值超過 3 億美元，每日平均入金量約有 30 萬美元，也間接推動乙太坊的知名度和使用者，讓更多人認識到乙太坊的價值。

　　我會站在第三者的角度，客觀地分析這個項目，若你想參與，必須先了解這不是一種投資和投機，評估好自身的風險接受程度再加入，跟你介紹這項目的人，其心態是很重要的，此 DApp 不存在騙局，只有心術不正的人會想從中作怪，進行詐騙。

　　我們有請專業團隊檢查 FORSAGE 的智能合約代碼，四百多行的代碼中，沒有任何漏洞和後門程式，完全透明公開，打進智能合約的乙太幣會馬上上鏈，100％轉傳出去，50％捐給推薦人，50％捐給推薦人的朋

友，100％撥幣，智能合約地址不沉澱任何一分資金池，二至五分鐘內到帳，不用跟平台申請提款、提幣，FORSAGE 也不抽取任何手續費和平台費。也就是說，FORSAGE 本身並不賺錢，這也是我一開始很納悶的地方，創辦人真的不賺我們的錢嗎？

沒錯，創辦人確實不賺加入者的錢，但他賺到的收益仍超乎我們的想像，這也是為何它在同類型 DApp 裡壽命較長的原因。通常這種有組織制度或有紅利報酬的 DApp，壽命不會超過三個月，但我們從 FORSAGE 智能合約的乙太坊地址中檢查發現，所有打進去的乙太幣都會馬上自動 100％撥出，這也代表著就算在最差的情況，FORSAGE 直接將網頁關閉，我們也不會有任何資金損失，因為所有乙太幣都在會員自己的冷錢包裡，平台沒有任何機會取走乙太幣，平台本身也沒有指定用哪個冷錢包，只要有 DApp 瀏覽器功能的冷錢包都可以，非常公開透明。

前面我也提到，DApp 註冊時跟 App 最大的差別在於，不需要填寫個資、信箱、電話作為帳號，登入時也可以不用設定密碼，只要匿名創建自己的冷錢包，綁定冷錢包地址即可，中心化的平台都必須輸入帳號、密碼等個資，但進入 FORSAGE 的首頁，只要輸入全球會員的 ID 號碼或乙太坊錢包地址，就能夠瀏覽全球會員的後台收入見證和組織圖，不需要輸入密碼，FORSAGE 後台只是一個帳本，可以公開查詢每位 ID 會員編號的收入狀況和圖譜，我們無法取走裡面的資金或個資，因為乙太幣在會員各自的冷錢包內，冷錢包創建也不需要個資，輸入 ID 登入時，你是全球第幾位註冊，ID 號就是幾號，目前已經約莫一百多萬號了。

這也是區塊鏈有趣的地方，不需要中心，我們也能查詢創辦人的 ID 號，也就是 1 號。從 1 號的後台可以了解到，創辦人其實是在賺自己的獎金收入，而不是賺大家入會的錢。目前創辦人已經收到 3,297 個乙太

幣，價值 396 萬美元，隨著乙太幣的升值，收入會越來越可觀，也能看到每天都有乙太幣存入他的錢包。

這個 DApp 已蟬聯 DApp 排行榜上一年，創辦人也因此聲名大噪，常常在 YouTube 上傳自己的視頻，和大家分享 FORSAGE 的理念和近況，又吸引許多人加入 FORSAGE 的行列，而自願捐贈給創辦人，參與乙太坊捐贈計畫。

說到這，很多人會很好奇，我為何要捐乙太幣給創辦人或介紹人，這對我有什麼好處？

因為智能合約的制度使然，FORSAGE 採用矩陣分盤的組織制度，且只有二層分潤，不存在層層剝削跟多層次，這點跟傳直銷或老鼠會很不一樣，而且平台不參與分潤，所有獎金全部撥出，沒有任何沉澱資金，也就是平台本身不賺錢，參與者也必須分享、介紹給下一個人，對方加入後才會有獎金收入，但只要推薦兩個人就可以回本，最低門檻更只需要 0.05 顆乙太幣，單筆最高可至 204 顆乙太幣，且平台也未承諾任何靜態回報利潤及報酬和利息，光這點就跟資金盤有很大的區別。

那可能又有人會問，既然沒有任何回報和利息，也沒有產品，這樣不是在賣空氣嗎？真的有人願意加入？真的找得到人嗎？

其實這個遊戲的本質就是一種人與人的互助制度，有點像互助會，但這個互助會是去中心化的，你幫助我、我幫助你，大家拿少量的資金出來互相捐贈，積少成多，加入等於是認同這個遊戲規則，將乙太幣捐贈給介紹人和介紹人的朋友，取得一個門票資格，由你或你的介紹人衍生的下一位加入者捐贈乙太幣給你，且終生一次捐贈，不需要重複捐款。

隨著矩陣制度的排列或自己推薦人數的多寡，可無限次收到捐贈，且在這個矩陣裡，有一個互助滑落的可能性，意即你如果運氣好的話，和

能力較強的上線或旁線在同一個矩陣，你有可能在還未推薦別人加入的情況下，就先收到上線或旁線找來的新加入者轉存乙太幣給你，但不保證每個人都有，這需要一點運氣，只是這樣的模式能幫助到想要經營、但能力比較不好的人，讓他們也有機會被別人幫助到，確實體現互助會宗旨。

FORSAGE 最大的誘因為門檻低，沒有國籍和年齡限制，推薦兩個就可回本，即便只有一條線在動，也能領到很多乙太幣，不一定要推薦很多人，但多勞多得很公平，沒有漏洞，無法改制度，也無法關掉智能合約，隨著時間的推移，見證的 ID 號只會越來越多。

你可以到他們的官網，有許多 ID 號公開讓大家查詢，很多人積極推薦別人加入，已收到上千顆乙太幣；沒有推薦的人，也能領到數十顆乙太幣；而遵從遊戲最低門檻，推薦一、二人的玩家，也領到上百顆乙太幣，總結還是多勞一定多得，不勞多得的比例是很少的。

但有些人仍會持以投機的心態參與，尋求強大上線的幫助，成為他們的下線，藉此看有沒有機會領到滑落的乙太幣，但這樣的玩家絕大多數都沒有收穫或只有小獲利而已，所以還是奉勸各位，不要以投機的心態參與，FORSAGE 提供普通人一個互助平台，幫助有心者賺取額外收入，非常公平，不存在老闆控盤、關盤、改制度的風險，讓每個人都有自主權。

也許有些人會說，我把它講得那麼好聽，但實際上還是一個以乙太幣為噱頭的資金盤、老鼠會、金錢遊戲，換湯不換藥，我認為這是觀念認知的不同而已。我以客觀的角度來向各位分析，FORSAGE 是一個創新劃時代的商業模式，是以往沒有過的，所以難免會被拿來比較，但不可否認 FORSAGE 確實間接拉抬了乙太幣的價值，讓很多經濟落後國家的人民，因為 FORSAGE 生活改善了，也讓很多年輕人在短短的幾個月內就賺到好幾桶金。

其實只要是有業務制度的平台都算是一種分錢遊戲，不管是做銷售賣產品、賣課程、賣技術服務還是直銷保險，有分潤制度就有人推廣，總結就是為了賺錢，差別只在於有沒有產品跟服務，通常會將有產品的稱為產品盤，沒有實質產品，單純給利息的就叫資金盤，而資金盤給的是不合理的報酬與配息，只要後金補不了前金，遲早拔插頭跑路。

但 FORSAGE 剛好介於兩者之間，既沒有產品也沒有利息，不保證獲利回本，只是一個乙太幣自動捐贈制度，你必須推廣才能獲利。且 FORSAGE 跟產品盤、資金盤最大的區別在於，加入的本金不需要上繳中心化公司，過往所有的產品盤、資金盤都是本金先交付給公司，再由公司日結、週結或月結發獎金，存有倒閉與改制度拿不到獎金的風險。但 FORSAGE 沒有中心化，本金不給公司，100％秒結，二至五分鐘便打到個人冷錢包裡，平台不抽任何費用，還可以立即變現，沒有公司倒閉與改制度的問題，基於這點就已經非常創新了。

所以，FORSAGE 只是一種很簡單的行銷工具而已，也不算一家公司，因為資金未流進平台，平台也不賺錢，只是點對點的互助捐贈。像我有很多朋友就聰明地利用這個特性，將 FORSAGE 與傳統產業或直銷結合，來作為銷售與推廣，這樣又能創造三贏，對店家來說，只是把法定貨幣改為乙太幣而已，扣掉產品的成本，店家一樣能夠把產品賣出去。

商家收乙太幣支付，贈送產品給客戶，變成一種很簡單的交易行為，並無違法，還能讓客戶多一個賺乙太幣的機會，甚至可以設計乙太幣打折的方案，鼓勵大眾使用乙太幣支付，反正 FORSAGE 本身不抽手續費，客戶使用乙太幣支付買到想要的產品，又能順便加入 FORSAGE，取得一個門票資格，之後也有可能收到其他客戶捐贈的乙太幣；而感興趣的客戶也會幫店家介紹更多人，同樣使用乙太幣支付買產品，自己賺到乙太

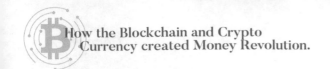

幣佣金，店家也因此賣出更多產品，客戶間接成為業務幫忙銷售，形成一種三贏的局面。

我認識的很多商家使用這樣的模式後，業績直接成長 2 至 3 倍，為何這麼多，原因很簡單，因為乙太幣從 2020 年到 2021 年就翻了 13 倍之多，商家收到的乙太幣在幾個月內就成長了 3 倍，所以只要店家了解數字貨幣的趨勢，就能順勢在這一波上漲潮增加很多的營業額。

所以我認為 FORSAGE 的存在沒有對錯，跟比特幣、乙太幣一樣，全看使用者和推廣者個人的心態是否端正，只要遊戲規則講清楚，就不存在龐式騙局，並非找人拉下線就是騙局，所有的公司創業，都必須要找人，沒有人就沒有營業額，公司沒有收入，員工便不會有薪水，就連殯葬業也要找死人。

在這個時代，要想翻身致富，就必須學會投資和銷售，不然一輩子能賺到的收入是固定的，光靠省錢是無法致富的，而 FORSAGE 恰好是這個時代裡的創新商業模式，能讓你多一個方法和選擇，比某些以不合理的報酬、利息作為引誘投資者加入的資金盤好多了，也因為只有兩代制度關係，所以不存在越早加入的人賺最多，沒有過往金字塔和老鼠會的模式，這點還是有很大的區別的。

前面也提到，錢必須流通才能產生價值，而乙太幣就是全世界的共識貨幣，沒有地域限制，無論你收到從哪個國家捐贈的乙太幣，你都可以在任何國家換取當地貨幣。假設，今天全中國人都捐一塊錢給你的話，那你就是億萬富翁了，中國人民不會因為少一塊錢而破產，我們能將這筆錢用在真正有意義的事情上，你可以做公益或是選擇創業，製造就業機會，經濟也可因此繁榮，算是一種財富重新分配的概念。

你先捐贈給別人先捨後得，透過大量的分享再由別人捐贈給你，讓錢

得以流通，就可以幫助很多人改變經濟現況，尤其近年疫情在全球肆虐，很多人的經濟收入受到影響，有很多加入 FORSAGE 的人因此受惠，改善了原本的生活，甚至完全翻身的都有。

因為這個商業模式的成功，網上難免會有負面報導，所以我們要學會求證，而不是隨便相信任何資訊，你也可以質疑我所說的，但只要你去求證，就會知道誰對誰錯，DApp 是代碼及法律，只要代碼沒有問題，就沒有風險。若有問題，那肯定是推薦人有問題，我們要思考的是，為何即便有負面消息，還是有很多人每天加入捐贈乙太幣的行列才對。

有人會問，會不會有人故意註冊後不打幣出去？智能合約的好處就是打幣即註冊，沒有乙太幣的話，是無法像一般平台先用信箱或電話等個資來註冊的，參加者必須先買好乙太幣，大多數 DApp 也一樣，解決了點對點打幣平台如何求證的問題。以往沒有智能合約，僅單純點對點的付款，收到款的人必須主動告知平台已收到款，制度才能運行下去，但這樣就會產生收到款，但故意不告知平台的問題，若透過智能合約，就能解決以上人性問題。

也會有人問，難道這個東西就沒有缺點嗎？就我認為，沒有項目是絕對的好，只有相對的好，再好的項目也不見得適合所有人，只是在這個時代裡，被歸類於相對好用的工具。難保未來幾年有更好的模式、更好的制度被開發出來，這都是有可能的，所以我們要去評估的是，這樣的模式適不適合自己。

請思考 0.1 顆乙太幣的捐贈會不會影響你的生活，是否能承擔最低的風險，每年都有新的趨勢財和時機財，重點在於你能否把握住，FORSAGE 出現的時機剛好是乙太坊被開始重視的時候，隨著乙太幣的上漲，FORSAGE 得以具有話題性。

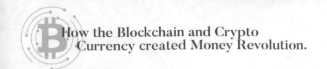
　　當乙太幣下一次熊市來的時候，FORSAGE 可能就沒有那麼多人參與了，但未來的事沒人說得準，只要乙太幣還存在一天，類似 FORSAGE 的商業模式便永遠存在，且未來可能還有其他變化，發展出更多不同的模式，就讓時間給我們最好的答案。這裡提供幾個 ID 號讓大家查詢，這些都是認真推廣 FORSAGE 而擁有高收益：No.191420、No.8679、No. 8648、No. 176735、No. 672816。

◉ 智能合約地址：0x5acc84a3e955Bdd76467d3348077d003f00fFB97
◉ 官網地址：https://forsage.io/

6-7 DApp 的核心問題及未來前景

在區塊鏈技術發展的過程中，相信會有越來越多的創新商業模式不斷誕生，就跟起初互聯網誕生一樣，從無到有、衍生到現在無數成功的互聯網公司，但大浪掏沙，最終存活下來的只有那些富含價值的應用。且 DApp 有別於 App，成功的 DApp 不一定由一家企業創造，可能只是一個團隊，整個營利環節完全倚賴區塊鏈運行整個機制，無法更改，團隊只需要負責營銷以及程式的維護和官網的營運，因為 DApp 最大的困難點就是如何讓使用者簡單操作，它與 App 不同，無法讓大家下載，設計一個簡單介面讓大家操作。

DApp 代碼都寫在區塊鏈上，也不一定要透過網頁來操作，通常會透過特定的冷錢包電腦插件，經由輸入特定的代碼程式語言，來綁定智能合約將幣轉進去，但這對一般使用者來說過於複雜，因而無法普及和推廣，所以才加以改良，以中心化的官方網站來綁定 DApp 的智能合約，官網則需要透過冷錢包的 DApp 瀏覽器綁定個人的數字貨幣冷錢包才能操作，交易所的熱錢包無法使用，也不能使用一般的網頁瀏覽器，若以一般瀏覽器只能瀏覽到網頁數據，沒辦法註冊或使用 DApp 的任何功能。

幸好，現在除了電腦的插件冷錢包，很多也已經有手機的 App 冷錢包這個功能了，畢竟現在絕大多數的人都使用手機為主，所以 DApp 的開發者便想出一個辦法，透過冷錢包的錢包地址來綁定 DApp 的註冊帳

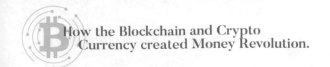
號，打幣即註冊。

說到這裡，相信一定有敏銳的讀者會問：DApp 需要結合中心化的網站，是否代表網站關閉，DApp 也無法使用了呢？錯！其實就算沒有官網，也可以直接透過特定的電腦錢包插件輸入程式語言來註冊打幣，但操作過於複雜，所以很少人會這樣做，我們只需關注合約地址裡面有沒有沉澱資金池即可，只要沒有資金池，那就算網站關了，我們的數字資產還是躺在個人錢包中，無須擔心。

那在未來會有去中心化的網域名稱嗎？答案是肯定的，這點乙太坊尚在研發階段，以後絕對不會只有 .com，也會有 .eth 出現，屆時說不定也會有真正完全去中心化的 DApp，期盼那天的來臨。

我們可以想像一下，在未來幾年 DApp 普及的畫面，可能是每個人的手機裡都有內建的數字貨幣冷錢包 App，民眾可以自行保管自己的數字資產，也能直接透過冷錢包 App 瀏覽各種 DApp 去交易、玩遊戲、捐贈、收藏、博弈、去中心化聊天、抵押借貸、投資……等應用，全都是去中心化的，我相信很快就可以實現。

還有一個很重要的問題要提醒各位，有部分 DApp 存在著欺詐或後門程式語言，有時候新的 DApp 也有合約代碼不完善、存在漏洞而產生的系統問題風險和黑客攻擊風險，所以檢視代碼這部分格外重要，我相信未來也會有幫忙快速檢查代碼的網站或服務公司，我曾看過一些很劣質的DApp，只要綁定你授權的冷錢包後，平台就有權轉走你的幣，所以如果你不曉得如何看代碼，建議綁定 DApp 的錢包地址裡，不要存放太多數字貨幣，另外創建一個地址來存放，多設一道防線比較安全。

DApp 如何查詢及分辨

DApp 的概念大約從 2017 下半年  較廣為人知，2018 年才有讓大家查詢 DApp 的第三方網站出來，這邊介紹幾個 DApp 查詢的網站。

通常 DApp 都會公開智能合約內容和開始時間，還有每天的入金量、地址量（會員量）、轉帳次數、合約地址內的沉澱資金顆數，只要透過區塊鏈瀏覽器，查詢智能合約代碼內容及轉入 / 出金量和餘額，就能了解此 DApp 的數據分析和興衰，如乙太坊的 DApp 就要到 etherscan.io 查詢，僅比特幣不能開發 DApp 外，乙太坊之後誕生的區塊鏈公鏈，大多可以開發 DApp，譬如 EOS、trx、neo……

而乙太坊是目前共識度最強，也最多人開發 DApp 的平台，其次才是 EOS 和 trx，但因為目前乙太坊的交易吞吐量有限，若要大量轉幣、轉帳很容易塞車，拖慢轉幣的速度，讓使用者感受差，而轉帳手續費有時候也會因為塞車而提高，若要使用小額乙太幣轉帳啟動智能合約，手續費還比支付金額要高，必須避開非尖峰期間才便宜，因此有些 DApp 會開發不同區塊鏈版本供使用者選擇，就好比有些 App 有蘋果版和安卓版。或是你選擇轉帳速度和手續費低的區塊鏈公鏈開發 DApp，但安全性相對較低，因為它的中心化程度很高，各有利弊。

坊間有很多詐騙資金盤會謊稱自己是 DApp，但其實還是 App 中心化的，很多人因不會查詢而被騙，另外還有一種詐騙手法，它確實是 DApp 沒錯，但卻在智能合約裡安插回滾的程式代碼或 Bug，只要這個合約裡有沉澱資金，合約編寫者就能偷偷取走裡面的資金，所以最安全的智能合約，資金池裡面最好不要有沉澱資金，這樣即便有漏洞或回滾程式，

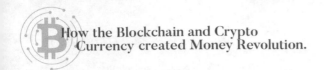

也無法盜走任何資金。

在這邊簡單教大家如何分辨真假 DApp，第一種辨別法即是你登入時是否需要帳號、密碼，或是信箱、電話、個人資料等資訊，只要需要用到帳號密碼進行登入，個資存在第三方平台，我都簡稱為中心化平台；再者，資金是否存於這個平台，若要提領，你必須跟平台申請，然後會有人工審核、預估多久到帳的流程，等於你的錢掌握在別人手上，也稱作中心化。

中心化平台可以決定是否撥款給你，它有各種理由、藉口不讓你提現，諸如駭客入侵、系統升級、交易擁賭塞車、維修漏洞、休假不上班之類的，最過分的是網站直接關閉拔插頭，就什麼都沒有了。

然而，真正的 DApp 不需要帳號密碼個資，更不會有提現申請這些規定，完全自動化匿名使用的應用才叫去中心化，若想再確認智能合約代碼有無問題的話，就要請會編寫智能合約程序的專業工程師幫忙檢查，只要合約內容沒問題，又是完全去中心匿名不用審核提款，就算是較安全的DApp。

智能合約代碼內容可以被更改或刪除嗎？

乙太坊智能合約代碼一上傳，便無法繼續添加或更改功能，但如果合約創建者在代碼中預留「SELFDESTRUCT」的函數代碼，將來就可以刪除該智能合約，也可以用新的智能合約替換，反之，若代碼不包含這個函數，則無法更改及刪除。

那能否自行編寫智能合約 DApp 上傳區塊鏈供大家使用？需具備哪些條件呢？可以的，如果你會編寫智能合約，也可以提供合約代碼供所有

第三方查證平台審查，除了會編寫智能合約代碼，也別忘了設計一個中心化的官網首頁，並連結智能合約代碼，這需要一定的專業知識和技術，代碼越複雜，會影響乙太幣轉帳所需的礦工費（手續費），至於如何推廣，可依照市場族群成立相關的粉絲專業社交媒體平台，如 FB、IG、推特、微博、微信、Telegram、Discord、reddit 論壇之類的，也可以在第三方 DApp 搜尋網頁投入廣告費使其置頂，這樣也更容易被搜尋 DApp 的玩家看到，有機會吸引用戶，增加用戶量。

　　總結，開發出一個好的 DApp 賺錢，需要專業的團隊開發設計和維護，其複雜程度不亞於手機 App，我合作的區塊鏈開發團隊便有提供這項服務，如果你看完我的介紹後，對此有好的想法與創業資本，覺得 App 的市場已飽和，DApp 這個藍海市場或許是一個好選擇，有興趣可與我聯絡。以下提供查詢網誌站供讀者參考。

★ https://DAppradar.com/

　　收錄十六種公鏈，資料齊全且有中文介面，九種類別分類，有餘額、用戶、成交量排名，還可下載交易歷史資料為 PDF、CSV、PNG 檔，其中 CSV 檔可得到日期 DAU 日活躍用戶數、Volume 數量的原始資料，有二十四小時、七天、三十天排名。

★ https://www.DApp.com/

　　英文介面，有十七種公鏈，九種類別分類，最特別的是收錄社交平台討論度排名。

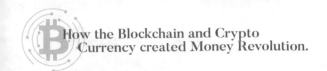
★ https://DApp.review/

有中文介面，收錄二十二種公鏈，七種類別分類，無三十天排名，比較特別的是，它有所有公鏈用戶資金交易量 DApp 數量統計數據分析，可以幫助大家了解目前哪些公鏈最多人使用及最多交易量、用戶量和成長速度。

★ https://DApptotal.com/

有中文介面，只收錄乙太、EOS、tron 三種公鏈 DApp，特別的是有個去除機器人模式，「去除機器人」功能可以從統計中去除機器人訪問，獲得更精確資料。

★ https://www.stateoftheDApps.com/rankings

有英文、簡體中文、韓文、德文四種介面，為收入公鏈最多種的網站，DApp 分類共有十八種，相當仔細。

DApp 裡的 NFT 賺錢術是什麼？

NFT 是 Non-Fungible Token 的縮寫，中文翻譯為「非同質化代幣」，是在乙太坊上根據 ERC721 協議所發行的代幣，那這跟我們所熟知的 ERC20 代幣有什麼不同呢？

最大的差別在於不可分割、不可替代、獨一無二，講白話就是特有的，假設你跟我手上都持有一顆乙太幣，但我們兩個人手上的乙太幣是沒有編號的，都是同樣性質的代幣，我和你交換後我們手上還是一顆乙太幣。而 NFT 的概念，就是你和

我手上的幣，除了有編號還有其他特色或簽名之類的，都是獨一無二的代幣，而且不能切割，一顆就是一顆。

基於這樣的特性和協議智能合約，人們可以把數位化的商品都註冊成 NFT 代幣來販售，或拿來記錄版權跟所有權轉移的交易記錄，包含聲音、音樂、圖片、影片、文字、動圖，甚至也能結合實體的限量商品發行 NFT 代幣一起販售，因為隨著人們對於區塊鏈不可串改的共識性越來越高，乙太坊用戶不斷增加，人們也漸漸認同經乙太坊區塊鏈認證的數位化產品。

前面介紹的 DApp 乙太貓，就屬於 NFT 性質，每隻貓都是獨一無二的圖片，無法重複、不可分割，僅能收藏和轉賣，只是 NFT 的概念從乙太貓演化成數位藝術品。

NFT 具有一些標準化功能，包括所有權、轉讓，任何開發人員都可以利用這些功能建構自己的 NFT 代幣和部署智能合約。譬如你拍的圖片，你創作的歌曲，都能透過 NFT 智能合約，在每一次轉賣的過程中，分潤一定比例的利潤，有點像版權費的概念，但去中心化，中間不被剝削，而且全球流通，可以存在冷錢包，也可以輕鬆換成現金或其他數字貨幣，NFT 將永久記錄於區塊鏈中，且不可改變，除非所有權用戶決定將其轉讓給其他用戶。

NFT 可應用在實體和虛擬的稀有收藏品交易、版權保護、遊戲寶物、證書認證等各種領域，現在也有許多 NFT 的交易平台 DApp，用戶只要綁定冷錢包，就可以直接在上面競拍或購買各式各樣的 NFT，同時也能轉賣。

與各位分享目前市場上已知成交或者將開始發行 NFT 案例，各位可以參考。

➜ 網路圖片藝術家，將自己五千幅作品集合成一張創作，以價值 6,700 萬
美元的乙太幣在拍賣平台售出，創下數位商品的歷史記錄。

➜ AV 女優上原亞衣發行寫真 NFT，以 2 萬美元的乙太幣售出，而買主再
轉手拍賣，售得 40 萬美元的乙太幣。

➜ 台灣職籃發行限量卡牌結合 NFT 競拍。

➜ 台灣樂壇藝人周興哲計畫發行 NFT 音樂作品。

➜ 日本藝術家村上隆推出微笑小花畫作 NFT，出價到 25,000 美元。

➜ 美國導演 AlexRamírez-Mallis，將他一整年的放屁聲剪接，並註冊成
NFT，從 2020 年 3 月開始，現已喊價到 0.2 顆乙太幣，即便是屁聲，
還是有人願意買。

➜ NFT 版的彩虹貓動圖表情包售得 58 萬美元的乙太幣。

➜ NBA 球星灌籃短片因 NFT 加持，售價 10 萬美元。

➜ Twitter 執行長拍賣 Twitter 全球第一則貼文的文字圖片 NFT，賣出 250
萬美元的超高價，全數捐給慈善機構。

➜ 美國說唱歌手 Soulja Boy 將其在 2019 年 7 月發布的一條推文鑄造成
NFT，喊價到 1,188 美元。

NFT 市場正不斷演化，其在網路的搜索量，就跟 2017 年的 ICO 一
樣火熱，你可能無法理解為何一個可以在網路上被隨便複製貼上的檔案商
品，會有人願意花錢買，甚至以天價售出，許多人也痛斥此為幣圈的投機
炒作。

現實中，炒鞋、炒 T 恤、炒限量品的市場始終存在，但最大獲利者
通常不是發行商，而是那些盜版山寨的不良商販或黃牛黨，所以，開始有
人想利用區塊鏈來改善這種現象，為買賣雙方建立一個點對點、透明的交

易，有些東西或許可以山寨模仿，但區塊鏈是無法模仿、竄改的。

這也是一個新興市場，目前歐美國家比較盛行，不過也漸漸影響到亞洲，網路世代慢慢改變著我們的生活習慣，只要創造以往沒有的需求，自然會有人買單，就好比有很多土豪願意擲千金，一晚灑數十、數百萬抖內，只為得到直播主的關注，這也是一般人無法理解的。

區塊鏈正改變著我們的生活習慣，無論 NFT 未來能否成為主流，這個領域目前仍處於初始階段，總會經歷泡沫和發展的起伏過程，我相信這會吸引更多幣圈以外的人，開始嘗試使用區塊鏈技術和數字貨幣來發行或買賣，進而使區塊鏈被更多人認識，包括各種創作者，藝術家、運動員、歌手、演員、藝人，這些人也都有各自群體的粉絲族群，這也是為什麼乙太坊在今年會如此耀眼的原因，未來非常可期。

我們也有開設相關課程，可以教你如何把自己的創作用 NFT 來炒賣或認證，以及如何購買想要蒐藏的 NFT，歡迎你與我聯繫。

BLOCK

7

數字貨幣探討

How the Blockchain and Crypto Currency created Money Revolution.

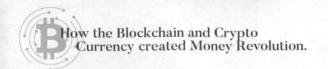
7-1　數字貨幣的核心價值＞價格

　　你知道為什麼大家都說 2017 年是數字貨幣元年嗎？這是因為 2017 年比特幣再次充滿話題性。起先因為乙太幣的推出引起熱潮，順勢拉抬了全世界數字貨幣的交易量和用戶人數，吸引更多局外人加入這個圈子。

　　因而讓比特幣和其它數字貨幣締造出新記錄，飆漲數倍甚至是數百倍，間接帶動了許多產業鏈一同獲利，加上 ICO 項目，吸引很多企業挹注資金投入研究應用，數字貨幣幾乎變成全民運動。2021 年又迎來一波數字貨幣牛市，可見數字貨幣擁有其市場價值，加上區塊鏈的應用越發多元，使其不斷增值。

　　然而在瘋漲的背後，擠出型泡沫一定會存在，但只漲不跌才是最可怕的。簡單來說，數字貨幣會因為各國政府的政策改變及媒體正、負面報導，而產生價格漲幅。前面章節也提到，比特幣每每要超越上一次的高點時，都會經歷慘澹的跌幅，且每次跌幅出現的時候，都剛好是媒體報導唱衰的時候，但負負得正，外界越是反彈，就吸引更多原先在場外虎視眈眈的人於低點時進場，因而造就一次又一次的新高點。

　　當年中國政府出手監管鬧得沸沸揚揚，因為 ICO 的歪風已嚴重影響到傳統金融秩序，不然有些數字貨幣交易平台早已在中國默默經營了四、五年，原本都相安無事共存，又怎麼會突然大動作的抵制規範呢？每當各國之間有任何動作，都會對比特幣產生影響，但只要風聲過去，比特幣又

會悄悄漲回來，這是為什麼？因為數字貨幣本就是用來讓全世界交易而誕生，所以每次的影響都是暫時的，換個角度想，這時反而是進場的好時機；因此，我相信之後大家的想法會有所改變，不再那麼排斥。

　　數字貨幣就是為了每個人的貨幣自主權而被創造出來，再怎麼阻止也阻止不了，所以對於監管、暫停和其他種種負面評價，可說是外行看熱鬧，內行看門道的情況，我們參與者反而開心得很。

　　不管是 ICO 幣種還是普通幣種，只要能有個緩衝期間沉澱，未來就會有更安全的平台和幣種可以選擇，所以遇到熊市就耐心等吧，價格肯定還會再漲回來，時間會證明一切。有很多人，甚至是我的朋友，他們一聽到我正在投資數字貨幣，不是說詐騙，就是認為比特幣已經倒了，但我每次都很有耐心地解釋，因為我希望他們可以有正確的認知，不要被假的數字貨幣蒙騙和媒體誤導，而錯失機會。一個行業裡，只要有人賺錢，就一定會有其他人眼紅，這是人之常情，比特幣誕生至今已十二年，在這期間創造了無數奇蹟和神話，未來也將持續發生，儘管過程再怎麼艱難，它都成功走過，歷史足以見證一切。

　　現在有無數數字貨幣的用戶，和大部分國家的監管政策合法共存著，但還是有那麼一群憤世忌俗的人看不慣這一切，每當看到數字貨幣暴跌的新聞，就會跳出來指指點點地說：「看吧！這是騙局。」可當幣又奇蹟似地漲回來，並超過之前下跌金額時，這些人卻躲起來不說話了，直到下次暴跌的時候才又出現，一直重演，這到底是什麼心態？媒體似乎也喜歡以此為題材，漲了報喜、跌了報憂，但對於我們這些長期的老玩家而言，漲漲跌跌早已沒感覺，因為我們已經很習慣數字貨幣的套路。

　　換個角度來看，數字貨幣的價值到底在哪，它的出現是否真的有讓人類生活更方便呢？對社會有沒有幫助呢？當然有！我們先不管它的漲跌到

底有多誇張，我只說我感受到的，好比說，如果我想出國去玩，那我可以直接帶著我的數字貨幣錢包到接受數字貨幣的國家消費，還能提取當地法定貨幣，而且手續費比銀行低，又沒有匯差；又或者我想在網路上購買國外的商品，靠數字貨幣馬上就搞定，比刷信用卡的海外手續費還低；又或者我想捐贈小額資金到國外的慈善機構，根本不用透過銀行，馬上捐、馬上到帳，還可以將小額資產轉移到全世界的其他用戶身上或是交易平台。我講到這裡一定又有人質疑說：「那你也可以洗錢阿！」首先，我認為用數字貨幣洗錢的難度非常高，以比特幣為例。

第一，各國交易平台都需要實名認證。

第二，有可能一天漲幅 10 至 30％，假設我想洗一億，但如果時機點抓不對，就可能自己先突然損失 1,000 至 3,000 萬。

第三，有這麼大量的提現銀行也會通報。所以靠比特幣洗錢或買賣違禁品，最後終將被繩之以法。而撇開比特幣的漲跌，光針對使用比特幣來說，就是非常方便的事情，許多店家也靠提供比特幣交易，來增加消費者的數量。

由此我們可以判斷數字貨幣是真的有價值的，只是參與投機炒作的人數比真正使用的人多，所以才會產生如此評價。但對於真正的使用者來說根本沒影響，為何各國要立法監管，便是因為這個東西無法禁止，立法監管下，政府還能抽取稅金，交易平台也能合法經營；所以，在大家都得益的情況下，你又為何要拿石頭砸自己的腳呢？

在網路協議被發明後，對社會有貢獻，大家因而開始使用網路，讓生活更加便利；因此，在基於便利的前提下，網路上各種功能和平台陸續被開發出來，例如：FB、Google 和 Amazon，這些都因應而生，至今皆已成為我們生活中的必需品。手機也是如此，App 發明後，各路人馬開

始研發手機的智能應用，憤怒鳥、Candy Crush、微信、美圖秀秀……數也數不盡。

現在比特幣、乙太幣跟區塊鏈技術被發明後，人們開始研究區塊鏈所能帶給人類的新式便捷服務跟體驗；代幣也因而順勢參與進來，未來也有可能變成生活中的必需品。任何事物出現「供給」與「需求」時，就會出現「價格」，而商品的特殊性與流通性高的時候，就會產生「價值」；當商品既有價格又有價值時，生態鏈就停不下來了，就像我們無法阻止有錢人買古董換成資產這道理是一樣的。更何況現在區塊鏈所衍生的金融應用，確實能讓我們的生活更為便捷。

 ## 如何分析有潛力的數字貨幣

隨著區塊鏈技術不斷改良，數字貨幣爬升的速度一定會越來越快，即便政府監管各項數字貨幣活動，但還是不會影響全世界的發展，短期可能會造成數字貨幣的價值下跌，屬正常現象；因此，任何事我們都要以未來的長期發展為考量。那又要如何分析各式幣種的潛力呢？

簡單來說，就是從幣的種類、特色、誕生時間、市值、交易量及上架平台和對接實體的程度、團隊的活躍度、流量、討論度、白皮書……等來作為依據考量，分析目前的走勢也很重要，至於細節到底該怎麼理解？本書不好說明，若各位讀者有幸成為我們的客戶，這些進階的分析技巧都將完整與你分享，這裡就讓我賣個關子，點到為止吧！

 ## 未來可能取代法定貨幣嗎？

答案是暫時不可能，目前法定貨幣還是具有一定的重要性，數字貨

幣只是多了一種可選擇的跨國支付途徑或隱匿性途徑，國家目前還是要以法定貨幣流通；但我可以大膽推論，未來極有可能邁向無紙幣時代，讓彼此之間的交易更為簡便。

　　任何事情都是一體兩面，差別只在於你從什麼角度看，即使你做得再好，也一定會有人不認同你；所以，我們只要做自己認為對的事情並堅持下去，凡事基於合情合理合法，完全不用在意別人的眼光。有價值的東西就會有人接受，如今比特幣可以用來買房、買車、買機票、訂旅館，已漸漸與我們的周遭產生對接，多位名人也在關注，使它發酵的速度更為快速，大眾的接受度不斷提升，未來之勢可想而知！

▶ 藍寶堅尼車商宣布接受比特幣支付。

▶ 美國著名摔角明星 John cena 在 instagram 曬出比特幣的照片。圖片截自其 instagram。

▶ 俄羅斯房地產公司客戶用比特幣出售豪宅。

▶ 部分網站推行比特幣購買特價機票及酒店住宿等旅遊服務。

▶ 日本某航空公司接受比特幣購買機票還可提現。

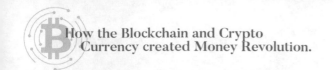
7-2 比特幣能弄倒嗎？

身為金融市場的研究者，我不僅關注黃金、股票，更關注數字貨幣，我常聽很多人說比特幣是龐氏騙局，但其實我們不能用騙局來定義它，因為無論是黃金、紙幣還是比特幣，這些東西的價值都只不過是我們對它的「集體認知」而已。

比特幣，從一個幾乎所有人都認為不可思議的概念，最終變成大家認可的數字貨幣，它已展現出前所未有的成功。比特幣之所以誕生，就是人們對以往使用的貨幣有著不同想法，至今全球已有逾一億人口信任它，並且持有這種基於網路協議的貨幣；所以，我認為它是一個絕對的存在，而不是龐氏騙局。

更重要的是，比特幣一旦出現，就再也不會消失，除非人類文明遭受重大災難，不然它已是這個世界的一部分。當初沒有它的時候，大家可以過得很好，可一旦它出現且被大多數人及國家所接受時，你就再也無法消除它，除非它自己退化。

因此，毫無疑問地，近年資產漲幅最誘人的是什麼？絕對不是房地產，也不是股票外匯，而是包括比特幣在內的各種數字貨幣。你可能會認為這是我的主觀意見，所以比特幣才不會消失，那我現在帶你反過來思考，你認為能不能想出一個辦法，來擊潰比特幣呢？

① 政府封殺搞死它

這個有點難度。因為，即便比特幣被某個國家禁止了，我們還是可以到國外其他交易平台交易；且就算全球政府統一封殺，它還是可以進行地下交易（場外交易），只要有網路，它就能存活，這就像各國政府禁止毒品，但毒品還是抓不完。

以前也有某國家曾聯合發文監管比特幣，讓比特幣一度暴跌，可出乎意料的是，比特幣只有一開始被影響，它的後起之勢更兇猛；也有些政府機構想推出本國區塊鏈，發行數字貨幣，讓信用比比特幣更好，但比特幣的誕生就是為了去除中心化，讓貨幣能更自由的流通，因此，以上這些想法還是都算了吧，有些趨勢不是政府想介入就能被改變的。

② 技術上搞死比特幣

比方說，比特幣設計的關鍵技術被破解，將原本聲稱的總量限制、去中心化、帳本無法竄改……等吸引人的特點消失，讓比特幣因此結束消失。這或許是一個很好的想法，但目前為止，還沒有這樣的技術產生，且目前共同維護區塊鏈技術的人很多，若想破解，還真有點困難。

當然，或是隔空出世另一種基於區塊鏈而產生的創新技術，創造出極富有競爭力的新幣種（比如乙太幣或瑞波幣），把比特幣慢慢耗死；就像微信和 FB 的推出，把 MSN 耗死一樣。

但這看起來也有點困難，因為整個區塊鏈技術都發源於比特幣，只要是區塊鏈技術，都要認比特幣這個老大；若想研發出超越區塊鏈去中心化技術的貨幣，我想目前人類思維還沒有到達這個領域。所以，就算是再創新的技術，我想也是以比特幣概念為中心延伸。

但其實，還有最後一招！大家都知道比特幣依賴於網路交易和生成，所以各國政府可以考慮聯合起來把網路給關了！全世界都不能上網，這樣就能徹底把比特幣阻擋住，但各位想想，這種反人類、反文明的事情有可能發生嗎？一定造成天下大亂。

俄羅斯政府於 2013 年時曾試圖摧毀比特幣，結果發現這種去中心的貨幣系統根本無法摧毀，一氣之下把俄羅斯境內所有比特幣交易所關閉；但沒想到反而導致大量的資金外流，讓國內經濟一度慘淡。

因為網路是沒有國界的，只要境內人民無法交易，那他們就會到境外交易，所以，在國內市場無法流通的情況下，俄羅斯政府只好宣布重新開放境內交易所，進一步制定相關的監管政策，尋求和平共存。而俄羅斯此次事件，等於間接告訴全世界三個道理：

➲ 去中心的數字貨幣永遠無人能關閉。

➲ 全世界都承認的東西，一個國家無法決定好壞與對錯。

➲ 俄羅斯犯過的錯誤，其他國家不會再犯，因為那是愚蠢的錯誤。
任何國家只要想阻止時代發展，就是在倒退！

從種種角度來看，比特幣是弄不死的。如果我們無法打敗某種事物，又還想從中獲利，那最好的策略就是試著和它共存。

7-3 懶人資產倍增投資術，人人都能以小搏大

　　大家通常都會稱數字貨幣是貨幣，但其實數字貨幣更像一種「資產」，而不僅是「貨幣」，除非你只想用它來做支付用途。大多數的人都把比特幣看作一種超高風險的投資，聽聞它暴漲暴跌及諸多負面新聞，便對它心生恐懼，認為所有數字貨幣都不適合用來投資，但我反而認為數字貨幣是最值得投資的資產。

　　資產就是會為你創建收入或增值的才叫資產，而負債就是會讓你一直支出的東西，我們先來看看一般會投資比特幣的人主要分為哪幾類：

● 生產者：投資礦機挖礦者。

● 搬磚者：投資多平台賺價差者。

● 短期持有者：隨價格波動不斷買進賣出者。

● 長期持有者：看好長期價值以囤幣為主者。

　　但我們要探討的是「懶人資產倍增法」，所以搬磚和短期持有者在此不適用。數字貨幣的持有者都對它有著基本了解，因為如果不了解數字貨幣就貿然進場投資，那只會嚇死自己。所以，所謂的懶人投資必須具備基本數字貨幣知識及信任，而關於數字貨幣的基本介紹，我在前面章節都分析過了，若還有點模糊，你可以再翻回第二章。

　　很多人都想一夕致富，卻沒有耐心去等待，在數字貨幣的世界裡，獲利最多且最高、致富的人，永遠都是那些長期玩家，不管是投資礦機挖礦還是購買持有者，有太多案例可以證明，因為他們都明白穩定獲利比投機獲利來得更重要！

　　首先，各位一定要了解，你們所投資的數字貨幣不會消失，你挖出來和購買來的數字貨幣，都可以存放在你的電腦或雲端裡，隨時都能持有或拋售。很多人總以為他們投資的幣是放在別人手中，老擔心跑掉怎麼辦，我一再強調這是錯誤觀念！你可能又會問，那如果手中長期持有的幣下跌怎麼辦？之所以會有這種恐慌，就是因為還不夠了解數字貨幣，你才會有這種想法。

　　只要是有價值的數字貨幣，對人類社會有所貢獻，又能在市面上流通的幣種，若長期持有，其價值就一定會持續上漲。數字貨幣的思路跟股票外匯不同，股票外匯……等投資不一定是放越久越增值，但數字貨幣就完全不同了，它放越久越值錢，尤其是比特幣。

　　因此，懶人最好的投資方式就是將你可動用的閒置資金，配置在有價值的數字貨幣上，並投資幾台挖礦機不斷為你產幣。但不管是購買還是挖礦產出的數字貨幣，都要妥善分配、分散風險；你可以一半放在潛力幣種，一半放在主流幣種，也可以按照自己想要的比例分配，穩定增值。

　　只要是好的幣種就一定會漲，只是每種幣的漲幅不同，像比特幣要再翻個 10 萬倍可能很難，但十年內再翻個 2 到 5 倍倒不是不可能；而乙太幣翻個 1,000 倍也很難，但五年內翻 5 至 10 倍也是很有機會；至於其他新潛力幣種，若想翻個 10 至 50 倍機會更大，且時間可能更短，也許只要半年到二年。因此，只要仔細觀察，你會發現數字貨幣其實是一個很穩健的資產投資，幾乎都能獲得倍數成長的利益。

　　我目前也將約七成的資產分散，配置在數字貨幣和礦機，如果手頭真的有急用，我只要將幣賣掉兌回法定貨幣。數字貨幣就像錢放在虛擬銀行一樣，還有更嚴謹的密碼保護，隨時都可領取或變賣；當然你也可以把它當作一種定存，下面我以比特幣舉例。

　　如果你在十二年前的任一時機點投資比特幣，不管是第一年還是第二、⋯⋯一直到現在，只要你有進場或挖礦比特幣，且在沒有賣出的前提下，都會是獲利的。在長期持有的情況下，每一次大漲的間隔一定會比之前更短，因為區塊鏈這項技術正行於成長爆發期階段，百家爭鳴，未來一定會有更多人加入這個市場；我們更可以假設未來比特幣的市值將超過5,000億美元，且倘若真是如此，那各國央行也會開始進入市場，到時候價格就更可觀了。

　　但除了看準趨勢外，還要選對戰場，選對標的，這樣才能讓自己的資產確實倍增。我會建議你先取回獲利的本金，再用獲利的資金分配投資，然後耐心等待，若能長期持有五年，甚至是五年以上，用以小搏大的心態去看待，相信你很快就能擁有財務自由，甚至是財富自由。

　　切記，千萬不要急功近利，急著吃棉花糖嚐甜頭，更不要被新聞和政策影響，讓你內心產生動搖，這些都不利於你在幣圈發展。且除了長期持有外，最好能再搭配礦機，持續產幣，只要任何一種幣翻倍，就是你資產翻倍的開始。

　　這是我兩年下來觀察及投資數字貨幣翻倍和挖礦的心得，現在仍靠挖礦和買幣、囤幣達到財務自由，所以學會分析選擇好的潛力幣也很重要，將加速達成目標的時間，也希望能幫助到大家。

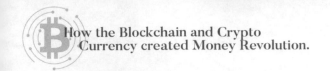

7-4 相關網站＆App介紹

　　以下跟大家分享一下跟數字貨幣相關的網站，這都是我平常會逛的網站。數字貨幣的發展日新月異，若不跟緊腳步加強資訊的蒐集，勢必就輸給那些有心的人；我們或許沒有搶奪先機，贏在起跑線上，但我們絕不能允許自己在過程中，再次落後他人！

① 數字貨幣網站

➔ http://bitcoin.org/

　　比特幣官網：可下載錢包。

➔ https://coinmarketcap.com/

　　各式數字貨幣市值排名（英文網），目前共一千多種數字貨幣。

➔ http://bishi.io/

　　各式數字貨幣市值排名（中文網），目前共一千多種數字貨幣。

➔ https://www.coingecko.com/en

　　各式數字貨幣綜合排名，只列入前六百種。

➔ www.sosobtc.com

　　各家交易平台價格查詢網站。

➔ https://www.coindesk.com/

　　國外區塊鏈時事新聞（英文網），可了解各種最新資訊。

⮑ http://blockcast.it/

國外區塊鏈時事新聞（中文網），可了解各種最新資訊。

⮑ https://www.github.com/

Github 數字貨幣開源代碼查詢網站。

⮑ https://bitcointalk.org/index.php

國外最大數字貨幣論壇（原文），新幣出來前都會發表。

⮑ http://forum.bitcoin-tw.com

比特幣台灣論壇。

⮑ https://btctrip.com/

只接受比特幣支付的特價機票，酒店住宿等旅遊服務預訂網站。

⮑ https://coinmap.org

Coin map──全世界接受比特幣的實體商家地圖。

⮑ https://bitexc.com/

台灣比特幣交換網──各式商品以物易物。

⮑ https://www.cryptocurrencyhelp.com/bitcoin-atm-map-ch/

比特幣大學地圖──提供全世界比特幣提款機的所在地。

⮑ https://bitcoinity.org/markets

提供簡潔圖形化的比特幣價格全景圖和市場深度，支援各大交易所。

⮑ http://www.cryptocoincharts.info/

提供山寨幣市場的更新，還有金融專欄（英文）。

⮑ https://tradeblock.com/

匯聚全球的數據資源和數字貨幣分析（英文），涵蓋了整個產業的所有主題，包括交易和法規監管。

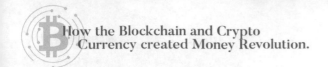
② App 推薦（Apple Store & Google Play）

➲ Coin Traveler

全世界有接受比特幣的任何店家（包括台灣）。

➲ BitcoinAtm

全世界有比特幣提款機和買入機的地點。

➲ Blockchain Bitcoin Wallet

好用的比特幣手機雲端錢包。

➲ imToken

各種數字貨幣的手機雲端錢包和行情。

➲ 比特幣價格 IQ

價格提醒、比特幣價格，提供即時比特幣和任何貨幣匯率換算。

後 記

How the Blockchain
nd Crypto Currency
created Money Revolution.

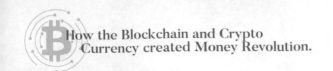
後記　被低估的乙太坊

乙太坊從 2015 年誕生至今已六年，要處理的交易和執行區塊鏈合約吞吐量與日俱增，鏈上活動昂貴且緩慢，每秒只能處理大約十五筆交易，扼殺和限制乙太坊日後的發展。假設你現在想使用一些熱門的 DeFi 或執

行智能合約，進行少量交易就會不划算，因為光是完成交易的礦工費，可能就高於你要轉換的價值。

眾所周知，乙太坊的共識機制是 POW 工作量證明，跟比特幣一樣，這在前面的篇章有介紹，而乙太坊 2.0 就是要從 POW 轉換成 POS 股權式證明，所以不是這麼容易的事情，而 2.0 計畫（簡稱 ETH2.0，最初也被稱為 Serenity），就是為了解決 1.0 諸多問題的重大升級，主要是手續費及速度容量和可擴展性的問題並且是長期目標。

此次大規模升級包括多個階段，這些階段將一個接一個地推進部屬，以安全、高度分散的方式來擴展乙太坊 2.0 區塊鏈，暫無具體完成日期，普遍認為約需三至五年。

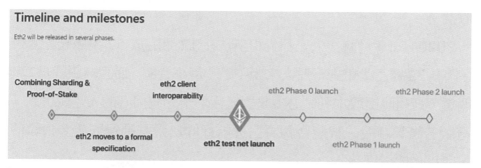

▶ 乙太坊 2.0 未來藍圖，資料來源：https://medalla.launchpad.ethereum.org/

① 階段 0：信標鏈

　　這是乙太坊 2.0 的第一階段，信標鏈本身並不是獨立就有用的，因為它的主要工作是同步階段 1 的分片鏈，另一工作就是負責協調驗證者抵押的乙太幣。

　　乙太官方要求在 2020 年 12 月前，乙太幣持有者可以向智能合約網絡轉入乙太幣質押 32 顆來成為驗證節點，為了啟動，儲存合約最低需要存入 524,288 顆乙太幣（16,384 名驗證者）才能啟動，若時間結束仍未完成，則延期啟動，同時需要配合穩定的硬體設備，以此來賺取質押收益。越多驗證者分得的年化報酬就越少，也就是說除了要有 32 顆乙太幣外，也要準備一台設備不錯的電腦，二十四小時開機連網，成為驗證節點，直到階段 1 才可以提取該合約本金及收益，大約二年。

　　為什麼會有人想參與存款合約質押呢？因為這可以獲得相對低風險的穩定收益。如果剛好只有 524,288 顆乙太幣存入，其收益可以達到年化 21.6％的乙太幣數量增加；如果參與質押的乙太幣達到 2,450,000 顆，其收益率也能達到年化 10％乙太幣數量，即便是達到 1,000 萬顆，收益也可以到年化 4.9％乙太幣數量，還是遠高於其他 DeFi 協議的乙太幣儲

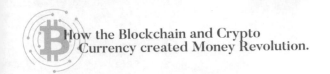
存收益。

2020 年 10 月時，大家都覺得無法在 12 月完成 52 萬多顆乙太幣質押，因為 32 顆乙太幣對一般人來說不是一筆小金額，而且一鎖就是二年，中間還不能隨時提取本利，必須是對乙太坊十分有信心的人才做得到，而且電腦若斷網關機，智能合約將對你抵押的乙太幣進行罰款，扣除信用值，所以也叫信標鏈。

但沒想到接近 12 月時竟跌破大家眼鏡，質押數量來到 100 萬顆，乙太坊創始人 V 神自己也參與鎖倉 3,200 顆。2021 年初，已有 360 萬顆乙太幣參與驗證截點，且還在增加中，說明還是有許多人長期看好乙太坊 2.0。

而且許多大型交易所和冷錢包公司，也提供代抵押的服務，讓一般的散戶也能參與，最低只需要 0.1 顆乙太坊就能參與抵押，而且不需要準備電腦設備，大大降低了參與門檻。

② 階段 1：分片鏈

簡單來說，分片鏈是可以在乙太坊內運行的區塊鏈。原本的乙太坊在處理新交易前，每個乙太坊節點都需要意識和記錄整個區塊鏈網路，這就會需要比實際更多的計算能力時間和儲存空間。

藉由分片，節點和每幣交易就可以只專注於分片的子區塊，只需要專注這些分片區塊，而不是整個區塊鏈。如此一來，節點就不必儲存於整個區塊鏈網路，可以更有效地利用其計算能力，從而實現更大的網絡容量。

且每個分片獨立工作，這樣的特色使得算力攻擊變得更困難，安全性更高，因為不是只攻擊單一分片，其他分片也一起進行攻擊，分片雖然是分開工作的，但是它們也能夠相互溝通，這就是結合信標鏈的作用。

總結就是階段 1 將實施分片鏈，接著與階段 0 中已實施的信標鏈進行資料交換。但直到階段 2 才會支持原本的帳戶或智能合約，現已完成啟動。

③ 階段 1.5：主網分片

在此階段，將繼續使用工作量證明 POW，此階段後，乙太坊網絡將正式成為一個碎片，並轉移到權益證明 POS，將不再有礦工和乙太幣挖礦了，而是透過抵押乙太幣成為節點換取獎勵。

從 POW 最終完全轉移到 POS 鏈，可能需要幾年時間，因此兩條鏈會並存一段時間，也就是既可以用挖礦機挖礦，也能用抵押的方式挖礦。那乙太坊鏈的前後代幣 ETH1，ETH2（或稱為 BETH），兩者會是什麼關係？

首先，當 POW 鏈轉移到 POS 鏈之後，最後不管是 ETH1 還是 ETH2，都會在 ETH2.0 網路上運行，最後只會有一種 ETH，兩者不算硬分叉，所以不會有不同價格的問題產生，但就目前而言，ETH1 和 ETH2 是兩條不同鏈的代幣。

在信標鏈推出後，兩條鏈存在過渡期，用戶可以將 ETH1 存入智能合約，ETH2.0 網路獲得 ETH2 代幣轉移。待 2.0 網路穩定，ETH1 會逐漸成為 2.0 的一個分片，而當前的 ETH1 持有人不會獲得兩份資產，不會像比特幣上的比特現金硬分叉，當時擁有比特幣的用戶會得到等額的比特現金。

當 ETH2 代幣推出後，用戶可以選擇保留 ETH1 代幣，也可以選擇將 ETH1 代幣轉換為 ETH2 代幣，但無法從 ETH2 換回 ETH1。對用戶來說，2.0 上線後，不用擔心其原本乙太幣資產問題，也不用擔心未來

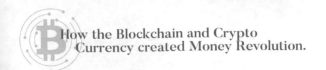
ETH1 和 ETH2 兌換的問題，該階段已於 2021 年 8 月 5 日完成啟動。

④ 階段 2：功能齊全的分片鏈

　　第二階段是一切都將變得完整的階段，分片鏈就能夠開始運行原本的智能合約並擴展功能性，由於這個階段仍處於研究探討階段，需等待乙太坊官方宣布詳細資訊，該階段預計在 2021 年底或再遲一些才啟動。

　　2.0 的升級是一項挑戰，需要一定的時間，可一旦升級完成，乙太坊就有可能成為共識與技術上最強的公鏈，這也會使乙太幣更有價值，而且抵押鎖倉獎勵的智能合約推出，未來會大量鎖倉乙太幣，相信會和比特幣一樣，因每四年的減半效應，在每次減半後半年開始就暴漲，在未來的幾個月到一年的時間內逐步顯示出來。

　　至於如何演化，就要交由時間去驗證了，也有人不看好，但我相信未來應該會不錯，畢竟乙太坊誕生至今，走過不知道多少風風雨雨，在正式上線前也給其他幣種的競爭對手一個發展的空間。所以，各位如果要投資一定要做好功課。

　　我們把初誕生的乙太坊比喻為一塊空白的畫布，經過了六年，這個去中心的生態區塊鏈平台，現已有了琳瑯滿目的應用和價值，為畫布揮灑上各種色彩和圖騰，形成美麗的一幅畫。

　　即使現在有許多區塊鏈平台的技術暫時領先乙太坊，但再厲害都比不上共識程度的價值，所以乙太坊有極大的先發優勢，也是目前唯一暫時結合 POW + POS 的共識公鏈，也因為這樣的特性，許多金融類 DApp 和傳統銀行都願意在乙太坊上編寫 DApp，最大的因素就是安全。

　　其他區塊鏈雖然處理速度快、手續費低廉，但中心化程度偏高，不像

乙太坊是由類似比特幣挖礦記帳分散的方式運行，在其他鏈上的 DApp，只要主要節點記帳伺服器被攻破就有被竄改的可能，所以目前在區塊鏈的世界裡，若要安全就得犧牲交易速度和費用，無法像中心化平台一樣快速進行交易。

但乙太坊仍在慢慢進化，技術也在精進，目前全球乙太坊的用戶差不多有一億多人，乙太幣持幣地址則為 1.46 億個，平均每日增加十至二十萬個持幣地址，呈爆發性成長。相較於比特幣的 3,800 萬多個持幣地址數，選擇乙太幣的人還是占大多數，有人可能有數個錢包地址，但也有人可能一個都沒有，存放於交易所中。

由此可分析全球對於乙太幣的需求和期許與日俱增，這些數據都可在區塊鏈上查詢，可了解全球的資金進出量，即便乙太幣價格出現 10 至 20％的跌幅，買進乙太幣的資金還是不斷增加，這是很好的上漲指標。

乙太坊是一個開放又安全的區塊鏈平台，開發人員可以使用它來創建他們任何想要的應用程式。而這些建立在乙太坊上的協議和應用，也建立了數千名付費用戶組成的社區，這幾年，乙太坊解決了許多加密行業面臨的重大挑戰，包括……

- ⊃ DEX 去中心交易所，讓用戶進行去中心的搓合點對點交易，解決無需信任第三方的問題和實名的問題。其實在市場上，場外交易的量遠比場內交易大上許多，而 DEX 的推出，就是為了讓更多習慣場外交易的人，能參與到這個市場裡。

- ⊃ 各式各樣的 App 冷錢包解決了用戶體驗困難的問題，因為大多數人使用的還是手機不是電腦，如果未來要讓更多人參與，使數字貨幣普及化，手機中心化應用結合去中心化個人錢包的體驗，也必須越來越豐富和簡

單才行。

- 乙太坊上像 Dai 這樣的穩定幣，解決了幣值波動的問題，讓人們可以放心使用數字貨幣來理財和交易，無須擔心價格波動，和帳戶安全的問題，隱私性強且變現率高。相信未來也會有成功無抵押去中心化演算法的穩定幣誕生，朝著全面去中心為目標。

- 比特幣已經可用於乙太坊網路兌換等值代幣，這一嘗試獲得突破。項目方 Kyber、Bitgo 和 Republic 推出了 wBTC 代幣，這是真正由比特幣支持的 ERC-20 通證，存儲在受信任的保管人手中。目前也有無需信任 BTC（tBTC）ERC-20 代幣，該計畫不需要中央方，就可以託管比特幣，使用比特幣來作為抵押在乙太坊智能合約裡。

- 乙太坊正慢慢與傳統金融整合，在一些中心化和去中心化的交易平台裡，我們可以使用穩定幣和乙太幣來購買美股、黃金、白銀、各項指數、外匯，在平台中，這些金融商品被 1：1 發行成乙太坊的代幣，也就是說我可以在交易所或智能合約裡，兌換現實世界中的企業股票或黃金外匯商品，價格的漲跌也會對應現實的市場波動，未來不管是長輩還是年輕人，多了一個使用加密數字資產來做各項投資產品分配的選項，也有越來越多基金和外匯公司推出比特幣的衍生性產品，包括合約、期權、基金等。

- 乙太坊的遊戲生態系統有持續增長的跡象。其中一個很好例子是《無鏈之神》，它是類似《爐石傳說》的回合制、可收藏的紙牌遊戲，區別在於《無鏈之神》中的卡牌，是乙太坊上的資產，可以透過 DEX 進行購買、出售、交易，甚至有一天可以用作抵押物。包含前面章節介紹的遊戲乙太貓、無損彩票、博奕遊戲，其使用者和交易量也是不斷成長。

- 眾多企業、機構、富豪、名人認可乙太坊，除了投資需求，也使用乙太

坊區塊鏈發行代幣，製作 NFT，創建 DApp。加上之後乙太坊 2.0 上線，乙太幣的市值和價格只會不斷攀升，現在美國 Grayscale 基金託管公司、Paypal 也都在囤乙太幣。

總結

加密行業產業鏈日益壯大，每一年區塊鏈行業都有新的商業模式和話題不斷進入這個市場，慢慢改變每個人的生活方式和獲利模式，從我原本介紹的七種煉金術，才過了幾年就又增加至九種，我無法在書裡詳細介紹每種新方式，畢竟有些是需要實際操作教學的。

所謂看書學不會游泳，本書的目的是希望把最基礎的觀念，以最簡單的語句來闡述，便於讀者理解，為何加密市場如此瘋狂，以及如何參與和降低風險。我們看好平均每四年一次的數字貨幣牛市，都會帶進很多新的參與者與投資者進入其中。

每四年的暴漲都讓很多早期參與者賺得盆滿缽滿，其中關鍵在於你有沒有把握住每次機會，所謂千金難買早知道，萬般無奈想不到，就怕知道了還做不到。因此，為何急於出版這本書，就是希望可以幫助更多讀者，除了不要被詐騙外，還能把握牛市，賺取市場上的獲利。

若每次的數字貨幣牛市你都有把握住，相信就能少奮鬥許多年，短期成功快速致富的捷徑我認為就在幣圈，為什麼這個行業即便是甚麼都不懂的小白也很容易賺到錢呢？因為區塊鏈市場目前都還處於藍海市場，對多數人來說都是從零開始，不需要出生專業背景能力或大量的資金投入，很多人在幣圈白手起家甚至白手爆富，區塊鏈在真正被眾人使用前，你必

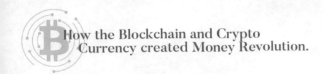
須已經在這個領域裡，越是成熟的產業，競爭壓力就越大，越難賺錢。

相反，那些創新產業越容易通過捷徑、邁向成功，如果新手小白選擇在現實世界裡開個餐廳或酒吧，在完全沒有實體經驗的情況下，有非常多要關注的要素和風險，就很容易以失敗收場，這也是為何大多數年輕人選擇區塊鏈這個產業。

而最多人參與的莫過於炒幣交易員了，跟炒股票比起來，在這個炒幣行業裡你不需要任何的專業背景，也沒有學歷、年齡、種族限制，只要有網路，每個人都可以在市場上賺錢，當然也面臨著風險，因為在這個圈子賺大錢的還是只有 20％，這個市場一樣是給懂市場機制和紀律的人才賺得到大錢，我們只能賺我們認知內的錢。你若是靠運氣所賺來的，最終都會因為你的認知有限而賠回去，所以學無止盡，如果你希望快速賺到錢，就必須堅持學習新事物，只有這樣才能離成功越近。

目前我們在區塊鏈的領域教學的課程有三種方向，幫助一般人如何在區塊鏈產業裡賺錢。

- ➲ 第一就是 DApp，如何使用、開發、抵押、推廣，結合你自己的個人產業，在各種 DApp 裡有非常多豐富的獲利模式，可以選擇適合自己的模式。
- ➲ 第二為 NFT，如何將你的創作或是限量實體商品 NFT 化，在區塊鏈產業裡保護你的知識產權，又能得到合理的永續收入，或應用於其他產業。
- ➲ 第三則是投資類別相關，好比如何買賣數字貨幣短中長線獲利，也就是所謂的炒幣，炒幣又有分手動炒幣、自動炒幣、半自動炒幣。

　　在現今牛市，我們的實體進階課程將教你如何運用手上的炒幣種類與工具軟體，更容易在市場上套利，若不想錯過獲利機會，請洽諮詢我們的線上、線下課程，我會手把手從教你如何自己開戶買賣，創建冷熱錢包，帶單時機點進場和出場，使用手動或自動的方式，幫助各位讀者資產翻倍，且錢都在自己的帳上，隨進隨出沒有鎖倉，非常安全。

　　既然你都看到最後了，代表你有興趣，只要你願意行動，就贏在很多人前面，歡迎透過 QR Code 與我們聯繫，感謝大家的閱讀與支持，我也將在這個行業持續努力。

區塊鏈暢銷書作者

台灣區塊鏈產業培訓師　林子豪

講師介紹

林子豪 TIGER

★前棒棒堂男孩

★知名選秀節目固定演藝成員

★兩岸區塊鏈產業培訓講師

★台灣數字貨幣分析師

★台灣知名區塊鏈暢銷書作者

★區塊鏈企業諮詢技術顧問

★資深炒幣交易員

台灣明星區塊鏈導師
將揭露幣區鏈圈黑心操作手法
將最正確的區塊鏈與數字貨幣
的觀念與知識告訴大家
用最客觀的角度剖析市場
最簡單的白話讓普通人也能理解區塊鏈
帶領大家用最安全的投資方式穩定獲利
如何做到在區塊鏈產業里面
懶人資產倍增心法
將在老師的課程里面
不藏私的和大家分享

綜藝節目：
小明星大跟班 麻辣天后傳
台視金曲獎區塊鏈論壇

主播 王志郁 　數位貨幣新聞 林子豪

三立財經 虛擬貨幣交易夯 投資管道如何選?

20:47:30 3周年記者會 柯文哲:反對亮點政治 陳抗頻繁

能以執行董事身分站上台演講
感受到數位財經產業的未來不可限量

ETNEWS星光娛樂

所以它不可能有所謂歸零
泡沫的1天

虛擬貨幣淘金潮

GTV 八大第二台 HD

投入區塊鏈託管礦機賺錢

貨幣分析師 林子豪

我們還可以幫企業做節稅

非凡新聞 HD

坐擁市值千萬以太幣
虎牙分享虛幣投資術

一定要先了解貨幣的特性

媒體報導:
台灣三立,
非凡新聞,
東森ETNEWS,
蘋果娛樂,
八大綜合

嘉義市
24-27
上海A股
2867.01
19:38:20

外資賣 01 元大台灣50反1 25408張 02 元大滬深300正2 16539張

工作量證明機制PoW讓人人都可加入挖礦行列，
近年來挖礦市場變越來越小，
所耗費的時間與電力能源成本越來越高。

綜藝節目：
YAHOO網路節目-幣勝金頭腦

林子豪

台湾区块链产业培训讲师
虚拟币畅销书作者

TIGER進階炒幣課程

作為幣圈新手小白
該如何進入市場交易賺錢獲利?
如何規避風險?心態應如何應對?
數字貨幣上千種該如何選擇?
網格、槓桿合約、量化交易、
期限套利、現貨交易差異在哪?

TIGER老師實戰教您幣圈現貨交易心法
短中長線如何配置
中心化交易所&去中心交易所如何選擇及操作?

炒幣班你將學會：
1. 交易平台註冊買賣
2. 數字貨幣工具推薦
3. 手機冷錢包&DEFI使用
4. 非主流貨幣價值分析

你將得到:
1. 諮詢線上一對一
2. 炒幣資訊時時群組
3. 智能量化交設定教學
4. 個人客製化資產配置

把握牛是尾巴行情學會幣圈交易套利方法!

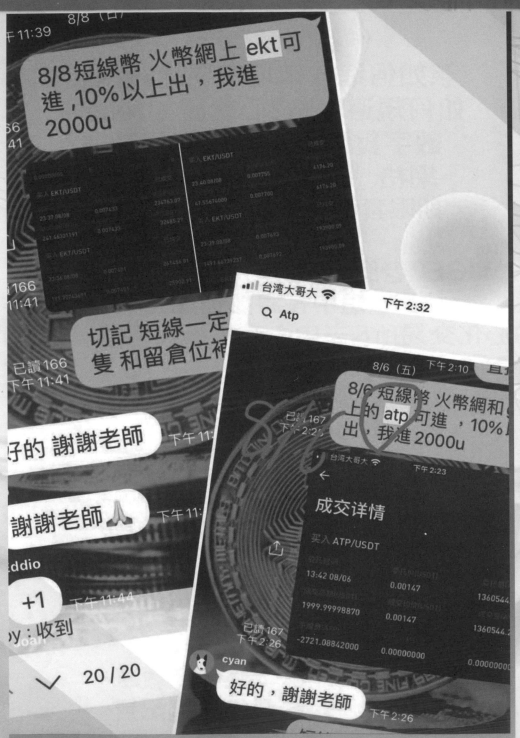

8/6 8/8各進一隻ATP EKT

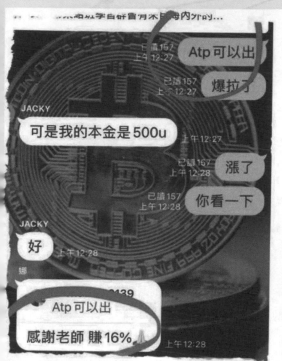

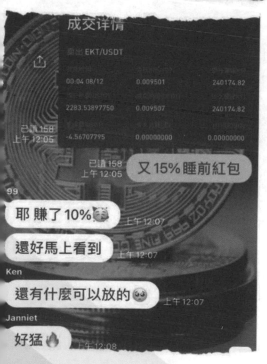

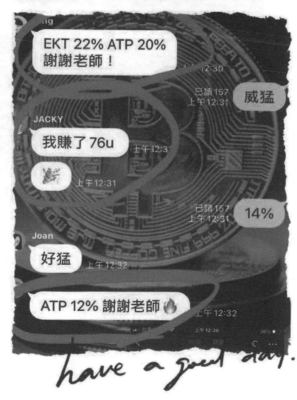

have a good day.

ATP EKT一週內漲幅收益

啊好的　　下午 8/13（五）

8/13 還有子彈的 短線 火幣網 swftc cnns 各買一些，我各進 1000u 有賺 10% 出，cnns 在 gate 也有

已讀 171
下午 1:43

．il 台湾大哥大 🛜　　下午 1:43　　81% 🔋

←

全部委托　**历史记录**　成交明细

全部交易对 ▾　　普通委托 ▾　　更多筛选

买入 SWFTC/USDT　　已成交

13:40 08/13　　0.002576　　209821.70

540.50069920　　0.002576　　209821.70

买入 SWFTC/USDT　　已成交

13:37 08/13　　0.002550　　393947.04

459.66759000　　0.002550　　180261.80

买入 CNNS/USDT　　已成交

13:36 08/13　　0.005366　　186911.36

1002.96635776　　0.005366　　186911.36

已讀 171
下午 1:43

已讀 171
下午 1:43

這四隻 都是大概率爆拉的

∧　∨　6 / 6

8/13 進 CNNS SWFTC

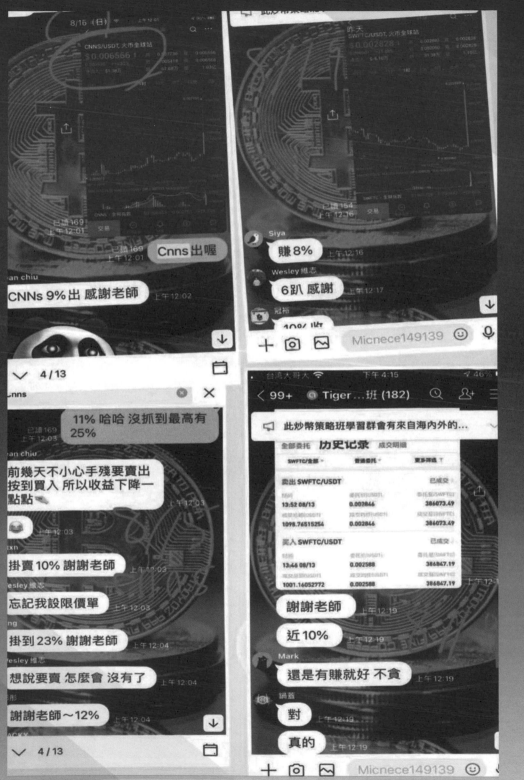

8/16 8/19 爆拉

375

8/5 (四)

8/2 火幣網上的 pvt 之前報過, 現在又可以進了 短線幣 10% 以上利潤可出 我買 3000u

已讀 150
上午 1:42

成交详情

买入 PVT/USDT

01:37 08/05   0.000288   10416666.66

2999.99999808   0.000288   10416666.66

-20833.33332000   0.00000000   0.00000000

已讀 150
上午 1:42

已讀 150
上午 1:45

PVT/USDT, 火币全球站

$0.000423

1时

Pvt 還沒出的 快出

冠裕

挖 一柱擎天~~ 下午 8:45

99+ @ Tiger...班 (162)

此炒幣策略班學習群會有來自海內外的...

謝謝老師 下午 8:41

28% 下午 8:41

已讀 115
下午 8:47

Aa

已讀 115
下午 8:47

恭喜學員

已讀 115
下午 8:48

有買的快出

Sannia

GOOD!

下午 8:50

Lizzy

謝謝老師 pvt 進 141 賣 194 37%

路班學習群會有來自海內外的...

昨天

全部委托   历史记录   成交明细

全部交易对 ▼   普通委托 ▼   更多筛选

卖出 PVT/USDT   已成交

20:44 08/08   0.000428   1515650.21

648.69828988   0.000428   1515650.21

卖出 PVT/USDT   已成交

20:43 08/08   0.000428   3062257.29

661.94783024   0.000428   1546607.08

卖出 PVT/USDT   已成交

20:43 08/08   0.000437   10395833.32

3204.77272573   0.000437   7333576.03

已讀 115
下午 8:45

賺 50% 1500 美金

已讀 115
下午 8:46

8/6 火幣網上的 xec 短線可進 10% 以上出 ，比特幣的孫子幣，明天也會上幣安，我進 1145u

已讀 113
上午 1:32

台湾大哥大 🔋 上午 1:24 76% 🔋

←

成交详情

买入 XEC/USDT

01:18 08/06   0.00005765   19875130.34

1145.80126410   0.00005765   19875130.34

已讀 113
上午 1:32

-39750.26068000   0.00000000   0.00000000

晨報的今天中午漲 60%

XEC/BUSD
0.00000000   最高 0.00000000   成交額(BUSD) 0.00
$0.000000 +0.00%   最低 0.00000000   成交量(XEC) 0.00

XEC/BUSD
将于倒计时结束后开放

8/8

HOT   0.015556   +42.
XEC   0.00007980   +41.
OCN   0.00131549   +31.
DAC   0.002680   +30
SWFTC   0.001903   +19
INSUR   1.7167   +19

行情   交易   合约

已讀 93
上午 10:58

已讀 93
上午 10:58

Xec 衝上來了 準備出

台湾大哥大 🔋 上午 11:05 9:

←

成交详情

卖出 XEC/USDT

11:04 08/06   0.00008481   198353

1687.04991517   0.00008505   198353

-3.37409983   0.00000000   0.000

已讀 92
上午 11:05

已讀 92
上午 11:05

一晚獲利 6(

多多

沒問題   上午 2:46

以下為尚未閱讀的訊息

多多

剛剛算了一下
這幾天跟了 7 隻幣
已經賺了 153% 💰✨   上午 2:51

已讀 12
上午 2:51   恭喜

多多

378

讚嘆老師 🐶🐶🐶   上午 2:51

彬彬教練
ICE CHEN

陳建彬

區塊鏈技術商業顧問
台灣多間礦場管理者
區鏈師資培訓專業教練
台灣區塊鏈應用班講師
礦場規劃顧問

媒體爭相報導

陳建彬/桃園市
每一次下跌又會上漲

彬彬教練
挖礦達人
哈囉大家好歡迎來到虛扣

哪張顯示卡挖礦賺最[多]告訴你！

那你也練了幾百台的礦機

挖礦成本大拆解！小資族變身礦工估一年可回本？

大概是一萬四千塊台幣左右

彬彬教練的挖礦節稅套利
The Coach Of The Mining Tax Ar[bitrage]

區塊鏈顧問諮詢服務
礦場&雲算力諮詢服務
交易所 / 錢包APP / 合約遊戲開發
網站 / 會員系統 / 直銷系統開發
去中心化聊天/私鑰碰撞/公鏈開發

FB

LINE

魔法講盟

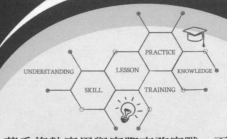

台灣最大、最專業的知識服務商
提供最棒、最厲害、最優質、
保證有結果的優質課程
專家帶路，成長更超前！
魔法講盟數位學習平台，是您
隨時隨地知識升級的最佳夥伴！

1 著重趨勢應用與實際商務實戰，下班學習上班應用，讓您不出門也能上專業課。

2 邀請業界各領域專家授課，建構起最紮實、完整、有效益的線上課程

3 菁英培訓，線上線下結合，隨時隨地自學成長，立即啟動學習力。

魔法講盟線上課程，
資源豐富，講求深度與廣度，
補齊你最需要的知識，
學習關鍵技能，
競爭力全面提升！

兩岸知識服務領航家──

邀您共享智慧饗宴，
是陪您成長的學習夥伴！

詳細各類課程資訊及師資，請掃描 QR Co
或撥打真人客服專線 02 8245-8318，
可上 silkbook.com　www.silkbook.com 查詢

E- learning

學習不受限，隨時隨地透過
自學提升專業力！

六大招牌課，
線上 E 速學 !!

魔法講盟

為您提供專業的知識服務，
讓你在家不出門，
也能學會新技能！
專業的知識與實用的技能讓
你受用無窮，隨選隨上！
各大講師完整解析課程，
無限重複上課，
即時學習超自由！

學習時
間彈性　　地點
　　　　　不受限
可重複
觀看　　Free
　　　　Style　　價格相
　　　　　　　　對較低
　　　可自行
　　　調整速度

全部學費均可
全額折抵相關
實體課程之費用 ,,

1 斜槓經營 AMAZON 跨境電商
宅在家賺全世界的錢！給跨境新手關鍵
一堂課：亞馬遜開店實戰攻略

2 零成本完售自己的電子書
成為雲端宅作家，開啟人生新外掛。四步
驟在亞馬遜平台出版你的第 1 本電子書

3 玩轉區塊鏈大賺趨勢財
宅在家布局幣、礦、鏈、盤創富生態圈。
零基礎也能從自學到成為專家！

4 3 小時作者培訓精華班
斜槓出書非夢事！宅在家就能出版一本
書。用 PWPM 開創作家之路！

5 30 小時出書出版完整班
保證出書！培養您成為暢銷書作家，從 0
到 1 一步到位，晉升出版狂人！

學測數學最低 12 級分的秘密
名師王晴天老師傳授你 6 大創意思考竅
門，30 招致勝破題秘訣，飆升數學力！

即時學習，專業不卡關，
立即訂購起來～～

詳細各類課程資訊及師資，請掃描 QR Code
或撥打真人客服專線 02-8245-8318，
可上 新・絲・路・網・路・書・店 silkbook◯com www.silkbook.com 查詢

改變人生的5個方法，
王晴天大師助您投出人生致勝球！

人生所追求者，不外是讓他人看見自己！
精準洞悉成功模式，選對方法，卡位先贏！
助您轉換現狀、突破框架，重新設計人生劇本！

出書｜站上舞台｜拍一部影片
找到神人級導師和團隊｜打造自動賺錢機器

指引您逐步邁向有意義的改變，取回人生主控權！

改變人生的5大超值課程

5-1 出書出版四日完整班 ▶ 請搭配 YouTube 新絲路視頻 5-1 🔍

王晴天暨采舍國際講師群 ▶▶ 2022/8/13（矽谷）、8/14（中和）、8/20（中和）、10/29（中和）
★ PWPM 躋身暢銷作者四部曲，全國最強 4 天培訓班，保證出書
★ 建立個人品牌，晉升專業人士，帶來源源不絕的財富！
★ 2023、2024 課程日期，請上新絲路網路書店查詢。

5-2 公眾演說班＆講師培訓班 ▶ 請搭配 YouTube 新絲路視頻 5-2 🔍

講師培訓三日完整班 ▶▶ 2021/12/11（中和）、12/12（中和）、12/18（中和）
公眾演說四日完整班 ▶▶ 2022/9/17（矽谷）、9/18（中和）、9/24（中和）、9/25（中和）
★ 收錢、收人、收魂的演說秘技，讓您脫胎換骨成為超級演說家
報名就送國際級講師三日完整班暨 PK 大賽決賽權，全國唯一舞台保證
★ 2023、2024 課程日期，請上新絲路網路書店查詢。

5-3 自媒體魔法影音行銷班 ▶ 請搭配 YouTube 新絲路視頻 5-3 🔍

泰倫斯影音團隊（上課地點皆為中和魔法教室）▶▶ 2021/11/27（影音行銷）、11/28（如何製作線上課程）
　　　新北市中和區中山路二段 366 巷 10 號 3 樓 ↵ ▶▶ 2022/3/26、3/27、6/25、6/26、9/3、9/4、12/3、12/4
★ 打造個人 IP 千萬流量百萬收入 ★ Tiktok、YouTube 雙平台運營、線上課程規畫製作
★ 運用線上課程斜槓創造被動收入，打造個人品牌與變現力！

5-4 魔法弟子班 ▶ 請搭配 YouTube 新絲路視頻 5-4 🔍

魔法講盟終身弟子（含入會費及永久年費，增值後可轉售轉讓），擁有五大利基
1. 與大咖對接成功斜槓創業，打造自動賺錢機器。　2. 成為國際級講師，在大、中、小型舞台公眾演說。
3. 成為兩岸暢銷書作家，建構專業形象與權威地位。　4. 建構 π 型智慧人生，接班既有成功企業。
5. 區塊鏈體系：國際證照＋賦能應用＋創新商業模式。

5-5 打造自動賺錢機器 ▶ 請搭配 YouTube 新絲路視頻 5-5 🔍

★ 營銷魔法學（終身學習・保證效果） ★ BU 五日班──行銷戰鬥營 ★ MSIR 複酬者多元收入培訓營

欲了解更多課程資訊，請撥打真人客服專線 (02) 8245-8318 或上 silkbook○com 新・絲・路・網・路・書・店 www.silkbook.com 查詢